U0133974

"寻找中国制造隐形冠军丛书"编委会

主　任

陆燕荪　国家制造强国建设战略咨询委员会委员

副主任

屈贤明　国家制造强国建设战略咨询委员会委员

高端装备制造业协会合作联盟专家指导委员会主任

委　员（按姓氏笔画排序）

王玲玲　方　巍　史文军　戎之勤　吕亚臣　杨松岩　杨晓迎

邱明杰　张　英　张世方　张彦敏　陆大明　陈　曦　陈文斌

陈成海　陈良财　陈鸣波　陈炳荣　武　鹏　苗怀忠　卓卫明

周　波　郑锦荣　侯宝森　秦　伟　顾志刚　徐　静　高亚光

唐　波　黄　钦　黄　鹂　崔人元　谢東华　薛　林　魏志强

国家制造强国建设战略咨询委员会 指导

寻找中国制造隐形冠军丛书编委会 编

魏志强　武　鹏　主编

XUNZHAO

ZHONGGUO ZHIZAO

YINXING

GUANJUN

宁波卷 Ⅱ

寻找

中国制造

Hidden Champion

隐形冠军

人民出版社

总序一

党的十九大报告指出："建设现代化经济体系，必须把发展经济的着力点放在实体经济上，把提高供给体系质量作为主攻方向，显著增强我国经济质量优势。"制造业是实体经济的主体，也是提高供给体系质量和效率的主战场。为此，党中央、国务院强调，加快建设制造强国，促进我国制造业迈向全球价值链中高端。

经过新中国成立60多年特别是改革开放40年的发展，我国制造业总体实力迈上了新台阶。2010年以来，我国制造业增加值连续7年超过美国，稳居全球制造业第一大国的地位。在世界500种主要工业品中，我国有220多种产品的产量居世界第一。载人航天、大型飞机、北斗卫星导航、超级计算机、高铁装备、百万千瓦级发电设备等一批重大技术装备取得突破，形成了若干具有国际竞争力的优势产业和一批国际知名企业。毫无疑问，我国已经成为具有重要影响力的制造业大国。

　　然而，在看到成绩的同时，我们还要清醒地认识到，我国制造业与国际先进水平相比还有差距，这些差距表现出来的是整机或最终产品的差距，但其背后反映出来的却是基础和关键零部件（元器件）、材料、工艺等整个制造业基础薄弱的问题。因此，加快建设制造强国，首先要充分认识到加强制造业基础建设和关键核心技术创新能力的重要性和紧迫性。

　　解决制造业基础薄弱的问题要以企业为主体，要特别注重发挥民营企业的作用。2018年11月1日，习近平总书记在民营企业座谈会上指出："长期以来，广大民营企业家以敢为人先的创新意识、锲而不舍的奋斗精神，组织带领千百万劳动者奋发努力、艰苦创业、不断创新。我国经济发展能够创造中国奇迹，民营经济功不可没！"在我国制造业比较发达地区，我们发现了一大批企业家，特别是民营企业家，敏锐地认识到发展基础工业的重要性及市场之所急，投入大量资金，长期专注于一个细分领域，取得了令人振奋的成绩。这些企业生产的产品不是整机，也不是终端消费品，而是对整机、终端产品的质量和竞争力有重要影响的核心零部件（元器件）、新材料、软件等。这些产品都是为整机、主机配套的中间产品，所以，生产这些产品的企业虽然在产业链中居于关键环节，甚至核心地位，但却不为大众所周知，可谓"隐形冠军"。在我国的长三角、珠三角等沿海发达地区，不少国内的隐形冠军企业已经发展成为市场的领导者，目前正在积极地"走出去"，努力向全球隐形冠军迈进。这些隐形冠军企业的奋斗历程和成功经验对于我国建设制造强国有重要的参考价值。

　　我们编辑出版"寻找中国制造隐形冠军丛书"，就是要通过对制造业隐形冠军典型案例的深入调研，梳理和总结隐形冠军企业的奋斗历程、成功经验和发展模式，为解决我国制造业基础薄弱问题提供可供参考的路径和方法，从而进一步完善我国制造业产业链，促进我国制造业高质量发展。

　　中国要迈向制造强国，需要充分发挥市场和政府的作用，统筹利用好各方面优良资源，坚定发展制造业的信心毫不动摇，从而形成全国关注制造业、重视制造业、发展制造业的良好氛围。希望社会各界关注和支持"寻找中国制造隐形冠军丛书"的出版，支持我国制造业隐形冠军的发展。让我们携手共同努力，为加快建设制造强国而努力奋斗！

苗圩

2018 年 11 月 1 日

总序二

　　隐形冠军这个概念源自德国赫尔曼·西蒙（Hermann Si-mon）教授写的一本书，就是《隐形冠军：未来全球化的先锋》。这本书的中文版出版发行后，隐形冠军这个词很快就在中国流行开来。但很多人并不明白隐形冠军是什么意思，也不清楚隐形冠军在制造业中的地位和作用，所以，我们有必要首先搞清楚它的含义。

　　西蒙教授这本书的书名很耐人寻味，他把隐形冠军称作"未来全球化的先锋"。西蒙教授认为，经济全球化是人类社会发展的大趋势。他说："世界经济共同体是我对未来的称呼。"与大企业相比较，隐形冠军虽然企业规模不是那么大，但在西蒙教授的眼中，隐形冠军却是人类走向世界经济共同体的先锋。从西蒙教授的书中我们能够看到，德国这个世界制造强国，就是由隐形冠军企业铸就的。

　　为了准确地理解隐形冠军这个概念，我们用一个实际例子来说明其内涵。以菲尼克斯公司为例，这个公司生产的产品主要是配电柜里的接线端子，它生产的接线端子技术领先，质量可靠。一般人都知道西门子、ABB、施耐德这些世界著名的品牌，但并不知道它们所用的配电柜里的接线端子全部由菲尼克斯提供，像菲尼克斯这样的企业就是隐形冠军。为什么说它是"隐形"？因为它生产的产品不是整机，也就是说，不是一个独立的终端产品，只是产业链上某一个关键环节，从这个意义上来说，我们称其为"隐形"。隐形冠军在全球制造业现代化的进程中，即我们现在讲的数字化、网络化、智能化的进程中，在每条产业链里，它的地位绝对不可忽视。因为一个企业不可能什么都做，最终产品实际上都是组装起来的。关于这个问题，在"纪念沈鸿同志诞辰 110 周年"时，我写了《沈鸿质量思想对新时期机械工业质量工作的指导意义》一文，其中介绍了我国著名机械工程专家、原机械工业部副部长沈鸿同志在 1979 年 2 月 23 日写的文章《关于什么是先进机械产品的探讨》。沈老部长在他的文章中画了一张圆圈图，从品种、质量、成套、服务四个方面对"先进的机械产品"进行了界定和形象的描述。"先进的机械产品"就是从这个圈里出来的，最后形成的成套设备才是生产力。人们通常都知道市场上成套设备的品牌，但在成套设备整个产业链的一些重要环节所用的关键零部件却不为人知，它们隐形于整机之中，生产这些产品的企业我们称之为隐形冠军。

在中国，我们一定要注重制造业的全产业链发展，不能有薄弱环节，产业链中的领头企业和配套企业之间的关系不是单纯的买卖关系，而是一种协同创新的伙伴关系。如山东临工，它把专供其零配件的供应商叫作黄金供应商，山东临工帮助这些企业研发产品，而这些企业也就不再为其他厂家供货，成了山东临工的专门供应商。

从一条产业链来看，配套厂产品质量的可靠性必须达到主机厂信任的程度才可以。那么，配套厂怎样才能向主机厂证明其产品的可靠性呢？那就是配套厂的质量保证体系健全，产品一定要经过试验、认证，才能出厂。在这方面，沈老部长的思想非常重要，他认为，"可靠性是机械产品最主要的质量特征之一，一切产品都要通过试验方可出厂。"中国制造强国战略强调了产业质量技术基础的战略作用，而标准、计量、检测、试验、认证等是其主要技术支撑体系。

人们买东西通常是倾向于购买品牌产品，这是品牌效应的结果，但是如果真正追究其背后的原因，一个品牌还是要包括许多质量指标的。这些指标的建立，就是建立标准，而标准是要统一的。我们现在有很多国家标准、行业标准，但事实上这些标准只是低水平的准入门槛。作为行业领袖的隐形冠军，一般都有远高于国标和行标的自己企业的标准。

比如，有一次我到北京 ABB 公司调研，在现场我询问陪同人员，质量指标究竟到了什么样的标准。这位陪同人员说，他们的标准完全符合中国国家标准和行业标准。我说我不是这意思，我是要问企业的标准。他就生产线上开关的例子回答了我的问题。他说，这个产品的指标，国标要求保证开断 1 万次无故障，但他们公司的控制指标是 3 万次，因此零部件的标准也都大大提高。我们现在要求产品符合国家标准，其实这是低标准，缺乏竞争力。我参加过很多国家标准、行业标准的制定，大家都讨价还价，最后标准的水平只能符合大多数的意见。所以，现在标准改革提倡企业标准，以树立企业品牌。

再如，在三峡工程中，我负责三峡工程机电设备的质量，三峡公司的制造质量标准，包括铸锻件质量标准，都远远高于同类国际标准，形成了我们自己的一套标准，现在外国公司给三峡公司提供产品都要遵从这套标准，三峡公司后来把它列为采购标准，现在又上升为电器行业协会的协会标准。这一系列的指标或标准，作为隐形冠军企业都应该具备。现在，中国制造强国战略的实施战略之一——强基工程就是要解决这个问题。

菲尼克斯是个典型隐形冠军企业，他们写了一部书，名字叫《面向中国制造2025的智造观》。他们把"制造"改为"智造"，其中包括数字化、网络化，特别强调精益生产。把精益生产纳入智能制造环节很重要，很多企业忽略了这一点，只强调信息化是不够的。现在也有人提出精益化思维，我觉得生产和思维是不同的。精益生产是"Lean Production"的翻译词，我们要理解原词的含义。麻省理工学院教授写的《改造世界的机器》一书，对精益生产作了详细的阐述。它是从汽车行业推行的"准时化生产（JIS）"发展而形成的生产运行模式。汽车是大批量、流水线生产，在生产环节上不允许有多余的零件存放，它的目标是零库存，当然实际上很难做到，但是要尽量减少库存量，加快资金周转，以提高经济效益。菲尼克斯把精益生产纳入智能制造的内容，很值得研究、推广。

在制造业发达国家都有一个产业转移的现象，但我们看到，发达国家的产业转移是对产业链都做了详细规划的，他们转移的是中低端企业，而产业的整体链条还是在发达国家手中掌握。在这种情况下，中国企业可以收购外国企业，但是它的核心技术并未转移出本国。这也迫使中国企业要想高质量发展就必须要靠自己，必须要加强自主创新。现在，我们国家也正在经历产业转移这个过程，所以，我们也要有一个像发达国家那样的规划，这个规划的关键包括了如何支持隐形冠军企业真正实现国产化的目标。做这样的规划要以企业为主体，但也要发挥政府的作用。

我们现在对大企业了解得多一些，对于隐形冠军，尤其是各地区的隐形冠军了解得还不是那么清楚。不清楚隐形冠军，实际上就是不清楚我们的产业链和世界制造强国比还有什么样的差距，也说不清楚我们的产业在世界上究竟处于什么样的水平。《孙子兵法》中说"知己知彼，百战不殆"。我们编辑出版这套丛书，就是要搞清楚我国隐形冠军的状况，从而使我们能够制定出一套有效的产业政策，以促进隐形冠军的发展，加速"强基工程"的实施，实现中国制造由大变强。

从我们的现实情况来看，一个地区隐形冠军的培育和发展，离不开地方政府的支持。比如，在产业政策、经济金融等方面都需要地方政府制定出有利于隐形冠军企业发展的长效机制。再如，有些研发项目需要持续5年、8年，甚至10年，民营企业很难承受这种投资大、周期长、利润低的项目，这就需要政府的支持。中国最近提出要建立国家实验室，这对于建立长效创新机制有重大作用。

习近平总书记指出："制造业特别是装备制造业高质量发

展是我国经济高质量发展的重中之重，是一个现代化大国必不可少的。"打造具有国际竞争力的制造业，是我国建设现代化强国的必由之路。今天，制造业的全球激烈竞争已不单是一个个企业的单打独斗，而是产业链的竞争，一个行业领军企业只是"冰山一角"，需要无数的供应商或协作方（包括服务类组织）等"隐形冠军"来支持和保障。中国制造要走出去，走全球化之路，必须打造我们完整的供应链和创新共同体，形成整体竞争优势。拥有这一整体竞争优势的前提，就是看我们能否培育和发展出一批隐形冠军企业。

因此，在这里我们呼吁社会各界支持中国隐形冠军的发展，支持"寻找中国制造隐形冠军丛书"的出版工作。"寻找中国制造隐形冠军丛书"将分行业卷和区域卷出版。希望各行业协会、地方政府能够对隐形冠军企业和这套丛书的编辑工作给予大力支持！

陆燕荪

2018 年 10 月

目　录

第一部分　材　料

第二部分　电子信息

第三部分　智能家居

第四部分　文体用品

序　言

隐形冠军的缘起

隐形冠军是一个定义企业的流行词，源于德国赫尔曼·西蒙（Hermann Simon）教授所著的《隐形冠军：未来全球化的先锋》一书。在这本书中，西蒙提出了隐形冠军企业的三个标准：

1. 世界前三强的公司；

2. 营业额低于 50 亿欧元；

3. 不是众所周知。

满足这三个标准的企业，西蒙称之为隐形冠军。第一个标准标志着隐形冠军的市场地位，是指在一个细分市场中隐形冠军所占的市场份额。第二个标准是一个动态标准，2005 年时，西蒙曾把它确定为 30 亿欧元。第三个标准是指不为大众即消费者所周知。隐形冠军虽然在某个细分市场中为客户所熟知，但因它生产的是工业品、原材料等，不是终端消费品，所以，一般不为大众即消费者所周知。

西蒙认为，隐形冠军战略有两大支柱：第一个支柱是集中和深度。隐形冠军一般都在一个细分市场里长期精耕细作，并强调服务的深度。由于隐形冠军的业务都是集中在某个领域，所以，国内市场有限，这就产生了隐形冠军战略的另一个支柱，就是市场营销的全球化。因此，隐形冠军是"未来全球化的先锋"。

西蒙关于隐形冠军的思想对中国有比较大的影响，例如，2016年我国发布的《制造业单项冠军企业培育提升专项行动实施方案》（以下简称《方案》），这里所说的单项冠军实际上就类似于西蒙定义的隐形冠军。

《方案》提出，制造业单项冠军企业是指长期专注于制造业某些特定细分产品市场，生产技术或工艺国际领先，单项产品市场占有率位居全球前列的企业。有专家指出："制造业单项冠军企业包含两方面内涵：一是单项，企业必须专注于目标市场，长期在相关领域精耕细作；二是冠军，要求企业应在相关细分领域中拥有冠军级的市场地位和技术实力。从这个意义上讲，单项冠军与德国赫尔曼·西蒙教授提出的'隐形冠军'概念是十分类似的。"

《方案》强调，制造业单项冠军企业是制造业创新发展的基石，实施制造业单项冠军企业培育提升专项行动，有利于贯彻落实国家制造强国战略，突破制造业关键重点领域，促进制造业迈向中高端，为实现制造强国战略目标提供有力支撑；有利于在全球范围内整合资源，占据全球产业链主导地位，提升制造业国际竞争力。

寻找中国制造的隐形冠军

我们在策划这套丛书时，首先碰到的问题就是如何界定和选择中国制造的隐形冠军。何谓"隐形"，隐在何处？何谓"冠军"，冠在哪里？在这些方面，我们吸收了《方案》和西蒙的思想，但也有不同。

一提起隐形冠军，很多人常常把它归结到单纯的制造领域，实则不然。"那种认为德语区的企业只是在机器制造领域保持技术领先的观点是错误的。我们在消费品和服务领域里，同样可以找到相当数量的说德语的世界市场的领导者。"西蒙说，"有超过 2/3 的隐形冠军（确切地说是 69%）活跃在工业领域。1/5 的隐形冠军涉及消费类产品，另有 1/9 属于服务业。"显然，西蒙认为，隐形冠军在机器制造、消费品和服务业三大领域。

隐形冠军不单单在机器制造领域，但西蒙说的三大领域也还有待细化和拓展。例如，服务业应主要指生产性服务业，消费品领域应指那些为终端产品提供配料、配件、原材料等的企业。因此，隐形冠军应主要在工业品、消费品、生产性服务业、原材料四个领域。隐形冠军生产的产品通常是"隐形"于终端产品或消费品之中的中间品，或生产工具（装备）、原材料，它是成就终端产品和消费品品牌不可或缺的关键因素。

在"冠军"的甄选方面，考虑到我们寻找的是中国制造隐形冠军，所以，除了排名世界前三的隐形冠军，本丛书还选入了一些在某一个细分市场居于中国前三的企业，或者有可能培育成为隐形冠军的企业。在市场地位方面，本丛书更强调隐形冠军对市场的引领和带动作用。

隐形冠军企业的成功模式和发展战略

我们在隐形冠军的调研中，发现中国的隐形冠军与德国的隐形冠军有诸多不同，它们有自己独特的成功模式和发展战略。

首先，中国的隐形冠军都在探索适合自己发展的企业组织形式。德国隐形冠军主要是家族企业，很多有百年以上的历史。中国的隐形冠军绝大多数产生在改革开放之后，没有德国隐形冠军的悠久历史，要想追赶上制造强国的隐形冠军，在企业组织形式上就不能拘泥于家族企业，而是要选择更适合自己发展的企业组织形式。例如，在宁波、嘉兴调研时，我们发现，很多隐形冠军就是从家族企业转变成为上市公司的，一些没上市的隐形冠军也在筹划上市；在通用机械行业调研时，我们发现，很多隐形冠军是国有企业；在厦门调研时，我们发现，由于受惠于经济特区的特殊政策，厦门的隐形冠军不少是与台湾企业合资的企业；而在上海调研时，我们又发现，上海的隐形冠军除了有民营企业、国有企业，还有很大一部分是"海归"创建的企业。这些实际情况说明，家族企业并不是隐形冠军可选择的唯一组织形式，中国隐形冠军根据实际情况确定适合自己的企业组织形式，这是正确的选择。

其次，中国的隐形冠军有自己对创新的理解。创新是从国外引进的概念，在英语世界里，科学成果叫发现，技术进步叫发明，企业研发、生产、经营管理的成果才叫创新。创新是一种企业满足市场需求的商业行为。我们调研的隐形冠军说明，企业的创新确实都是有商业价值的创新，都是为了更好地满足客户需求的创新。例如，本丛书嘉兴卷中的京马电机，它的创新是集中在产品性能的提高上，强调产品效率、温升、噪声、振动、功率等指标的不断改进。这里面的每一项创新都和产品有关，都和市场需求有关，都和企业的盈亏有关。又如，本丛书通用机械卷中沈鼓集团生产的往复式压缩机和中核科技生产的主蒸汽隔离阀，前者是引进消化吸收再创新的经典之作，后者是突破国外技术封锁实现自主设计和制造的标志性产品，两者都打破了国外对中国市场的垄断。还有本丛书厦门卷宏发生产的继电器、创业人的品牌创新，以及上海卷的联影科技生产的高端医疗设备、中微生产的刻蚀机和宁波卷的东方电缆生产的海陆缆、宁波水表生产的智能水表等，都是在深入了解市场需求的基础上不断创新并实现商业价值的结果。这些案例说明，企业创新不同于科学发现，也不同于那些没有商业目的的技术发明。因此，准确地把握发现、发明、创新这些基本概念，科学家才能专注于发现，技术专家才能专注于发明，企业家才能专注于创新，隐形冠军才能做好自己的产品和企业。

再次，中国的隐形冠军在全球化中平衡自己的发展战略。在全球化过程中很多人看到的是"世界是平的"，例如，托马斯·弗里德曼出版的专著《世界是平的》。他看到的是遍布世界的麦当劳、星巴克、好莱坞电影以及在谷歌上网等。但也有与他不同的观点认为，世界不完全是平的，它有国界、文化差异、价值观冲突等。这说明世界还没有那么平。隐形冠军应在这样一个全球化过程中找到标准化和差异化的平衡。本丛书嘉兴卷的闻泰科技是一家全球最大的手机原始设计制造商（ODM），它有自己出方案的业务，也有代工业务，前者需要差异化，后者需要标准化。闻泰科技对差异化和标准化业务发展有比较好的平衡。由此引申出另外一个问题，就是市场地位如何体现？是按标准化去做量（规模），还是按差异化去满足个性化需求？这也是对隐形冠军的挑战。关于这一点，我们赞同西蒙的观点，即隐形冠军的市场地位更应从引领市场理解，不能仅仅从企业规模来认定。引领市场的维度包括确定方向、制定标准、超越客户等。例如，本丛书上海卷的中微，该公司是半导体和芯片装备国产化的先锋，它在行业发展、自主创新、制定标准等方面对市场都有引领作用；又如，宁波卷中的天生密封件、日月重工等企业也都有明显的自主创新、引领行业发展方向的特点。

还有，我们发现中国制造隐形冠军有明显的区域集群发展的特征。例如，在长三角、珠三角的一些城市就有集中产生隐形冠军的现象，形成了一个个隐形冠军区域集群，特别是宁波被誉为中国制造"隐形冠军之城"。隐形冠军集群不同于产业集群，其企业之间的关联性并不像产业集群那样大，有的甚至没什么关联性。他们除了在某个细分市场有举足轻重的地位之外，对地方经济发展都有引领和带动作用。为什么这些区域能产生隐形冠军企业集群？我们发现，主要是企业家精神和工匠精神使然。这种现象给我们留下了一个需要继续探究的问题，那就是他们的企业家精神和工匠精神是怎么培育出来的？

随着本丛书工作在更多城市和行业的展开，我们将进一步丰富有关中国制造隐形冠军成功模式和发展战略的研究成果。

中国制造需要更多的隐形冠军

根据西蒙的统计，全球隐形冠军企业共2734个，其中德国有1307个，几乎占了一半，中国只有68家，远低于德国。从每百万居民的隐形冠军数量看，德国为 16，中国仅为 0.1，与德国的差距更大。

隐形冠军是决定一国制造业是否强大的基石。从拥有隐形冠军企业的数量上来看，中国要实现制造强国战略还任重道远。不过由于中国正处于隐形冠军发展的初期阶段，西蒙预测，"可以想象，中国的隐形冠军数量将在未来 10—20 年里大幅增加。"

国家制造强国战略提出，到 2025 年中国要进入世界制造强国方阵，制造业达到德国和日本的水平。但从隐形冠军这项关键指标来看，中国制造整体赶超德国和日本制造的任务还是非常之重。

不过，如果我们把隐形冠军所在领域像西蒙那样从机器制造领域拓展开来，把它确定在工业品、消费品、原材料、服务业四大领域，到了 2025 年，或许我们就会有理由更加乐观一些。本丛书嘉兴卷选入 26 个隐形冠军、厦门卷选入 26 个隐形冠军、通用机械卷选入 24 个隐形冠军、上海卷选入 60 个隐形冠军（其中上海卷 I 在电子信息行业选入 24 个隐形冠军，上海卷 II 在机械行业选入 18 个隐形冠军，上海卷 III 在新材料、节能环保、医疗设备等行业选入 18 个隐形冠军）、无锡卷选入 23 个隐形冠军、宁波卷选入 52 个隐形冠军（宁波卷 I 和宁波卷 II 各选入 26 个隐形冠军）。在中国，制造业比较发达的城市还有很多，这些城市同样会孕育出很多隐形冠军。从行业的角度来看，隐形冠军遍布各行各业，仅就装备制造业而言，其产品就分为 7 个大类、185 个小类，这里面的隐形冠军还有待于深入挖掘。

党的十九大报告指出："中国特色社会主义进入新时代，我国社会主要矛盾已经转化为人民日益增长的美好生活需要和不平衡不充分的发展之间的矛盾。"毫无疑问，隐形冠军是解决中国经济发展"不平衡不充分"问题的主要力量，我们需要培育更多的隐形冠军。

本丛书的编写和出版

"寻找中国制造隐形冠军丛书"的编写工作始于 2017 年的春季，我们计划用五年时间完成 30 卷的编写工作。本丛书按区域和行业寻找中国制造隐形冠军，每一卷选入 25 家左右隐形冠军企业。

到目前为止，这套丛书除了宁波卷(共 2 卷)，上海卷(共 3 卷)、嘉兴卷、厦门卷、无锡卷、通用机械卷也已经面世。

作者在《寻找中国制造隐形冠军》(宁波卷)的调研和写作中，得到了宁波市经济和信息化局的大力支持，在此我们对宁波市经济和信息化局深表谢意！

我们还要感谢人民出版社通识分社对"寻找中国制造隐形冠军丛书"出版工作的支持，同时向付出辛勤劳动的编辑和其他工作人员致以深深的谢意！

这套丛书每一卷都是由工业专家和记者在对企业进行深入调研和采访的基础上，由记者执笔完成的。我们想要做到既有新闻写作的通俗易懂，又有专业写作的深度。但因时间仓促、水平有限，难免有不足之处，敬乞读者不吝指教。

"寻找中国制造隐形冠军丛书"写作组

2019 年 12 月

前　言

　　宁波，简称"甬"，早在周朝就已有此称。"甬"字是古代大钟的一个象形字，在鄞、奉两县的县境上，山的峰峦很像古代的覆钟，故叫甬山，江就叫甬江，这一带则称为"甬"地。

　　宁波是浙江省下辖的副省级市、计划单列市，国务院批复确定的我国东南沿海重要的港口城市、长江三角洲南翼经济中心。宁波现下辖6个区、2个县、代管2个县级市，总面积9816平方千米，常住人口820.2万人，城镇化率72.9%。2018年，宁波市生产总值10746亿元（跻身万亿GDP城市行列），同比增长7.0%。按常住人口计算，全市人均生产总值约为13万元（按年平均汇率折合约为2万美元）。

　　宁波属于典型的江南水乡兼海港城市，是我国大运河南端出海口、"海上丝绸之路"东方始发港。宁波舟山港年货物吞吐量位居全球第一，集装箱量位居世界前三，是一个集内河港、河口港和海港于一体的多功能、综合性的现代化深水大港。

　　宁波是我国历史文化名城，在夏朝，宁波的名称为"鄞"，春秋时为越国境地，秦时属会稽郡的鄞、鄮、句章三县，唐时称明州。唐朝长庆元年（821年），明州州治迁到三江口，并筑内城，标志着宁波建城之始。明洪武十四年（1381年），取"海定则波宁"之义，改称宁波，一直沿用至今。

宁波是一座具有浓厚工商业基因的名城，是我国民族工商业的摇篮。宁波商帮是我国传统十大商帮之一。宁波商帮推动了我国工商业的近代化，为我国民族工商业的发展作出了重要贡献。如第一家近代意义的中资银行、第一家中资轮船航运公司、第一家中资机器厂等，都是宁波商人创办的。1916年8月22日，孙中山在宁波演说时对宁波商帮企业家作过高度评价："宁波人对于工商业经营，经验丰富，凡吾国各埠，莫不有甬人事业，即欧洲各国，亦多甬人足迹，其能力与影响之大，固可首屈一指者也。"

工业革命以来，工业化一直是世界经济发展的主题。新中国成立之初，我国提出实现社会主义工业化。宁波制定并实践了以工业为主导的经济发展战略。70年来，宁波经济不断发展壮大，工业一直居于主体地位并发挥着主导作用。在全国大中型城市中，宁波工业处在领先地位，是一座名副其实的工业重镇。

一、从"三支半烟囱"到现代化产业体系的建立

宁波虽然有着浓厚的工商文化传统，但其现代工业却是在新中国成立特别是改革开放之后才得以快速发展的。在新中国成立之初，宁波的工业基础相当薄弱，只有"三支半烟囱"（"三支烟囱"指宁波和丰纱厂、永耀电力公司和太丰面粉厂，"半支烟囱"指通利源榨油厂）。当时，宁波有一首流传很广的民谣："和丰纱厂锭子

响，太丰面粉灰烬扬，永耀发电灯笼亮，通利源榨油放炮仗，'三支半烟囱'可怜相……"这也是当时宁波工业的真实写照。

70年沧海桑田，宁波工业实现了历史性跨越，工业规模不断发展壮大。如今，宁波从当年的"二支半烟囱"起步，发展到"246"万千亿级产业集群的聚合；从当初工业总产值的1亿多元，发展到2018年的2万亿元；从1949年工业企业数量不到500家，发展到现在的12万家……

新中国成立70年，宁波展现出一幅波澜壮阔的工业发展图卷。改革开放以来，宁波始终坚持"工业立市""工业强市"发展理念不动摇，大力推动工业发展，加快建立现代产业体系。当前，工业强市建设不断取得新进展，全市工业经济呈现高质量发展的良好态势。

一是工业综合实力较强。全市拥有工业市场主体12万家以上，其中规模以上工业企业达7574家，企业数量居国内城市前列。2018年，全市工业增加值4953.7亿元（占全市GDP比重为46.1%），规模居浙江省首位，其中，规上工业企业完成工业总产值1.68万亿元、工业增加值3730.8亿元、利税总额2097.9亿元（其中利润1264.1亿元）。全市辖区内10个区县（市）均入选2016年全国县域或区域经济百强。

二是重点产业规模较大。宁波拥有3100万吨炼油、120万吨乙烯、700万吨PTA、120万吨MDI、400万吨钢铁、200万吨白纸板、200万辆汽车、1700万千瓦电力装机等重要工业品的生产能力。按制造业统计分类，规上企业的汽车制造、电气机械、石油加工、化学原料、纺织服装、金属冶炼及加工、通用及专用装备、计算机及通信等产业均达到千亿级规模。拥有中国文具之都、中国模具之都、中国塑机之都、中国家电之都等 9 个全国唯一的产业基地称号，连续三次荣膺"中国品牌之都"称号。2018 年，全市高新技术产业、战略性新兴产业、装备制造业累计完成工业增加值分别为 1872.1 亿元、993.6 亿元、1806.4 亿元，同比增长 6.9%、12.0%、9.3%，均高于规上工业平均水平。

三是"四基"产业优势明显。全市工业"四基"产业基础发达，200 多种工业产品市场占有率占行业前三名。钕铁硼磁性材料、铜合金材料、模具、液压件、轴承等关键基础材料和核心基础零部件产量全国领先，高纯金属集成电路用溅射靶材、光学膜片、核电密封件、海底电缆等技术填补了国内空白，是全国三大钕铁硼生产加工基地之一、中国模具之都、气动元件之乡、最大的微小型轴承生产和出口基地、首家中国密封产业集群示范基地，海底电缆市场占有率超过 85%。宁波市政府获得由中国石墨烯产业创新联盟颁发的唯一的"政府特别成就奖"。全市拥有符合"四基"领域的产品169 个，拥有"先进基础工艺"和"产业技术基础"的企业和平台69 个。中车超级电容器、威孚天力增压器项目、墨西科技年产 300吨电子级石墨烯微片生产线技术改造项目等 10 个项目入选国家强基工程项目，位居全国前列。

四是产业集约集聚水平较高。全市目前拥有以石油化工、家电产业、军民结合、装备制造、汽车产业为代表的五大国家新型工业化产业示范基地；拥有以宁波经济技术开发区、宁波出口加工区、宁波梅山保税港区、宁波国家高新技术产业开发区等为代表的八大国家级园区；拥有以江北动力小镇、余姚智能光电小镇、宁波杭州湾汽车智创小镇等为代表的 14 家省级制造业和信息化特色小镇；拥有以江北工业计量物联网产业园、北仑海天智能装备产业园、余姚智能光电产业园、高新区软件与服务外包产业园、大榭万华新材料产业园等为代表的 11 家市级特色产业园。

五是重点企业发展迅速。截至 2018 年年底，全市拥有中国制造业 500 强企业 20 家，产值超千亿元工业企业 1 家、超百亿元工业企业 23 家、超 10 亿元工业企业 193 家、超亿元企业 2168 家。拥有境内外上市公司 91 家，其中制造业上市公司 73 家（比 2012 年增加 33 家）。全市纳税 50 强企业中，工业企业 34 家。民营经济是工业经济的主体，企业数量占各类市场主体的 99% 以上，产值规模占工业规模的 80% 以上。企业外向度较高，规上企业出口交货值占工业总产值的 19%；均胜、博威、华翔等一批龙头企业均已收购了国外优质创新资源，并实现了快速发展。

六是自主创新能力不断强化。截至 2018 年年底，宁波拥有市级以上企业工程（技术）中心 1646 家，其中国家级 24 家，拥有中科院宁波材料所、兵科院宁波分院等国家级创新平台载体。全市规上企业科技活动经费支出 316.2 亿元，占主营业务收入的 1.9%，比上年增长 25.5%，企业科技研发投入占全社会研发投入的 90% 以上。全市专利授权量 7.3 万件，其中发明专利授权 4.5 万件，居全国副省级城市前列。规上工业企业新产品产值 5474 亿元，新产品产值率 32.5%。全市 200 多种工业产品市场占有率占同行前三名，密封件、钕铁硼磁性材料、模具、轴承、液压件、高纯金属材料等关键"四基"产品的技术含量、规模居国内领先水平。宁波成功获批国家自主创新示范区、国家首批创新型试点城市、国家知识产权示范城市、首批"质量强市"示范城市、首批国家科技成果转移转化示范区。

二、隐形冠军是制造业高质量发展的主力军

党的十九大报告指出，我国经济已由高增长阶段转向高质量发展阶段。制造业是立国之本、强国之基，因此，实现经济高质量发展首先要加快制造业高质量发展。

作为工业大市和先进制造业基地，宁波将"推动制造业高质量发展"放在了经济工作首位，着力培育"246"万千亿级产业集群，推动制造业质量变革、效率变革、动力变革，加快从制造大市向制造强市迈进。这其中，隐形冠军成为制造业高质量发展的主力军。

在推动制造业发展的实践中，宁波依托雄厚的制造业基础，涌现出一批制造业细分领域的全球或全国隐形冠军。截至 2019 年年底，宁波已遴选出 308 家企业作为制造业单项冠军培育重点，包括国家级制造业单项冠军企业 39 家（数量居国内各城市之首）、市级制造业单项冠军示范企业 76 家、培育企业 193 家。在这 308 家企业中(以下均称"隐形冠军")，市场占有率排名全球第一的有 56 家，全球前三的有 153 家；国内第一的有 198 家；其他企业也都位居国内细分行业的前 5 名。这些隐形冠军对提升制造业基础产业能力和产业链现代化水平，对促进制造业高质量发展都起到了重要的基础和支撑作用。

（一）隐形冠军是制造业高质量发展的领军力量。2018 年，308 家隐形冠军实现主营业务收入总额 3780.07 亿元、利润总额 427.63 亿元，以占全市规上工业企业 4.07% 的数量，创造了全市 23.23% 的主营业务收入和 34.84% 的企业利润，成为宁波制造业高质量发展的引擎和领军力量。

（二）隐形冠军是企业提质增效的标杆。2018 年，308 家隐形冠军实现平均主营营业收入 12.27 亿元、平均利润额 1.39 亿元，达到同期全市规上工业企业的 5.7 倍、8.6 倍，成为宁波规上工业企业生产经营效益最优的企业群体。

（三）隐形冠军是创新发展的典范。2018 年，308 家隐形冠军 R&D（全社会研究与试验发展）经费支出总额达到 139.57 亿元，占全市规上工业企业 R&D 经费支出总额的 58.39%；R&D 经费支出占主营业务收入比重达 3.69%，高于全市规上工业企业平均水平 2.04 个百分点；拥有有效专利 28459 项，其中有效发明专利 5903 项，企业平均拥有有效专利 95 项、发明专利 20 项，成为宁波规上工业企业中最具创新活力的企业群体。

（四）隐形冠军是培育先进制造业集群的主体。2018 年，308 家隐形冠军主要集中在关键基础件、高端装备、汽车、新材料、电子信息五大产业领域，分别拥有隐形冠军 59 家、47 家、46 家、41 家、34 家，占企业总数的 73.70%，主体地位十分明显。

三、宁波隐形冠军的主要特征

宁波隐形冠军在发展中形成了以下主要特征。

一是市场持续领先。宁波隐形冠军无论从国内排名还是从全球排名来看，市场领先优势都十分明显。从全国排名来看，宁波超过 60% 的隐形冠军在细分市场排名中位居全国第一。2018 年，宁波 308 家隐形冠军主营产品在国内市场排名均位居前五，其中位居全国第一的企业数量为 198 家，占 64.29%。从全球排名来看，宁波超过 18% 的隐形冠军在细分市场中位居全球第一。2018 年，宁波

308 家隐形冠军有 153 家企业主营产品市场排名位居全球前三，其中位于全球第一的有 56 家，占 18.18%。这批企业是宁波在全球细分领域最具影响力的企业群体。

二是效益持续提升。首先，宁波隐形冠军主营业务收入呈现持续增长态势。2018 年，宁波 308 家隐形冠军主营业务收入总额为 3780.07 亿元，同比增长 12.83%，2016—2018 年年均复合增长率达 19.70%。隐形冠军平均主营业务收入为 12.27 亿元，近三成隐形冠军主营业务收入超过 10 亿元。浙江逸盛、舜宇光电、乐金甬兴、得力集团等 6 家企业主营业务收入超过百亿元，进入"百亿营收俱乐部"。其次，宁波隐形冠军盈利能力稳步上升。2018 年，宁波 308 家隐形冠军利润总额为 427.63 亿元，同比增长 6.06%。2016—2018 年年均复合增长率达 21.13%。从平均值来看，隐形冠军平均利润额为 1.39 亿元。公牛集团、海天塑机、舜宇光电、得力集团、方太厨具、舜宇光学、乐金甬兴等 8 家企业利润超过 10亿元。再次，宁波隐形冠军主营业务收入利润率超过 10%。2018年，宁波 308 家隐形冠军主营业务收入利润率为 11.31%。慈北医疗、碧彩实业、舜宇车载、微科光电、塞克思液压等 6 家企业主营业务利润率超过 40%。

三是不断完善创新体系，持续突破关键技术。宁波隐形冠军在长期发展过程中，始终坚持以创新发展为引领，不断加大创新投入、完善创新体系，支持企业在行业关键核心技术领域不断突破，由此形成持续的行业竞争优势。

2018 年，宁波 308 家隐形冠军 R&D 经费支出总额为 139.57亿元，近三年 R&D 经费支出年均复合增长率为 13.39%，占主营业务收入比重超过 3.7%；超六成隐形冠军拥有省级以上研发机构，高水平创新平台建设不断加强；超八成隐形冠军被认定为国家高新技术企业。

宁波隐形冠军平均拥有有效专利数超 90 项，创新成果产出能力强大。截至 2018 年，宁波 308 家隐形冠军累计拥有有效专利 28459 项，平均高达 95 项。方太厨具、贝发集团、得力集团、公牛集团、欧琳实业、三星医疗电气、乐歌人体工学科技、海伯集团等企业拥有有效专利超过 500 项，其中方太厨具拥有有效专利达 2268 项。其次，宁波隐形冠军平均拥有发明专利 20 项，具备较好关键技术研发能力。截至 2018 年年底，宁波 308 家隐形冠军累计拥有发明专利数 5903 项，平均拥有近 20 项。方太厨具、江丰电子、万汇休闲用品、赛尔富电子、慈星股份、信泰机械等 7 家企业拥有发明专利数超过 100 项。

四是聚焦专注细分领域。宁波隐形冠军表现出明显的产业集聚性，且长期专注一个细分领域。宁波隐形冠军属于"246"万千亿产业集群的有 292 家，占企业总数的 94.81%，主要集中在关键基础件、高端装备、汽车、新材料、电子信息五大领域，文体用品、智能家电、绿色石化三个领域也分别有 19 家、19 家、13 家企业。宁波隐形冠军不仅聚焦细分领域，而且还长期专注于细分领域不动摇，坚持走"专精特新"的发展道路。通过把简单产品做到极致的"深耕"模式，把企业打造成为细分领域的专家。宁波隐形冠军一般在一个细分领域深耕长达一二十年，其主营产品销售收入平均占销售总额的 70% 以上，持续专注细分领域的特点十分明显。

五是走全球化道路。企业走全球化之路，是全球隐形冠军的共同特征，宁波隐形冠军也走了一条全球布局之路。首先，宁波隐形冠军出口规模不断增长。2018年，宁波308家隐形冠军出口总额达624.98亿元，同比增长29.82%。这表明，隐形冠军越来越加强全球市场的拓展。其次，宁波隐形冠军积极开展全球产业布局。近年，越来越多的隐形冠军通过设立海外机构、建立海外工厂、收购海外优质企业、开展与海外企业合作等多元化方式进行全球化布局。

六是积极对接资本市场。德国、日本隐形冠军基本都是家族企业，很多企业都有百年历史。我国隐形冠军主要产生在改革开放以后，要想在短时间内缩短与德国、日本隐形冠军的差距，就要充分调动、利用各种资源优势，其中与资本市场对接，就是我国隐形冠军快速成长的一大因素。宁波隐形冠军挂牌上市十分活跃，截至2019年年底，在宁波308家隐形冠军中，上市企业为54家，主要集中在关键基础件、高端装备、信息技术、新材料、汽车等领域，产业与资本市场的融合极大地促进了宁波隐形冠军的发展。

四、宁波推进隐形冠军培育工作的基本做法

宁波坚持"系统谋划、分步推进、培育提升、宣传推广"的基本思路，着力推进制造业隐形冠军的培育工作。

（一）系统谋划，明确隐形冠军培育目标和扶持政策。2017年，宁波出台《宁波市制造业单项冠军培育工程三年攻坚行动计划》，明确隐形冠军培育目标，结合大企业大集团、行业骨干企业、高成长企业、各类示范企业以及"专精特新"企业等各类优势企业培育工作，着力培育一批行业地位突出、技术领先、发展潜力大、符合产业导向、有望发展成为细分领域制造业隐形冠军的企业。宁波强

化对隐形冠军的政策扶持，对列入国家级和市级制造业"单项冠军"企业（包括培育企业），分别给予资金奖励和其他支持。

（二）分步推进，建立隐形冠军企业培育工作推进体系。为此，宁波开展了调查摸底工作，对全市工业企业产品市场占有率位居国内前十的企业进行系统调查，全面掌握有潜质成为隐形冠军的企业情况；开展了市级隐形冠军示范和培育企业遴选、认定工作，通过综合评价和评审，从培育企业中精选一批示范作用明显的企业认定为市级示范企业；建立了隐形冠军企业培育库，将308家市级以上隐形冠军企业全部纳入培育库，并建立运行监测机制；积极申报国家级"单项冠军"，根据国家级"单项冠军"的申报条件和要求，进行择优推荐。

（三）培育提升，促进隐形冠军企业加快发展壮大。根据不同企业的特点和优势，宁波进行不同的政策扶持。宁波将隐形冠军培育工作与重点企业梯队培育相结合、与工业强基工程相结合、与各类示范企业培育相结合，加大力度，开展研发能力、智能制造、品质管理、综合金融、营销创新等方面各种形式的分类培育；积极打造以隐形冠军为主体的"宁波制造"品牌，引导和促进企业在做精做强主业、提高产品核心竞争力、提升和巩固产品市场地位的同时，充分发挥其示范引领作用和品牌效应，带动和支撑相关产业的发展。

（四）宣传推广，营造培育隐形冠军企业良好氛围。宁波积极进行对外合作交流，成功举办中国(宁波)单项冠军发展国际论坛，通过借鉴"隐形冠军之父"赫尔曼·西蒙教授等国内外著名专家的隐形冠军培育发展经验，引导企业树立"十年磨一剑"精神；总结宣传隐形冠军的成功经验，搜集隐形冠军典型案例，不断扩大隐形冠军群体的影响力，引导更多企业走隐形冠军发展道路；举办隐形冠军培训班、企业座谈会、经验交流会，总结传授企业在培育提升工作中好的做法和成功经验，引导企业坚定走隐形冠军培育发展之路的信心和决心；跟踪收集308家企业的发展情况，编辑《宁波市制造业单项冠军企业简介汇编》《宁波市制造业单项冠军企业发展报告》，以及本次编印《寻找中国制造隐形冠军》（宁波卷）等。这些工作都有效地传播了宁波隐形冠军的发展情况，促进了隐形冠军的发展。

培育制造业隐形冠军，促进制造业高质量发展，是一项长期工作。下一步，宁波将围绕推进"246"产业集群建设，在进一步加大制造业隐形冠军培育力度的同时，积极发挥隐形冠军的引领作用，提升产业基础能力和产业链现代化水平，带动宁波制造业加快实现高质量发展。

宁波市经济和信息化局

2019 年 12 月

第一部分

材　料

第一篇

东方电缆：中国海陆缆核心供应商

智　强　佟文立

建设海洋强国是我国全面建成社会主义现代化强国的重要组成部分。我国是一个海洋大国，拥有 1.8 万公里长的海岸线，6000 多个大小岛屿，海洋资源十分丰富，海洋经济的发展潜力巨大。但因长期以来高端装备依赖进口，我国海洋强国建设的前进步伐受到很大影响。可以说，高端装备依赖进口是我国发展海洋经济的"锁喉之痛"。而破解这个"锁喉之痛"，解决这个"卡脖子"难题，也就成了我国装备制造企业的重要使命和责任。

宁波东方电缆股份有限公司（以下简称"东方电缆"）正是一家在破解这个"锁喉之痛""卡脖子"难题的过程中发展起来国家级高新技术企业，现已成为集研发设计、生产制造、施工敷设于一体的中国海陆缆核心供应商。目前，东方电缆拥有陆缆系统、海缆系统和海洋工程三大业务板块，是国内唯一一家掌握海洋脐带缆的设计分析并能进行自主生产的企业。

东方电缆秉承"让陆地与海洋互联"的使命，参与和承担了多个国家高技术研究发展计划、国家科技支撑计划项目和国家海洋经济创新发展区域示范项目，并牵头起草海底电缆国家标准，为国家海洋经济发展和海洋强国建设作出了重要贡献。

积极融入海洋强国战略

"在坚持高质量发展、新旧动能转换的当下，企业应该站在更高的高度，在积极融入国家战略中寻找发展机会，从而实现更大的发展，走向更为广阔的舞台。"东方电缆董事长夏崇耀说。从东方电缆的发展历程来看，这是东方电缆的成功之道，也是夏崇耀的经验之谈。

东方电缆成立于1998年，是由宁波当地的一家集体所有制企业转制而来。企业初创时期是从传统的家用电线、电缆做起，经过多年的努力，逐步发展起来。

1998年转制后，东方电缆与日本大金合作，进入网络线市场，并凭借技术和质量优势在这个细分领域迅速进入全国前三名，完成了企业的第一个发展周期。

2005年，东方电缆开始转向海洋经济领域，这是第一次转型。当时，舟山群岛正在大力实施岛屿建设，需要海底电缆等关键设备，这就给电缆企业带来一个新的市场机遇。东方电缆紧紧抓住这个机遇，通过自主创新和技术突破，经过两年的研发，于2007年成功制造了第一根国产110kV高压海底电缆，并实际运用于舟山群岛岛屿供电项目。在此之前，国内高压海底电缆工程使用的产品完全依赖进口。这次东方电缆打破国际垄断，实现海底电缆国产化，对我国发展海洋经济具有十分重要的意义。

"这是东方电缆第一次转型，从陆缆转向海缆。在这个转型过程中，东方电缆取得了很多业绩，同时也完成了企业升级。"东方电缆总裁夏峰说，"2009 年我从英国毕业回国，当时海洋油气南海资源开发项目正在实施，需要一批关键设备。于是，我们跟中国海油合作，做出另一个产品——海洋脐带缆。这是东方电缆的第二次转型，从海洋电力领域转向海洋石油领域。"

2009 年，伴随着全球海洋油气领域开发的新一轮高峰，东方电缆再一次凭借其敏锐嗅觉，捕捉到新的产品升级机遇。夏峰总裁根据自身在海外学习的知识以及对海外市场和新产品的摸索，回国后带领东方电缆再一次挺进深海。通过和中国海油的合作，开始研发油气领域用脐带缆，最终实现了东方电缆的第二次转型。在这次转型中，东方电缆组建了专业团队，以十年磨一剑的精神，一步一

个脚印，在2018年成功将首根24千米国产化深海脐带缆运用在中国海油的南海文昌9—2/9—3/10—3油气田群，再次打破国外垄断。

"基于从陆缆向海洋装备的两次转型，东方电缆完成了转型升级，也奠定了东方电缆的科技创新的文化基因。"夏峰说。此后，东方电缆陆续承担了国家科技支撑计划和国家重点研发计划等一系列国家项目。伴随国家海洋战略、海洋经济的发展需要，东方电缆的发展进入了快速道，企业规模迅速提升，影响力也逐步扩大。

2014年，东方电缆在上海证券交易所主板上市。"应该说没有企业的两次转型，也就没有这一次的上市。"夏峰感慨道。因为在发行评审过程中，股票发行审核委员会认为，电缆行业是一个产能过剩、资金密集度和技术门槛并不是很高的行业。而东方电缆在答辩中自信地讲：东方电缆的定位是融入国家的海洋战略，国家海洋主权到哪里，东方电缆的产品就要服务到哪里。东方电缆希望通过资本市场的平台，为企业和国家海洋战略的未来发展获得一个有力支撑。

实践证明，资本市场不断助推了东方电缆的发展，同时东方电缆的发展也回馈了资本市场的信任。在上市后，东方电缆持续稳定健康发展，进一步证明了它是一家坚持务实、创新，并以推动海洋装备国产化为目标的专业化公司。

经过20多年的发展，今天的东方电缆已然成为我国海缆领域具有国际竞争力的龙头企业。2018年，东方电缆被中国电器工业协会电线电缆分会评为"全球海缆最具竞争力企业十强之一"。

以自主创新破解"卡脖子"难题

"我们的两次转型都是具体的产品转型，但意义却是非常大，两者都打破了国外垄断，解决了海洋装备的'卡脖子'难题。"夏峰说，"由于我们是从一片空白起步，可想而知，其研发和制造的难度也是非常之大。"

和发达国家相比，我国发展海洋经济较晚，开发海洋资源、发展海洋经济所需的高端装备一直由国外垄断，东方电缆研制海底电缆和脐带缆无疑是与国际巨头直接竞争，可谓虎口夺食。

海底输电工程被公认为是环境最复杂、实施最困难的输电工程，其中海底电缆是海底输电工程中的关键装备。海底电缆设计开发、制造、敷设安装及运行已超过百年，被广泛应用于跨越江河海峡输电、岛屿供电、电网互联、海上油气平台供电以及海上风电场与大陆电网并网，要求的传输距离达到几十千米甚至上百千米，因此大长度海缆制造技术是海缆生产的关键难点。

东方电缆在关键装备上大手笔投入，从德国、瑞士、意大利等地引进了当今最先进的海底电缆的连续生产和高电压测试装备，安装了多个国内最大的 32 米直径智能退扭托盘，承重 5000 吨，一举解决了大长度海缆连续制造这一技术难题。同时，配有专用的自有 3000 吨级码头，紧靠生产基地，产品可直接装运上敷设安装船。

截至 2019 年，东方电缆已为浙江省舟山群岛联网工程、广东省涠洲岛 / 南日岛联网工程、福建莆田南日岛联网工程等多个国家级跨海输电项目累计提供海缆超 5000 千米。与国家电网、南方电网及其下属的多个电力公司建立了长期稳定的业务联系，与三峡集团、中广核、中国华能集团、国电投、国家能源集团等主要电力及能源集团建立了长期战略合作关系。

在国际市场上，东方电缆也以过硬的产品质量和优质服务赢得了国际声誉，产品出口到了 20 多个国家。

脐带缆的研发和制造难度更大，而且还伴随着投资大、研发时间长等难题。因此，脐带缆项目上马之初，东方电缆企业内部多数人不看好。

"市场竞争激烈，企业首先要生存。在市场细分领域，订单少、回报少，研发脐带缆，需要多长时间、需要投入多少，难以估算。"夏峰回忆，2009 年公司计划涉足高端领域时，反对声音很大。"有不少人提出，与国外高端海洋缆巨头'抢饭碗'很可能竹篮打水一场空。大长度脐带缆制造要求高、难度大，攻克这一世界性难题困难重重。"

　　然而，面对建设海洋强国的需要，董事长夏崇耀坚定地说："我们始终认为自主创新是企业发展壮大的原动力，相信越专注关键核心技术研究，市场的机会越大。"

　　东方电缆最终决定上马脐带缆项目。决策定下后，东方电缆斥巨资引进一流设备，加大科研投入。近十年间，研发总投入已过亿元。夏峰说："这十年，脐带缆在经济效益上对公司几乎是没有贡献的。如果决策层在中途有一点点犹豫，这个项目就黄了。"

　　脐带缆是应用于海洋油气勘采作业的关键装备，它如同婴儿从母体上汲取营养的那根生命之带，因此被称为"深海生命线"。脐带缆可为深水油气田的上部平台控制设施和水下生产系统装备提供电力、通信、液压动力和化学药剂通道等连接。通过脐带缆，人们在钻井平台上，就能精确操控海面之下的深海机器人，实现勘采作业，其重要性不言而喻。

　　然而，在东方电缆成功研制出脐带缆之前，"我国使用的脐带缆全部依赖进口，主要购自美国、挪威、英国的4家脐带缆制造商。"中国海油文昌项目经理王会峰说，以中国海油荔枝湾3—1项目为例，进口一根70多千米的脐带缆就花费了5亿元人民币。

　　2009年，东方电缆与中国海油携手攻坚，进入行业最前沿的脐带缆领域，正是为了打破国际巨头的行业垄断、解决"卡脖子"难题。

　　那么，这条"深海生命线"——脐带缆的研制究竟难在哪儿？"从应用角度看，一般的装备在应用前都要做疲劳测试，但是海洋不一样，一根海缆放下去，一旦有问题，损失就不是一个亿或几个亿，因为海缆出问题，其他装置也将停止工作，整个油田停止作业，这个损失就太大了。所以，脐带缆是一个没有备份且质量要求极高的关键装备，可谓'国之重器'。"东方电缆总工程师周则威说，"从研制角度看，脐带缆这个高精尖产品，国外有着上百年的技术沉淀，而我们则是在白纸上作画。我们制造脐带缆，首先要建立生产线和测试平台。"

脐带缆的制造，从技术到设计，再到制造环节，环环相扣。它由钢管、电缆、光缆等13个单元组成，如何一次成型，是要攻克的一大难关。一位技术人员形容说："如果说生产传统电缆是拧麻绳，制造脐带缆就是拼积木。"为了拼好这块"积木"，周则威介绍说："2010年，我们从国外进口了1000万元生产设备，进行改造升级。光摸索脐带缆的核心制造技术，研发团队就花了3年多时间。经过上百次测试，最后才总结出成功的经验。"

"研发脐带缆，需要投入大量人力、物力和资金，单靠一家企业，是干不成的。"夏峰说。2009年，由东方电缆主要承担的"水下生产系统脐带缆关键技术研究"课题被列入"863"计划。东方电缆的院士工作站，相继与中国海油研究总院、大连理工大学、上海电缆研究所等单位开展技术合作。"国家平台的搭建，助力研发团队不断攀登技术高峰，正是依靠多方合作，才有了今天的成果。"周则威说。

2016年，通过国际招标，东方电缆作为国内唯一的脐带缆制造商，同国外4家企业激烈竞争，最终成功获得了中国海油文昌项目总长23.047千米的脐带缆订单。2018年6月20日，东方电缆研制成功并正式交付使用。据介绍，该脐带缆直径126毫米，设计应用水深500米，总重超700吨，总长23.047千米。周则威说："脐带缆国产化以后，在国际市场上具有价格优势，可以降低30%至40%的成本，设计和生产周期也大大缩短。"

"脐带缆的国产化，为我国海洋工程装备的国产化和南海深水油气田的勘采以及远期可燃冰的开发提供了技术保障。"中国海油有关负责人表示，这对深水油气田的高效开发和保障我国能源安全具有重要的战略意义。

围绕国家战略开创未来

作为国内海底电缆行业的龙头企业，多年来，东方电缆紧跟国家海洋经济建设、"一带一路"倡议和国家南海开发战略，走民族工业的强国之路，保障海洋资源、能源和国防安全，始终以海底电缆、深海脐带缆、超高压电缆为发展方向，以海洋高技术装备产业为重点培育产业，通过资本运作、科技创新等措施，全面促进产业结构的优化升级，实现企业的可持续发展，成为拥有自主知识产

权、具备世界先进水平、具有国际核心竞争力的现代化企业。

"十三五"期间，东方电缆结合企业的发展实际，围绕经济新常态，牢牢把握国家发展海洋经济和"一带一路"倡议的重要机遇，紧紧围绕新能源开发、海洋高技术装备产业发展和国防安全建设的战略需求，提出了以海洋高技术装备、新能源、轨道交通、电力、国防安全建设等国家战略需求为导向，聚焦主业发展，围线"整体提升、重点突破"的工作要求。具体目标包括：高起点、高水准谋划和建设，将其打造成为世界一流、国内唯一的高端海洋能源装备电缆基地。打造"2+1"市场体系，重点突破国际市场。以国家认定企业技术中心为平台，加快海洋配套装备的培育，持续保持领先优势，同时加快军民融合深度发展。

尤其是东方电缆根据企业总体发展目标，提出了"成为世界电线电缆行业技术创新的领跑者"这一领先型技术创新战略。围绕领先型技术创新新战略，东方电缆制定了一系列具体的发展计划。

在创新体系建设方面，东方电缆加大科研投入力度，完善科研基础条件，构建功能更为完善的研发平台，不断完善东方电缆的建设和管理，使其成为公司科技成果转化基地、新产品新技术研究开发基地和创新人才队伍建设基地。

在平台建设方面，东方电缆搭建海底电缆和深海脐带缆的集产业共性技术服务、产品检测服务等旨在解决行业共性技术的开放性、共享型平台；引进先进实验装备，构建支撑企业开展关键技术研发的试验平台。

在人才培养方面，东方电缆加大培养和引进高级技术人才的力度，不断培养企业所需的骨干技术人才，同时每年引进2—4名博士进入博士后科研工作站工作。

在自主知识产权成果方面，每年自主研发重点新产品不少于10 种，申请专利不少于 20 个，制订国家、行业标准或企业标准不少于 1 项，收录或发表论文 2—3 篇。

在产学研合作方面，加强产学研合作项目研究，在高等级交流海陆缆、柔性直流海陆缆、深海脐带缆等领域合作开发，积极承担和参与国家级和省、市级科研项目，并实现产业化。

"东方电缆的两次转型和成功上市，对于我们而言，都具有里程碑意义。未来，我们还要在此基础上继续前进。2019 年对于我们来说又是比较重要的一年，因为这一年我们开始建设一个新的海洋装备基地，它将是世界一流、国内领先的先进制造基地和测试中心的产业基地。"夏峰介绍说。这个基地计划在 2021 年建成，将形成 50 亿元的产值规模，以支撑东方电缆在"十四五"期间达到双百亿的目标——营收规模突破 100 亿元和市值突破 100 亿元。

"这个基地建成后，我们会全力参与到全球海洋电力和海洋油气两个领域的市场直面竞争。同时也是积极响应国家提出的海洋战略、高质量发展战略和'一带一路'倡议。"夏峰展望道。

HENGHE 恒河®

第二篇
恒河材料：让所有人都能用上环保的石油树脂

骆　丹

石油树脂，无数不在。石油树脂核心为黏结剂，家庭使用的地板、油漆，学习工作使用的笔，卫生用品如卫生巾、婴儿尿不湿等，交通出行中汽车空调滤芯、轮胎橡胶等，甚至在医院使用的医用容器如储血包、输液管等，均含有石油树脂成分。尽管石油树脂并不面向终端消费者，但由于其与人们的生活紧密相关，石油树脂的生产制造情况将直接影响人们的生活质量。

1945 年，石油树脂首先由美国成功开发，随后在日、德、法等国家迅速发展，尽管在 1964 年，我国就开始了石油树脂的开发，但由于技术限制，我国石油树脂在很长一段时间内发展非常缓慢，截止到 2010 年，美国艾克森美孚、伊士曼、固特异公司，日本瑞翁株式会社等几大公司占据了全球石油树脂总产能的 69%，并垄断了石油树脂的高端技术。然而，就在近几年，位于宁波市镇海区的恒河材料科技股份有限公司（以下简称"恒河材料"）在世界崭露头角，近 3 年来全球市场占有率稳定排名前三，并且凭借石油树脂高端工艺的突破，让全世界都知道"全世界最好的氢化石油树脂在中国"。

从零到世界第三

从房地产到石油树脂，恒河材料完成了一次很大的转变。恒河材料董事长杨孟君以泥瓦匠起家，一步一个脚印做到包工头，再成长为企业家——1997 年，恒河集团成立，主营业务为房地产开发，宁波市镇海区有名的几个楼盘均为恒河集团建设。随着恒河集团的蒸蒸日上，杨孟君开始思考企业的未来，最终他决定进军中国实体经济的基础——制造业。2005 年，恒河材料收购宁波甬华树脂有限公司（以下简称"甬华树脂"），正式将公司的业务领域定位在石油树脂。甬华树脂成立于 1997 年，是一家专业生产各类石油树脂的企业，然而由于经营不善，在恒河材料接手时，甬华树脂因亏损濒临破产，杨孟君仅花了一年时间，就将甬华树脂扭亏为盈。2006 年，恒河材料收购宁波天利树脂有限公司，至此，恒河材料的公司架构基本建成。

恒河材料的发展壮大有"地利"之优势：恒河材料坐落于宁波石化经济技术开发区，距离宁波液体化工码头仅 5 公里，距离宁波港仅 15 公里，恒河材料产品的对外运输极其便利，而更重要的是，恒河材料与中石化龙头企业镇海炼化仅有咫尺之遥。2009 年，恒河材料投资开始兴建年产 10 万吨碳九原料综合利用项目，直接对标中石化镇海炼化的乙烯副产品裂解碳九——通过对裂解碳九进行深加工，获得双环戊二烯，可用于不饱和树脂和改性不饱和聚酯树脂，以及农药、香料、阻燃剂、降冰片、烯类衍生物、金刚烷、环氧化合物。2010 年上半年，该项目建成投产，实现年产 3.5 万吨碳九石油树脂和年产 2 万吨碳九共聚石油树脂、碳九溶剂油、芳烃溶剂油、石脑油、燃料油等。2013 年，恒河材料副董事长胡江青正式上任，作为高级工程师、国务院特殊津贴专家，他到任后的第一个任务就是带领恒河材料的科研团队开发三元乙丙橡胶助剂（ENB）装置。

2013 年 12 月 16 日，大雨与狂风让这个冬季格外寒冷，但恒河材料的厂区却异常热闹，鞭炮齐鸣——ENB 项目的开工典礼在众人的瞩目中拉开了帷幕，2015 年，恒河材料的这套 ENB 装置正式投产，填补了国内大规模 ENB 装置生产的空白，年产规模达 1.5 万吨，这是中国规模最大的 ENB 装置，而在此之前，中国规模最大的 ENB 装置仅能年产 3000 吨。根据恒河材料的规划，在 2019 年 ENB 装置还将再次实现升级，争取达到年产 2.5 万吨的产能。

恒河材料的突破还在继续。在 2015 年工作总结会上，杨孟君说，公司的发展战略是做大做强做精树脂产业，要着力于把产品往

高端化、精细化、差异化的方向发展。而在 2015 年的时候，胡江青就已经带领着科研团队探究石油树脂中的最高端产品——氢化石油树脂。2017 年 1 月，恒河材料自主研发的氢化碳九树脂装置跟随新一年的脚步正式开工建设。2018 年 8 月，第一批晶莹剔透的热聚树脂氢化改性颗粒从生产线上下线，恒河材料的员工们欢欣鼓舞——这意味着 5.5 万吨 / 年氢化改性树脂项目顺利运行，以此为基础，恒河材料的氢化树脂总产出量可增至 8 万吨 / 年，恒河材料成为继埃克森美孚和伊士曼后的世界第三大氢化树脂生产商，也成为国内规模最大、品种最全的氢化树脂生产商之一。

这项技术的成功，使得恒河材料突破了国外企业对石油树脂加氢技术的垄断，也使得国内石油树脂工艺整体得到了跨越式的发展。胡江青说："这个项目的投产改变了中国石油树脂在国际上的形象，我们也有底气了。"

在目前，恒河材料的产品销往国内 27 个省、自治区、直辖市，国内市场占有率排名第一。此外，恒河材料还是国内最大的石油树脂出口商，产品远销美国、韩国、西班牙、土耳其等 30 多个国家和地区，全球市场占有率排名前三，客户包括了众多享誉全球的企业：胶黏剂行业世界第一、历史超过 140 年的德国汉高，全球黏合剂领域的领先供应商美国富乐，全球轮胎科技的领导者法国米其林……

不满足现状

登上高峰的背后通常是常人难以想象的艰辛，恒河材料副董事长胡江青对此深有感悟。2013 年，胡江青从镇海炼化离职进入恒河材料，当时，胡江青已经 56 岁，作为镇海炼化的副总工程师、国务院特殊津贴专家，胡江青原本可以在镇海炼化以一身荣誉光荣退休，但天性喜好不断拼搏与进取的胡江青，在董事长杨孟君的诚挚邀请下，加入恒河材料，胡江青说："我想进入另外一个领域发展。"

　　胡江青到任之初就认为，恒河材料绝对有能力将石油树脂做到国内第一，而只有好的产品才能改变企业命运。胡江青到任恒河材料之后，便开始积极引领科研团队进行科技创新、产品开发。在中国规模最大的 ENB 装置投产后，胡江青说："别人觉得这套装置已经够好了，但是我们不满足于此。"氢化改性树脂项目被提上日程，"研发氢化石油树脂的过程真的很难，有段时间甚至都想放弃。"回忆起氢化石油树脂的研发过程，胡江青依然感慨不已。事实上，恒河材料对氢化石油树脂的研发投入远早于 2015 年。在此之前，恒河材料曾与国内多个研究所合作，投入了大量研发经费研发氢化石油树脂，但均以失败告终。不过，这些失败的经历最终成了宝贵的财富。2015 年，在胡江青的带领下，恒河材料开始独立自主研发。在研究氢化石油树脂的两年多时间里，胡江青的头发白了许多，胡江青回忆说："团队经常到了凌晨三点钟还在讨论研发方案。"对此，胡江青对恒河材料的科研团队赞叹有加，"研发过程是很枯燥的，在实验室里一遍遍重复试验，两年多的时间，一般人受不了，但是这群小伙子坚持下来了。"

　　这支科研团队不断进取与突破的支撑，是恒河材料不遗余力地研发投入和完善的科研体制。每年，恒河材料研发费用支出占主营业务收入的 3.76%，公司拥有浙江省企业技术中心和浙江省企业研究院两家省级研发机构，其研发中心拥有单独用房面积约 1550 平方米，其中包括 550 平方米的分析实验室、880 平方米的实验中心、约 120 平方米的石油树脂中试加氢实验室，以及各类科研资产总额约 2100 万元。而对于研究院，则实行独立核算，所有经费均来自公司拨款，且研究院运营经费不低于每年研发经费的 30%。

恒河材料研发中心目前拥有专职研发技术人员 78 人，创新团队的核心成员包括公司 6 位高级工程师及宁波职业技术学院教授、副教授 8 人兼职，胡江青介绍说："我们拥有国家级专家 3 位，这是任何一个化工企业都不具备的。"而在整个科研团队里，恒河材料将青年骨干作为主要人才储备力量，让其亲身参与到公司重大的科研项目中，在此次氢化石油树脂的研发中就有众多二三十岁的年轻科研人员。为了增强研发人员的科研水平，恒河材料还与中国资深的研究所如中科院大连化学物理所、中国石化抚顺石油研究院、天津大学等研究机构进行合作，让核心成员通过亲身与中国最优秀的科研人员进行技术交流合作，提升自身能力。此外，恒河材料每年定期主持或参与行业会议，围绕乙烯副产碳五、碳九综合利用，集聚国内的主要石油树脂企业，通过各类学术交流，了解当下市场

动态和发展趋势，提升创新团队的整体学术水平。

胡江青说："只有技术创新才能改变企业命运，不满足现状、不断进取是恒河材料的企业精神。"在雄厚的科研力量支撑下，恒河材料经过不断地创新研发，目前已拥有发明专利22项，承接国家级、市级科技研发项目7项，包括国家火炬计划产业化面上项目"C5/C9加氢石油树脂"、国家重点产业振兴和技术改造专项"17万吨/年碳五碳九综合利用技改项目（一期）"，国家发展改革委、财政部批复的国家级园区循环化改造示范试点宁波石化经济技术开发区重点实施项目子项目——15000吨/年三元乙丙橡胶助剂（ENB）及12000m³仓储项目……

奢侈品低价化

2018年11月4日，在福建泉州东港石化码头附近，一股刺鼻的味道充溢在空气里，黄色的油污铺满了附近水域，随后产生这种局面的原因迅速在网络上刷屏——一艘石化产品运输船发生泄漏，

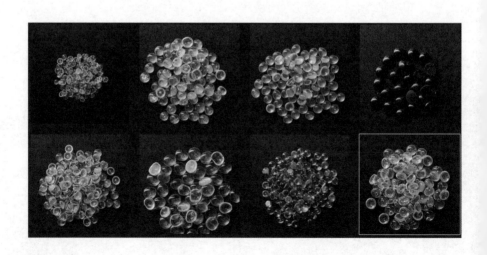

69.1 吨碳九产品漏入近海，造成了水体污染、空气污染，52 名疑似接触碳九泄漏的群众入院就诊。泄漏的碳九为石油冶炼副产品，属于易燃危险品，对水体、土壤和大气可造成污染，而且对神经具有麻醉和刺激作用。但是，如果对碳九进行深加工，获得双环戊二烯，而通过 ENB 装置，双环戊二烯与石油冶炼的另一项产品丁二烯转化乙叉降冰片烯，成为三元乙丙橡胶的生产助剂，这种橡胶广泛用于汽车门窗密封条、软管、电线电缆护套等，而三元乙丙橡胶助剂项目使用的超强固体碱催化剂，恒河材料通过无害化处理，又可以实现从固废到建筑原材料的转化，通过一步步循环，让"废物"变成"宝物"，对于恒河材料来说，石油树脂的生产不仅仅意味着为企业带来利润，同时也意味着为环保事业尽绵薄之力。

胡江青认为，一个企业可以"用产品行善"是履行社会责任的体现，而其中最具代表性意义的产品是氢化改性石油树脂。据胡江青介绍，氢化改性石油树脂与普通石油树脂在外部形态上非常容易区分：普通石油树脂颜色为黄色或褐色，而氢化改性石油树脂则呈无色透明状，"比水还纯净。"胡江青比喻说。这种形态的变化背后蕴含的更深层次的意义是：氢化改性石油树脂可使树脂中的烯烃和芳烃饱和，脱除树脂中的硫、氨氮等有害物质，使得石油树脂制成品更环保和健康。

在恒河材料成功研发氢化改性石油树脂之前，氢化石油树脂一直被国外所垄断，其价格昂贵，被业内称之为石油树脂中的"奢侈品"。然而，恒河材料所研发的氢化改性石油树脂打破了这一困局，而且其在某些性能方面比国外同类产品甚至更胜一筹，如其为世界上唯一一个没有荧光的产品，"可以说，全世界质量最好的氢化石油树脂在中国。"胡江青说。

恒河材料的雄心并不止于此，胡江青介绍说："恒河材料的研究目标是'奢侈品低价化'。"恒河材料依托镇海炼化及未来浙江石化、中化泉州乙烯的裂解碳五、碳九资源，经循环利用，原材料成本大幅降低，通过大规模批量化生产，恒河材料已将氢化石油树脂的价格从原来的 3 万元 / 吨压低至约 1 万元 / 吨，其下游企业面向终端消费者的产品价格也随之下降，"让恒河材料高兴的一件事情是，我们使得中国普通家庭能够用得起氢化石油树脂的产品了。"

随着人们生活水平的提高和健康意识的增强，恒河材料相信氢化石油树脂替代普通石油树脂是大势所趋。2019 年 4 月 28 日，在宁波工程公司总部大楼里，恒河材料董事长杨孟君与中石化宁波工程公司总经理周国签订了 18 万吨 / 年石油树脂项目工程设计合同，这意味着恒河集团下一步的重点 "18 万吨 / 年石油树脂项目" 正式启动，其中就包括新增 10 万吨 / 年氢化石油树脂，这将成为全世界规模最大的一套氢化石油树脂生产装置，项目建成投产后，恒河材料的氢化树脂生产规模将达到 18 万吨 / 年。恒河材料希冀着通过 "高质、低价"，在未来淘汰掉所有不好的产品，人们都能用上更加环保的氢化石油树脂产品，"那个时候，全世界都会有一种焕然一新的感觉。"胡江青说。

根据规划，恒河材料将深耕 "祖业"，配套浙江石化、镇海炼化、中化泉州等乙烯新建项目，重点做大做强裂解碳五、碳九下游综合利用，围绕裂解碳五、碳九资源，进行项目绿色循环化利用。根据预测在 3 年左右时间内，恒河材料将发展成为石油树脂行业中全世界规模最大、质量最好、品种最全的企业。

宁波能之光新材料科技股份有限公司
Ningbo MaterChem Technology Co., Ltd.

第三篇

能之光：打造相容与粘合的材料世界

佟文立

　　走进宁波能之光新材料科技股份有限公司（以下简称"能之光"）董事长张发饶的办公室，紧邻办公桌的墙上挂着他的经历简介，一张樱花树的单人照，下面印着两行小字："梁园虽好，终非久留之地，腾飞的中国才是事业的真正舞台"。

　　创立十多年来，能之光凭借对接枝改性高分子材料制造技术的深耕与创新，将高分子相容剂、工程塑料增韧剂和粘合树脂等产品做到极致，奠定了国产品牌的行业地位。一路攀登，接下来，将直面和美国杜邦、法国阿科玛和日本三井化学等世界级巨头的竞争。

　　对于公司的名称"能之光"，张发饶有着独到的解读："能"有两方面的作用。认识和掌握自然规律，我们可以利用"能"来为我们创造美好生活，导向光明。正是由于人类对"能"认识的不断深入，使我们步入信息社会，并将逐步进入新能源时代。"能之光"，就是追求"能"的光明，意在"聚能而发，光大产业"，这是希望公司从诞生之日起，就能承载着她的光辉使命，打造出强大的产业。

化学改性材料的国内开创者

能之光作为国内接枝改性高分子材料的领先制造商，主要业务是相容剂和粘合树脂的研发生产，即以基础塑料颗粒为基体进行功能化改性。其产品不仅性能和规模在国内市场遥遥领先，也是国内唯一一家产品性能可与国际巨头竞争的公司。

在材料领域，如果要把碳氢的有机的和无机的材料进行复合，因为一个是极性，另一个是非极性，所以结合不到一起，那么就需要有一种物质能够使之结合起来，这种物质称为相容剂。还有一种能够使不同材料粘在一起结合起来的物质称为粘接剂，其中，以固体粒子形式存在且具有粘接复合功能的树脂称为粘合树脂。相容剂和粘接剂通过解决材料与材料之间的相容和粘合问题，可以获得良好的界面和组织结构，提升复合材料的性能。

能之光产品系列的基础技术是高分子的化学接枝改性技术，能之光则堪称国内化学接枝改性技术的开创者。高分子作为一个条链，通过把一个功能基团嫁接到上面，化学性质就可以完全改变，但是物理性能和加工性能还保持不变。这种高分子材料的改性也叫后改性。化学接枝改性技术总结起来就是通过嫁接功能，赋予新的化学功能的延伸和特色，作用于和功能基团的结合。不同高分子基

体树脂和不同功能基团的排列组合可以形成很多种类的产品，细分下来有几百甚至上千种之多。相容剂、增韧剂和粘合树脂就是化学改性领域的细分产品。

相容剂产品应用非常广。目前，能之光的相容剂产品系列主要应用在改性塑料、复合材料、低烟无卤阻燃电缆料、木塑材料、可降解塑料等领域。此外，还在向纤维改性、沥青改性、水泥改性等领域延伸。未来在材料与材料之间的相容、材料与环境的相容以及材料与人体的相容方面，还将发挥重要的作用。

由于用途广泛，能之光的客户量非常大，总计超过 1000 家，主要聚集于家用电器、汽车、木塑、电线电缆以及战略性新兴产业等应用领域。而国内这些行业的龙头企业大部分都是能之光的客户，如金发科技、普利特、中广核技、中天科技、万马股份、合肥会通、佛山圆融、海尔新材、禾隆、森泰等企业。

能之光也是目前国内本行业中打入跨国巨头并有稳定供应关系的企业，跨国企业客户包括：巴斯夫（全球化工龙头），ALBIS（德国改性工程塑料龙头），JIBS（日本三菱工程塑料），ABC Group（加拿大最大汽车改性塑料供应商）等。

另类的创业者

能之光的创始人张发饶博士，于 2010 年入选第五批国家千人计划，成为国家"千人计划"特聘专家。作为技术研发人员，能之光并非张发饶凭专业技术赚得的"第一桶金"；而作为海归创业者，能之光创办后相当一段时期，张发饶甚至都在只使用自己的积蓄而没有从外部融资。

出生于江西赣州的张发饶曾经在江西理工大学当过教师，后进入中国科学院过程工程研究所攻读博士学位，从事金属材料方面的研究。在攻读博士期间，张发饶就有了通过和企业的技术开发合作获得工程化经验和赚取不菲收入的经历。

在撰写博士论文期间，江西老家的企业曾找到张发饶解决金属矿和废渣的一些工艺技术问题。和张发饶合作的民营企业老板后来成为当地首富，而1995年，还没有博士毕业的张发饶一年能够赚二三十万，不仅在赣州买了商品房和当时少有人用得起的大哥大，还为撰写论文购置了东芝笔记本电脑和打印机。

"可以说当时我就是中科院过程所里最另类的一个，说是奇葩也不为过。"张发饶说道，为完成一篇博士论文，调试设备时硬是在厂里住了三个月，忙碌时曾连续三天三夜没睡觉。

1996年，刚从中科院取得博士学位的张发饶，进入日本高知大学继续深造。只用了短短三个月，张发饶便完成了他在高知大学的研究论文。正在这时，日本最大的国立研究机构——日本工业技术研究院招聘研究员，他去应聘并被聘为日本新能源产业技术综合开发机构（NEDO）的研究员。

在日本工业技术研究院期间，张发饶进入日本国家重大专项"二氧化碳固定和转化"从事"微细藻类的综合利用"的研究。这不同于张发饶从本科开始学习的有色金属专业，完全是个陌生的领域。

1998年，通过完成日本国家重大专项目的子项目，日本工业技术研究院四国工业技术研究所专门为张发饶的研究成果召开过一场新闻发布会。日本著名的《产经新闻》《每日新闻》《读卖新闻》都做了大篇幅的报道，这也让张发饶迎来了一次事业的巅峰期。

在日本工业技术研究院期间，张发饶有两次机会可以转成正式研究员，也就是类似永久性职员。但一次偶尔研究院内一些研究员喝下午茶的感触——当时很多中国人来日本都是偷渡的，让张发饶感觉作为中国人，有使命振兴中国的产业。

2001 年，宁波有关方面负责人来到大阪，希望能招揽留学生回国创业。当年 9 月，张发饶在宁波北仑创办了宁波能之光新材料科技有限公司，以期把他关于塑料添加剂的专利技术产业化。

"到日本以后有一点躁动的心，不安分的心，就是一个创业的心，可能和以前有一定的关系。"张发饶说道，"也因为我是 60 年代出生的人，我们那个时候，小学、初中、高中的时候受正面的教育可能比较多，所以真的是抱着为振兴中华而创业的这种想法，就是要在世界上占有一席之地。"

但那个时候因为家里面孩子还小，张发饶从 2002 年到 2004 年期间又在加拿大阿尔伯塔大学从事了几年研究和教学工作。在此期

间，经过前期的试运行、添置生产线等工作，2004 年能之光推出国内首家用于低烟无卤阻燃电缆料的相容剂，并同时开发出其他类别的塑料合金相容剂产品，张发饶方才结束加拿大的工作，全身心回国投入到能之光的经营。

然而公司首款产品的市场推广面临的门槛不是容易跨越的。因为对于要和跨国公司成熟产品相竞争，客户要求的不仅是性能，还要求品质保障。

不过，张发饶的海归身份却起到了"敲门砖"的作用。位于上海的美国普利旺公司的一个从事低烟无卤阻拦的项目组负责人认为张发饶是海归博士，感觉可以聊一聊。在充分沟通后又花了半年时间，能之光取代美国杜邦成为普利旺的供应商，并推动了国内低烟无卤阻燃电缆料行业的发展。

国内电缆料行业，原来使用的材料是 PVC，但 PVC 一遇火灾发生，除了释放大量烟雾，还有氯化氢有毒气体释放出来。而使用低烟无卤阻电缆料，环保和安全问题都得到了解决。当时杜邦的产品一公斤售价是 50 元，能之光产品出来以后只要 28 元。由于关键材料成本的降低，推动了行业发展，低烟无卤阻电缆料国内市场规模也从 2004 年的 2 万吨迅速扩大到目前的 200 万吨。

转换思维模式

在能之光行政办公楼楼梯拐角处挂着远景规划："每年成长30%，持续成长 30 年，成为世界一流的新材料企业"。

为了保证研发创新活动的开展，能之光每年都将销售收入的3%—5%甚至 8%投入到新产品开发与产品升级中。不过在高速增长中，能之光也遇到了成长的烦恼，也是在经历了阵痛后，转换了思维方式。

2014 年，能之光有两个新的厂房在建设，也不缺新接的订单，但是在运营上却陷入了资金链紧张的状况。以至于最困难的时候，董事长张发饶不得不亲自去借债才能给员工发出工资。以此为节点，能之光方才引入两个外部股东投资者——海邦人才基金和赛伯乐基金，缓解了资金饥渴。也正是在这次最困难的时期，张发饶开始用企业家的思维重新审视自己和企业的组织架构及运营机制。

张发饶总结道："我觉得经营企业就是经营智慧，所以所有的问题都是思想的深度和广度没有达到。一个人的力量很渺小，以后的话肯定要把人的智慧集中起来，尤其是和国外的一些跨国公司，要去代替他，或者要抢他的市场。但如果是要集中起来，人家怎么能愿意来干呢？比如我们的产品经理，每个季度都很清楚地进行核算，这个季度经营得怎么样，要让他们用总经理的角色来思考，从现在就开始培养，因为我十年之内是要退休的。现在公司有四个产品经理，有些项目组成熟以后，就要走向市场，就又有一个产品经理起来了，可以组成梯队。现在公司规模还不是很大，但我觉得要把这个建立起来。目前像销售、技术、生产，还有激励机制，都在按我的一套想法运行。"

目前，能之光的组织架构设置和部门设置是基于商业模式和产品而来的。能之光目前阶段是以技术研发中心为导向的，技术研发中心分为产品经理部、研发部、试验测试部、科技管理部、工艺工程部。有了样品，之后就要有负责卖出去的部门，就是营销中心。而产品要想做出来，就需要生产运营中心，再有就是行政支持中心，即人力资源部门、总经办、行政管理部门。

在企业应变能力方面，作为一家高新技术企业，能之光结合行业经验，在新材料产品的研发、生产、管理、服务等方面做了众多尝试。比如从国外引进先进的专业科研设备，完善现代化的生产经营管理模式，优化客户端的服务细节，能之光通过厚积薄发地创新和打磨品质，迎来了历史上的二次腾飞。尤其在经过创新研发、设计优化、质量优化后，企业产业化能力不断提升，产业规模不断扩大，产品质量及其稳定性也大幅提高。

在销售方面，能之光通过建立一套完善的核算体系来实现论功行赏。每个销售业务员可以很清楚地对每个月的业绩和收入有明确的预期。而对于一些新产品技术或者客户服务要求比较定制化的产品，则是通过把采购、销售、生产串在一起，把年度新增长部分的一定比例作为奖励。对于核心员工，能之光则通过持股平台给予一个类似虚拟股权或者股权的界定。虽然能之光目前员工有一百多人，但实际上持有股权的已经有二三十人之多。除去物质激励，能之光对精神方面的激励也很重视。张发饶表示："对于企业经营，我觉得应重视的就是文化的打造。老祖宗的一些东西，我觉得特别好。比如，我经常学《论语》，把一些大家的解说放在公司的分享之家群内。"

在生产方面，能之光通过 ERP 和 MES 制造执行系统以及研发管理系统的贯通，实现了数据对从客户到生产以及研发的全流程支撑。

打造产品创新和产业化平台体系

高分子复合材料广阔的市场前景以及太多的国内空白有待填补。比如，长玻纤增强聚丙烯材料，含有玻璃纤维、长度为 10mm—25mm 的改性聚丙烯复合材料是新材料领域备受人们关注的新品中之一，基于长玻纤材料的应用优势，其在汽车应用已越来越广泛；增强尼龙材料，在汽车制造行业中，增强尼龙已经大量替代原有的金属件，应用到汽车上汽缸盖、进气管、散热器、车门、前后盖板、仪表板等 60 余类部件上。

能之光提出了依托新产品战略整合研发资源，促进运营和服务提升最终实现化学改性高分子新材料、低 VOC 新材料、粘合树脂材料三类产品在五年内实现替代进口，到 2021 年成为全球规模排名前三的新材料企业的战略目标。

这一战略目标的提出既体现了能之光对于新材料行业从源头研发到规模化量产的全过程关键节点的深刻理解，也为此创造性地提出了产品创新和产业化体系平台化的经营新理念。

对于化工新材料行业，张发饶表示，必须提高国内已有品种质量水平，加快空白品种产业化进程，突破上游关键配套原料供应瓶颈，并延伸发展下游高端制品及应用推广，抓住机遇，解决一系列"卡脖子"的关键问题，提质增效，提升行业整体水平。

对于国内材料行业的落后状况，有着实验室研发和产业化经营经历的张发饶有着自己的全系列的多节点式理解：材料产业涉及的是一个系列，最初的源头是设计，设计之后是原材料的选择，这就需要了解原材料的秉性。因为不能只有配方，也需要研究原材料的材料。而把材料制造出来的工艺也很关键，而设计配方的排列组合和各类工艺条件的结合也会有各类不同的结果。材料生产出来后就需要和下游的应用紧密结合起来。要下游的用户来评价你的产品，还要有正确的信息反馈给你去改进。而国内的新材料产业所面临的生态环境是：首先，对于一些关键性的材料，下游客户保密，不告诉材料厂商材料产品的具体用途。其次，就是国内生产设备和国外相比还有差距。第三个就是整个生产的管理和控制，尤其是工艺的问题有赖于技术人员和员工的工匠精神。因此，新材料企业做的其实是一个系统工程，不是单一方面，而是能把技术、设备、工艺集成起来。

目前，经过持续多年的高强度投入，能之光拥有超过 3000 平方米的实验分析室和中试车间，具有完备的检测分析仪器和材料加工设备；并且逐步建立起完善的创新管理体系和初步的研发投入核算体系——项目管理实行负责人制，由科技管理部负责监督管理项目进度、经费、物资领取等多项工作，并通过《技术人员研发业绩奖励考核办法》和《专利管理及知识产权奖酬制度》的实施推动研发成果的转化。

在研发资金、仪器设备和场地以及创新管理制度的保障下，能之光先后建立起浙江省博士后工作站、高新技术企业研究开发中心、宁波市院士工作站、宁波市反应性加工工程（技术）中心、企业研究院和宁波市北仑区研究生工作站。立足这些创新平台，能之光与中科院宁波材料所、中科院化学所、浙江大学等知名高校建立了产学研合作关系。

而在创新技术和产品经营理念方面，能之光建立起组织架构完善的技术创新委员会。通过技术创新委员会，能之光借助院士工作站、博士后工作站和工程技术中心以及企业研究院，可以发现一些有自己的核心技术和项目的领军人才，引进公司并成立一个独立的平台。而能之光现有的产品部门可以提供支持，从而不断地去改良

优化，并最终形成未来市场的培育和进入。对于这些领军人才，能之光给予 20% 的干股，自己投资一部分，进而再帮忙融资一部分。借助能之光现有的管理生产销售比较成熟的经验模式，这些领军人才可以不考虑产业化环节，专注于产品技术的开发，如果后续规模做大，也可以选择独立出来。

张发饶表示："可以说，我们是在推动一个新材料行业领域的协同创新，除了我们自主创新，还要加快速度，吸引外部的力量过来合作。这样的话就像马云做平台那样可以做得很大，但是我们做制造的做平台会搞得很慢，但你的平台里头能够延伸出两三个、三四个成功的项目就会很了不起了。如果能之光资源再多的话，就能像华为一样，从各个方面去延伸，进而到捆绑成多个大的事业群。"

目前，能之光的科技管理部门专门设有一个对外合作的板块，主动和大学里的化学和材料领域的研究人员交流合作，寻找一些和能之光产品路线图比较一致的项目。通过沟通和对接，进而采取一种形式来合作，比如由大学负责前期的研发技术，能之光负责后期的工程化。

作为战略布局，能之光已经储备有一系列的国内首创、国际前沿水平的技术，并且有核心技术研发形成核心产品的自身解决方案，比如，高分子的净化、低 VOC 高分子材料、特种粘合树脂等；锂电池里的交换薄膜，是锂电池材料领域国产化率最低的领域，目前国内市场基本由日本三井化学控制；还有国内现在解决不了的一些细分的特别的材料，比如说超临界流体，作为世界级难题，能之光也有了解决方案。

也就是说，能之光未来将从某几个细分产品领域的隐形冠军企业转型为孵化出一系列更多个细分产品领域的隐形冠军企业的平台型企业。

第四篇
韵升股份：智造之路　创新不止

董　哲

在位于宁波高新区扬帆路 1 号的韵升集团（下称"韵升"）总部，其展示中心的文化背景墙上有这样一句话——"中国制造，最终只能出卖有限的资源；而中国智造，掌握自主的核心技术，才能走上可持续发展之路。"

1991 年，创始人竺韵德靠着借贷来的 34 万元在当时的宁波江东区上茅巷一座老旧厂房里开始创业。历经近 30 年的不断发展后，这才有了今日之韵升。现在韵升已成为拥有 10 余家制造型公司和研发实体的大型企业集团，名列中国制造业 500 强，产品覆盖稀土永磁材料、八音琴、汽车发电机和起动机、智能制造装备等多个领域。集团下属最大的子公司——宁波韵升股份有限公司（以下简称"韵升股份"），于 2000 年 10 月在上海证券交易所挂牌上市（股票代码 600366），是目前全球最大的稀土永磁材料生产企业之一。

从八音琴到电机，屡破技术垄断

在公司官网上，韵升对自身的企业文化有着明确定义，即：以"立足新材料、新能源和智能制造装备产业，致力于发展节能高效的绿色与数字化产品"为企业使命，以"做行业领袖"为企业愿景。

韵升生产经营的产品，从材料到电机再到装备，有着一定的跨度。这些表面上看似关联不大的产业，其实体现着韵升打造完整产业链的思路。"如果我们要在装备行业有所突破的话，就必须从电机产业开始研究；而要研究电机，则必须从它本身的制材开始。钕铁硼作为第三代稀土永磁材料，它在电机的制造中属于一种关键材料。"作为第二代接班经营的韵升集团董事局副主席、韵升股份董事长兼总裁竺晓东如此解释道。

回望发展历程，韵升赖以起家的产品是一款工艺品——八音琴。它是一个舶来品，最早是在清代末年由欧洲传教士传入中国，是献给慈禧太后的一个玩物。八音琴作为融精密机械加工和音乐艺术于一体的产品，其核心部件的技术加工要求十分严格。1991 年

之前，八音琴制造的核心技术一直垄断在日本、瑞士等国家手中，日本三协公司更是牢牢掌控着国际八音琴机芯市场近九成的份额。

没想到，竺韵德带领技术骨干仅用了不到一年的时间，就攻克了八音琴制造的关键技术及工艺难关。1992 年，中国第一台具有完全自主知识产权的八音琴机芯在韵升正式诞生。这一成果不仅超越了瑞士企业 100 多年的经验积累，也突破了日本企业各种专利的重重包围。

在八音琴机芯中，音叉振子是核心部件，其加工的精度决定了产品的性能和品质。针对常规的电解微细加工技术难题，韵升提出了频率控制电解微细加工的新技术，并自主开发了成套的加工装备，实现了频率控制电解微细加工的全闭环、高精度和规模化生产。

在此基础上经过六年的艰苦努力，韵升成功研制出八音琴多工位自动调频机，并坐上了世界八音琴产业的头把交椅。经过多年努力，韵升先后开发出 5 代 40 多种八音琴系列产品，拥有 40 多项国内国际专利，成为世界最大规模的八音琴生产和出口基地，占据国内市场 95%、国际市场 50% 的份额。

八音琴产业取得成功后，韵升把新的突破点聚焦在了稀土永磁材料产业上。中国拥有世界上 36% 的稀土储量，而在稀土永磁产品的成本中，原材料成本占了 60% 以上。作为第三代稀土永磁材料的钕铁硼，具有体积小、重量轻、磁性强等特点，被广泛应用于计算机、移动通信、仪器仪表、节能电机等领域，是机电工业和信息产业的基础原材料。

仅用数年时间，韵升就成功消化吸收了国外钕铁硼制备的关键技术和工艺，并参与完成"高性能稀土永磁材料的产业化"等国家

"863"计划项目，全面攻克高档烧结钕铁硼的核心技术难关，再次打破国外企业对国际高性能磁体产业的垄断。

从八音琴到稀土永磁材料，成功的行业跨越有着其内在的逻辑。"韵升一开始是做机械加工的，做的是一些类似五金类的产品。八音琴和钕铁硼材料制造，在工艺和产业类比上还是有一些关联度的。"对此，竺晓东介绍道，"钕铁硼本身是易碎、易裂的，在制造成品的过程中要经过机械加工这道环节。而韵升在机械加工特别是微细加工方面是比较有特色的。所以在发展过程当中，这两者的结合也是很自然的。"

韵升打破国外高端产品技术垄断的例子不止于此。2002 年夏天，竺韵德在一次对福建某纺织企业的考察中，被德国绪森公司开发的紧密纺设备所震撼。如同当初不服日本人垄断八音琴市场而决定研发八音琴一样，这一次，竺韵德决心也要搞出属于中国的紧密纺设备。

三个月后，竺韵德亲自挂帅的项目组在查阅了大量国内外紧密纺技术的专利之后，找到突破口，并形成了自己独创的技术路线。但在接下来的各个零部件开发过程中，韵升在紧密纺设备最核心的部件——网格圈上卡壳了。网格圈的作用就是让毛羽"听话"地捻到纱里，能够达到减少毛羽、提高强力的效果。而这种小小的圆筒状网格圈必须每平方厘米有 3000 个微孔，且要均匀分布、无毛刺，才能达到最佳效果。

项目研究一时陷入了困境。巧的是，竺韵德又一次到福建出差，看到饭店走廊两排服务员的站立形式，他很受启发，大脑中立即闪现出用螺旋法来编织网格圈的想法。回到宁波后，竺韵德又与技术人员一起废寝忘食地开发生产网格圈的专用设备。经过前后半年的努力，他们最终突破了网格圈的技术难题。韵升再次通过自己的努力，突破了西方发达国家对紧密纺设备的技术垄断。

2000 年，韵升股份挂牌上市。也是在这一年，韵升开始涉足汽车电机产品的研发、制造和销售。2010 年，韵升收购了日本日兴电机株式会社，实现了资源的优势互补。对于这次跨国收购，竺晓东表示源于一种契机。"首先，韵升对这个行业是比较了解的，信息很充分；其次，日元当时的汇率比较低，利于我们收购；第三，这家公司在被收购前已经有 77 年的发展历史，而且主要为三菱、小松、五十铃这些大公司做配套服务，行业背景比较好；第四，最重要的是它和韵升的文化是相融的，对于完善韵升的产业结构是有帮助的。"

强强联合之后，产业技术优势也愈加明显。目前，韵升研发生产的伺服驱动电机节能减排能力非常强。比如一辆日系轿车，如果

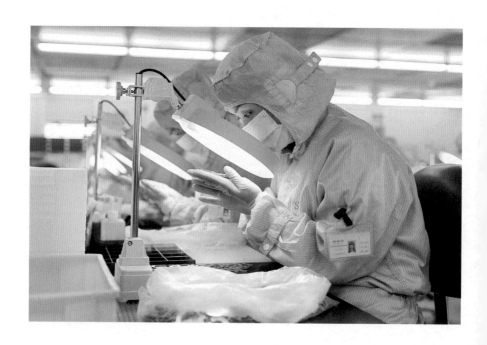

使用传统驱动电机，一百公里油耗达 10 升，使用新型驱动电机后，油耗可下降 50% 左右。

在稀土永磁材料行业不断沉淀

虽然产业涉足多个领域，但韵升在资本市场上树立起的产业形象主要还是稀土永磁材料，目前该产业的产值占据了其整体规模的一半以上。也正是在这一产业领域，韵升磨炼和提升了对制造业"底蕴式沉淀"的理解。

稀土永磁材料是国家制造强国战略重点领域技术路线图中的关键战略材料，是制造效能高、体积小、重量轻的工业磁性功能器件的理想材料，已经逐步取代其他永磁材料，广泛应用于机械、电子、仪表和医疗等领域。

经过 20 多年的技术创新和发展，韵升目前在宁波、包头、北京及青岛建有四个生产基地，具有年产 10000 吨烧结钕铁硼的生产能力，拥有国际一流的烧结钕铁硼生产、机加工及表面处理生产线，是行业龙头企业、宁波市烧结钕铁硼行业单项冠军、国内最大的烧结钕铁硼永磁材料生产基地之一。同时，韵升也是国内稀土永磁材料行业首家上市的民营企业，国内首家投入西部大开发的磁性材料民营企业，是中国稀土行业协会常务理事单位。

截至 2018 年底，韵升依靠自主研发在稀土永磁材料领域获得 84 项发明专利、60 项实用新型专利，并先后实施完成了 5 项国家 863 计划课题和 8 项国家火炬计划。研发项目先后荣获国家科学技术进步二等奖 2 项、浙江省科学技术进步一等奖 1 项、宁波市科学技术奖一等奖 4 项。"高性能稀土永磁材料产业化"项目被评为国家重大科技成果转化项目，"半导光刻机伺服电机用低磁偏角磁体"产品被评为国家重点新产品，"YUNSHENG"牌钕铁硼稀土永磁材料被认定为浙江省名牌产品。

"做稀土永磁材料，韵升有这么一个特点，就是不单生产稀土永磁材料，更是自己来做生产过程中所需要的装备。装备如果是外面可以买得到的、普及化的装备，那么做出来的产品很可能也是跟别人差不多的。所以我们认为，装备是要有一些自己的基础能力的，必须得自己做。"竺晓东阐述道。

韵升在"十五"期间承担了国家"863"课题"高性能稀土永磁材料制备和表面处理关键技术"的子课题"高性能稀土永磁材料及关键技术"的研发，全面掌握了铸片氢碎的关键工艺技术，突破了国外的技术壁垒，成功制备了 (BH)max +Hcj>53 的高性能磁体，并具备批量生产能力。

"十二五"期间，韵升作为第一承担单位，主持了国家"863"重大课题"低钕、低重稀土烧结永磁材料的关键制备技术"的研发。该课题的成功实施极大提高了我国稀土资源的综合利用水平，促进了我国稀土永磁产业的可持续发展。

目前，韵升依靠先进装备保障产品品质，通过加大技术创新力度，持续改进稀土永磁材料生产的工艺与装备，成为中国少数掌握稀土永磁材料全套装备制造能力的企业之一，主要产品的品质达到国际先进水平。

1996 年，在韵升进入该产业之前，稀土永磁材料——烧结钕铁硼的核心制造技术掌握在日本企业手里，韵升只能向日本企业购买相关设备。但外国企业只出售设备，不出售工艺。通过引进的首套装备，韵升开始了消化、吸收与创新，从第二套装备开始，韵升实现了自研自制，并在使用过程当中解决了跟工艺搭配的问题。

在历经艰难困苦成功生产出永磁材料产品后，韵升拿着产品主动上门推销，先后找过美国、日本和新加坡等国家的潜在客户，但一次又一次遭到了拒绝。这一段经历让竺晓东印象十分深刻，"被客户拒绝了 N 次的时候，我就在思考，客户要求的地方我都做到位了，怎么他还会拒绝我呢？是不是还有其他深层次的问题？"最终，竺晓东得出了一个结论：被客户拒绝，不是因为韵升的产品质量问题，而是因为对制造业的理解问题。

"客户怕的是你只是想赚钱，而不是真正在做产品。客户要考虑的是长期稳定供应的问题，他的 N 次拒绝就是想看看你是不是真心去做产品。"从此，在韵升对制造业的理解中更明确了一点，即在成熟的市场里面首先要具备能力，而不是一开始什么都没有就跟客户去接触。竺晓东要求韵升的员工专心致志以市场为导向，根

据市场和客户的需求，去建设自己的能力。从工厂能力、规模化生产能力，到体系认证、管理体系搭建，韵升的路径十分清晰。"在能力没有建设好之前，什么所谓的营销手段和销售方法，都是不需要的。能力将决定我们在这个产业链当中的话语权。"

在韵升进入烧结钕铁硼产业之前，该产品在全世界只有两家企业能生产，一家是日本企业，一家是德国企业。如今，韵升已加入全球最大稀土永磁材料供应商的行列，产品的剩磁与最大磁能积等核心性能指标与主要竞争对手已十分相近，但生产成本却低于竞争对手。

当然，韵升也坦承自己在对材料的理解方面和日本的企业仍存在着一定差距。竺晓东表示："有些东西，日本企业的积累我们都看不懂。比如，日本企业做材料的装备里会多一个装置，这个装置在我们普通的装备里面是没有的。我们去琢磨，但是不敢问他们，他们当然也不会告诉你。就是这么简单的一个装置，会把一些细粉过滤出来，因为粉料的颗粒长度将决定在压制过程当中的工艺。细粉太多，后面成型的产品磁偏角可能就会有问题，影响产品性能。很简单的一个装置解决了很大的一个问题，这个就是做制造业的沉淀。"

也正是受这种制造业沉淀的启发以及对制造业底蕴的理解，韵升潜移默化中形成了自己的经营哲学。"一个制造业企业，看它好不好，其实一个非常关键的指标就是看它活得有多久。它活的时间越久，走的弯路就越多。活了 100 年的企业走的弯路，比 50 年的企业肯定要多，这种企业的底蕴就很厚实，我们要不断向他们去学习。所以我们的目标是，不做五百强企业，而是做五百年企业。"竺晓东感慨道。

三层研发体系助力产业链延伸

作为国家级高新技术企业，韵升拥有国家企业技术中心、浙江省重点企业研究院、院士工作站和博士后工作站等科研平台。

与韵升的产业布局匹配的，是韵升的三层研发体系。第一层是基础面的研发，开发平台产品；第二层是研发在各个产业里面的应用端产品；第三层研发与生产制造相关的装备和工艺。

如果说第一层面韵升已做到全球前列，那么在第二层面则实现了产业链的成功延伸。比如，在计算机硬盘驱动电机（或称为音圈电机，简称 VCM）领域，韵升已接受并通过了全球知名硬盘厂家西部数据和希捷的客户认证和审核。

VCM 产品被称为稀土永磁材料行业"皇冠上的明珠"，是硬盘（HDD）中的关键电磁元器件，产品的磁性能一致性要求高、外缘位置厚度与中心位置厚度偏差小。在产品的制造过程中，需要采用线锯、精密双面磨和尖端效应控制的电镀技术等关键的装备和技术，产品厚度需控制在微米级水平；轮廓度与应用端的锁紧扭矩关联，要求制造过程中采用先进的成型磨制造工艺，控制外形尺寸的精密度，保证特定位置表磁的一致性；产品安装在数据存储器中，因此有极高的洁净度要求，以保证数据安全性和可靠性，满足硅烷、碳氢化合物、各种离子残留物以及硬颗粒、液体颗粒的清洁度极限值要求；产品厚度薄，需要采用高性能磁体，以保证在尺寸因子（磁导系数）小的不利因素下满足高温磁衰减的要求。

2001 年前，日本在 VCM 这一产品领域占据垄断地位。韵升通过建立高性能永磁材料制备、精密机械加工工艺以及清洁表面处理制造线，建立起了包括成分分析、磁性能和表面清洁度测试功能的实验室，通过引进、消化、吸收和创新的方式，研制了关键装备（如铸片炉、气流磨、成型压机、连续烧结炉以及自动化表面处理生产线）；掌握了高性能 N52、N55 和 N58 系列的制备技术，开发出 50M、52M、55M、48H、50H、52H、45SH、48SH、50SH 和 52SH 牌号产品，掌握了计算机硬盘驱动电机用超薄磁体的关键制备技术，产品技术达到国际先进水平，全球市场占有率连续三年排名第一。

未来之路创新不止

为积极推动稀土永磁材料产业向下游延伸，韵升在行业内领先进入磁组件领域，为下游客户提供高品质的直线电机定子、高速精密转子、拼接磁环等产品，积累了丰富的高端磁组件生产经验，在国际市场上获得良好声誉。

此外，韵升还积极组织力量研发伺服电机及驱动器等相关产品，在注塑机、数控机床、冲压机床、压铸机、风机、空气压缩机

等设备制造领域推广运用，促进了上述设备自动化水平与节能水平的提升。

以"立足新材料、新能源和智能制造装备产业，致力于发展节能高效的绿色与数字化产品"为企业使命，韵升提出未来 5 年的发展方向是：聚焦稀土永磁材料领域高端市场，整合行业资源，发挥事业部机制优势，努力拓展信息技术、高档数控机床和机器人、航空航天、先进轨道交通装备、节能与新能源汽车、高性能医疗器械等稀土永磁材料细分应用市场，提高市场占有率和品牌美誉度，达到至少五个以上主要细分应用市场占有率第一，努力成为行业领袖。

为了实现目标，韵升将继续推行以市场为主导的细分市场事业部运行模式，打造专业化的生产制造体系，提升企业运行效率；以细分市场应用领域为关注点，拓展计算机硬盘驱动电机（VCM）、数字终端、新能源汽车、工业机器人、伺服电机等业务领域，提升市场占有率；通过企业兼并重组，以宁波基地为核心，布局包头、北京、青岛，建设精细化管理体系，实现精益化生产制造，打造国际先进的稀土永磁材料生产基地。

为巩固技术领先优势，韵升在持续研发"移动智能终端用高性能薄小磁体关键制备技术及产业化"项目，持续推进宁波市"科技创新 2025"重大专项"高性能低重稀土烧结钕铁硼关键制备技术研发及产业化"和"无、低重稀土烧结钕铁硼产业化关键装备研发"。在自主创新之路上，韵升永不止步。

第五篇
宁波色母粒：让世界更多彩

崔人元

20世纪六七十年代，浙江省宁波城外数十里的崇山之中，有一个约两千亩的知青农场，农场职工大多是城里插队来的知识青年。知青们客观上因为生活艰辛而不得不探索，在种种机缘下，其中的一项探索结果，真的是"大有作为"——创立了一家企业，成为做色母粒的隐形冠军！尤其在硬胶领域，诸如电视机、空调等，现在稳居国内市场第一；在世界范围内，其单个工厂是最大的，正与开"连锁店"式的国际竞争对手争夺市场位置。

穷则思变变则通

宁波在古代称为鄞、明州，明太祖朱元璋取"海定则波宁"之义，改名为宁波，今天的宁波是中国东南沿海的重要港口、长江三角洲南翼经济中心。

宁波海阔山多平地少，在农业生产为主的社会，其生产生活资源是相当贫乏的，无论耕海种地，多要靠天吃饭。但老天爷还是比较公平的，没给宁波太多的自然资源，就不拘一格降人才吧，宁波自古以来就人才辈出、灿若群星，其中不少还是知名人士，像影响历史的大人物阳明先生王守仁。自然条件难以改变，人却可以努力成长，致良知，知行合一，爱动脑筋，勇闯世界，所以有很多人成了人才，做出了一番了不起的事业。

时间到了 20 世纪 80 年代，改革春风吹满地。《易经》说："穷则变，变则通，通则久。"当时有人向领导提出建议说，现在各乡各村都在热火朝天处处冒烟遍地开花办工厂搞经济，农场有开小工厂的经验，可以在靠近宁波城的地方办个厂子，安排从宁波城来留在农场当工人的知青在那里工作，既能搞活经济出效益，又离家近。农场领导觉得这主意不错，几经周折，大约在 1984 年得到上级批准同意，可以在距离宁波城 3.5 公里的一个叫七里垫的地方弄块地开办新厂。

农场里的宁波知识青年们真的是喜大普奔。但做什么业务呢？开始想的是养奶牛办牛奶厂，于是置地，盖房子，可是当房子快建成了，才回过头来一想，奶牛是要吃粮食的，可是没有粮食指标啊，没粮食怎么养奶牛呢？思来想去，又有人提出做轧铜带，可以

冲成铜片用来做钥匙坯，所有人都觉得轧铜带是个好生意（现在配钥匙还有用这样的坯子的）。于是农场挑选了 12 个优秀青年，派到上海去学习做铜带的技术。

一行人肩负重任来到上海，白天好好学习，晚上回到住宿的小旅馆——卢湾区工人体育馆招待所，休息时间闲聊，遇到一位原籍上海后来去了西安工作的大哥，他是西安黄河电视厂派驻上海打听市场信息的情报员。他说："你们要挣钱，这么辛苦干吗？做色母粒好了，我们要用的。"原来，黄河厂当时最早引进了日本东芝的生产线，有空调、有冰箱、有电视机，做塑料件要用色母粒来产生各种颜色的，现在用的色母粒都是从日本进口的，价格很贵。大家来上海是学习做铜带的，对色母粒只是闲聊说说而已，没人当回事。

青年们学会了做铜带的技术，回到宁波七里垫。要干活儿了，又发现一个问题：需要买原材料，可是市场上铜料相当紧俏，价格昂贵。要增加成本多花钱，可农场也没钱买铜料。

最后，只好把这个项目剥离出来，与农场原来在市郊的一个工厂合作，因为它有个车间是给塑料鞋开模具的，开模以后自己也做部分鞋子，而且有些经验程序差不多可以用来做色母粒，那么就做色母粒吧。而做色母粒的最基本技术也来自上海，因为国家那时候的政策鼓励和支持国家科研单位、企业的科技人员帮扶小企业发展，小企业只要肯学习技术，是比较容易掌握技术的。

1985 年，注册资本为 50 万元的宁波色母粒厂，终于建成开业了！虽然过程有点像香港的无厘头搞笑电影，但总体还算是顺风顺水。

而更令人吃惊和感叹的是，从开业至今，它像是特别得到了老天眷顾的锦鲤，奇迹般地保持了年年盈利、年年增长！这家工厂发展成了正规的民营企业，叫宁波色母粒有限公司（以下简称"宁波色母粒"），成为中国最具经验和规模的色母粒研发与生产企业之一，现拥有 2 万吨色母粒和 1.5 万吨染色造粒的年生产能力，拥有专用色母、通用色母、功能色母和染色造粒四大系列的塑胶着色体系，和国际著名的色母粒企业相较也具有明显的竞争优势。

传承有序和想象力

色母粒是由高比例超常量的颜料或添加剂，均匀好分散而载附于热塑性树脂中的塑料着色剂，即"颜料＋载体＋添加剂＝色母粒"。制造色母粒所选用的树脂，对着色剂具有良好润湿和分散作用，并且与被着色材料具有良好的相容性，在塑料加工过程中，色母粒使用方便高效，可使颜料在制品中具有更好的分散性，保持颜料的化学稳定性和制品颜色的稳定，保护操作人员的健康和环境的洁净。色母粒着色是现今最普遍采用的塑料着色法，我们看到的塑料五颜六色，基本上都是使用色母粒着色的。

改革开放后，封闭落后了多年的人们，迫切希望改善生活，加上电视广告的渲染造势，塑料制品像塑料盆、塑料桶什么的都很好销，价格适宜，不会生锈腐蚀，而且黄红绿等色彩符合大众审美，所以市场对色母粒的需求有增无减。

"我是 1991 年大学毕业分配来厂里的，那时大学毕业国家还包分配工作。我们以为是分配到了农场，其实是个国有工厂，上级主管单位是农业局。当时厂长亲自接待我们，介绍工厂情况说，1990年的销售是 1000 万元，利润 200 万元。经营状况还是很好的。"宁波色母粒现任董事长任一波回忆说。

到了 1999 年，国家政策要求进一步深化改革，把一些国有企业和集体企业改为民营企业，宁波色母粒厂被列为改制转制企业。经评估，宁波色母粒厂的资产当时已经达 1000 多万元。有关部门把宁波色母粒厂折合成股份，并分作两次转让给原来的员工，第一次是卖出 60% 股份（作价为 2700 万元）。转制工作进行得很顺利，所有员工都出钱买了一些股票，宁波色母粒厂变成了全员持股的宁波色母粒有限公司。政府有关部门奖励了老厂长 50 万元股票，以表彰他从创建工厂以来一直兢兢业业工作，让国有资产保值增值，并且成功转制改制。2004 年，政府有关部门把企业另外的 40% 的股份也卖给了员工，每股的价格是 1999 年的 2.1 倍。

"改制转制对企业的发展是一个非常重要的节点。政府比较实事求是，考虑到了员工的实际情况，转制改制对国家也有利，让员

工也承受得起，买了企业的股票还都赚了钱，可以说是皆大欢喜。"任一波说，"我们的转制没有'原罪'，是好企业转制，从建厂以来就没有亏损过，没有下滑过，很多人认为这是一个奇迹。其实，我们的业绩增长与国家的经济增长总体上是同步的，很大程度上可说是沾了国家蓬勃发展大势的光。当然，老董事长为首的领导层和公司全体员工的勤劳工作，也是很重要的原因。但我个人还是觉得，我们以前的努力程度还不够，应该可以做得更好些。"

企业转制改制后不久，老董事长不幸生病了，于是在做妥了工作交接并转让了自己的股份后，光荣退休。第二任董事长上任后，企业持续发展。这位董事长掌舵了 15 年，因为年龄大了，自愿退休并在退休前两三年，就着手与任一波进行工作过渡和交接。

交接过程中，有一家上市公司提出作价 3 亿元收购宁波色母粒。谈判中，任一波向对方提出："你们得再加两千万元。为什么呢？以后这个公司要发展，要想做到最好，最需要的人就是我，你们只要控股公司，不用再花钱就把我也'买'下来了。"对方经过尽调，同意加两千万元。

双方签约之前，时任董事长对任一波说："我们都在公司干了这么多年，对公司是有感情的。你从基层到管理层，几乎是各个岗位都做过，都做得很好，像 1994 年起做销售，1999 年以来历年都是第一名。我和大家都很欣赏你的人品和能力。你好好考虑考虑，把公司接下来吧？"任一波问："人家要是再加价呢？""不管人家怎么加价，只要你愿意接盘，我们就按 3.2 亿元交给你，我再把我持有的股份转让一半给你作为支持。""这一个多月时间里，我也感到万分痛苦！如果把公司卖给别人了，虽然我们还有一些股份，但就不再是主人了……"

2017 年元旦，任一波正式接手宁波色母粒，成为第三任董事长。宁波色母粒进入了新时代，实现了新的增长发展。到 2019 年底，即经过三年发展，宁波色母粒的利润比 2016 年翻了一番。

"文物古董讲究'传承有序'，我们公司的一个特点和优点也是传承有序，第一任、第二任董事长都是在位 15 年，我也只打算当 15 年。这样的好处，一是不胡折腾，能集中精神持续改进公司的经营发展，二是能保持想象力，让公司有发展的活力。要敢于想象，善于实践。"任一波说，"做色母粒，想象力很重要，一旦失去想象力，就没法发展了。人年纪大了，想象力往往就不如年轻时候了。我们行业里曾有一家广东的企业，做到很大很强的了，但老板掌控力太强，一直在位置上做到 75 岁，他没有想象力了，很遗憾的是最后把企业做死了。"——换个角度来理解任一波所说的想象力，其中应该包含企业家精神和创新能力。

产品！产品！产品！

色母粒应用领域广泛，中国在 20 世纪 70 年代中期开始研制色母粒，20 世纪 80 年代开始引进外国色母粒技术，2000 年左右成为亚洲色母粒市场上最大的生产国和消耗国，拥有国有、民营、外资、合资等多种形式的色母粒生产企业上千家，市场竞争是相当激烈的。

哲学家尼采有句话成为了现在的网红名言："重要的事情说三遍。"对于任一波来说，需要说三遍的事情首先是"产品"。任一波说："我接手公司以来，工作的重点还是做好产品。"

现在，宁波色母粒每年向市场供应约 2500 种产品。为了做好产品，多年来，任一波坚持参与几乎每一种产品的研发，几乎每天都到一线生产车间巡视。这对宁波色母粒的发展有重要影响。"虽然现在并不需要事事都亲力亲为，但公司干部或员工有很多都是股东，我必须以身作则，以德服人。"任一波说，"我们非常重视企业的管理现代化和管理创新，依靠好的制度和好的机制来保证做好产品和做好企业。"

为了做好产品，宁波色母粒成立了企业技术中心，该技术中心在 2010 年被认定为宁波市级企业技术中心。已进入稳定发展期的企业技术中心现在拥有专职研发人员 50 多名，并广泛开展产学研及企业间合作，已与两所大学建立了长期的合作关系，在塑料新材料高分子材料领域开展技术合作攻关，同时加强与国内外高校和主要竞争单位的合作，运用先进研发理念，将先进的科学的生产工艺、生产设备引进来，消化吸收，取长补短。

宁波色母粒自主研发的彩色塑料色母粒系列产品，其分散性、耐晒性、耐温性和色差等关键技术指标都处于国内领先地位，达到国际标准，产品生产的能耗指标通过宁波市能源监察审计。1996年，宁波色母粒 HIPS 高效阻燃色母粒被国家六部委认定为国家级新产品。2009 年，宁波色母粒被国家科学技术委员会认定为高新技术企业。目前，宁波色母粒已拥有独立自主研发发明核心技术专利 7 项；主持起草了 6 项色母粒行业国家标准，参与主持、制修订 18 项国家技术标准和产品标准；以高附加值的塑料彩色浓色母粒新材料产品取代了原来的普通着色母粒产品，据中国染料工业协会色母粒专业委员会统计，该系列产品综合实力一直处于国内行业第一位。

宁波色母粒把产品的质量当成企业发展的基石和保障，秉承

"创新是魂，质量是本"的指导思想，建立了始终走在中国同行前列的产销研一体化管理体系，引入了国际先进的质量管理体系和方法。1996年，率先通过了ISO9001、ISO9002质量管理体系认证，并制定实施了公司的质量管理方针、质量管理手册和控制程序文件；1999年，ABS产品通过UL产品认证；2005年，通过了ISO14001认证。2006年起，公司所有产品生产在欧盟ROHS指令控制下达到绿色环保级。宁波色母粒通过先进技术模式，加强对产品前期的配方设计和生产过程设计的改进，把握产品生命全周期的质量控制，包括研发设计评审、供方评审、进货检验、生产过程控制、生产过程监控、成品抽验、仓储物流监控、售后反馈等各个环节，产品质量得到稳步提升，达到行业领先水平，不但保证了产品可以满足客户需求，而且保证了产品的稳定性和一致性。

做企业要懂点哲学

"我认真读过2000多份说明书和许多哲学书，我比较喜欢哲

学，做企业需要懂点哲学。我认可'学习很多东西，做好一件事情。'"任一波说，"这一件事情就是做好色母粒，从各方面努力做好色母粒。"

"事在人为，人的因素第一。"宁波色母粒的管理讲究以人为本，建立了有效的激励制度，采用物质（如员工工资、住房等福利）与精神相结合的办法进行奖励，以发挥人的主动性、积极性和创造性，用事业、用待遇、用情感把人留住，核心骨干人员多年来没有跳槽的。公司还在积极引进人才，甚至远去国外招贤。

"工欲善其事，必先利其器。"色母粒生产对设备和工艺要求较高，宁波色母粒很重视这方面的投入和进行持续改进，既提高了产品品质、稳定性和生产效率，又降低了员工的劳动强度，取得了明显的经济效益和社会效益。

宁波色母粒坚持"市场导向，服务顾客"，重视国内外市场开拓，1999年就取得了自营进出口权，后来又在宁波、广东中山和非洲设立了生产基地。凭着过硬的产品质量、稳定性和企业供货能力，宁波色母粒已与包括松下、大金、特斯拉、博世、巴斯夫等八百余家较大客户建立了长期稳定的合作关系，为家用电器、食品包装、化妆品、日用品、建筑材料、汽车等行业的国内外精英企业提供色母粒产品。

"有为才会有位。"在行业中，宁波色母粒1994年起担任中国染料协会色母粒专业委员会副理事长单位，连年被推选为中国塑料加工工业协会工程塑料专业委员会副理事长单位、中国多功能色母料专委会副理事长单位……被推举为行业领导者，可谓实至名归。

"习总书记说：'人民对美好生活的向往，就是我们的奋斗目标。'这也是我们公司的奋斗目标。做出更多更好更美的色母粒，做好了产品，一是可以让人民群众的生活中有更多更好更美更喜欢的色彩的塑料产品，二是产品有销路企业才能有利润，才能多为国家缴税，三是有了利润也才能满足员工不断增长的对美好生活的追求和企业的长期发展。必须让劳动者享受到劳动成果，不要以为公司有很多人持股，就可以靠他们的主人翁精神长期不计报酬地奉献。"任一波诚恳地笑道，"我们公司的发展历程总体上是波澜不惊，平稳前行，但我总是提醒自己不能被'岁月静好'麻痹了。我要清醒地拼搏 15 年，把公司做得规模更大、在世界上竞争力更强，多为客户提供好产品，多向国家缴税，多给员工发钱，并有序传承给下一位掌舵者。"

我们相信，在色母粒这块广阔天地，宁波色母粒将有更大作为！

第六篇
博德高科：一根丝改变世界

崔人元

这世界变化快。IT 时代的波澜壮阔还在眼前，AI 已蓬勃兴起大潮涌来。中国短短几十年中要走过西方发达国家几百年的历程，1.0、2.0、3.0、4.0 纷纭而至。在 AI 时代和工业 4.0 中，机器人是十分重要的角色，而机器人的性能高低，既取决于软件程序的强大度，也取决于机械硬件的精密度。例如，工业机器人的核心部件谐波齿轮，其内齿钢轮加工曲面弧线精度及曲面光洁度要求极高，必须超过平面磨床加工的磨削水平，才能保证机器人的灵活度和精确度，而生产制作谐波齿轮，必须要用到关键的一根丝——"切割丝"。切割丝在慢走丝加工中对工件的加工效率、精度、表面质量等都有重要影响，工业机器人、航空航天、电子通信、医疗器械、车辆制造、精密模具、高端钟表、家用电器等高精密度机械制造，相当程度上可说是"命悬一丝"——切割丝。

世界上切割丝哪家强？宁波博德高科股份有限公司（以下简称"博德高科"）！博德高科是全球切割丝行业的引领者，已占据全球

30%以上的切割丝市场，现有年产2万吨精密细切割丝的生产能力，年产切割丝的总长度可以绕地球约800圈，最细的为0.015微米，相当于头发丝的1/6。博德高科旗下的德国贝肯霍夫公司已有130年历史，是享誉全球业界的高精度、高效率、高速度的高端精密切割丝的发明者和引领者。

博德高科生产的精密切割丝，正助力中国制造实现飞跃，并改变着世界制造业的格局。

通过并购实现跨越式发展

博德高科是一家专业从事高端精密切割丝、精密焊丝、精密电子线的研发、生产、销售服务的高新技术企业。

拥有上海证券交易所主板上市企业的博威集团，因为看到了切割丝在制造业的广阔应用场景，在2004年就盯上了切割丝，2006年专门成立子公司（即博德高科前身）专攻切割丝。摸索几年，博德高科很快发展成为中国切割丝的领头企业。"谦虚使人进步，骄傲使人落后。"博德高科对自己和市场都有清醒的认知，即在中国市场的这种地位只是"山中暂时无老虎，猴子可以称大王"。

"2012年是我们的'暗淡时刻'。虽然每月的切割丝产量有

四五百吨，占到国内市场的近两成，但产品以比较低端的黄铜丝为主，利润很微薄，我们太难了。"博德高科总裁万林辉说，"形势更加严峻的是，国外那时已研发出来了一种更加高端的镀层切割丝。虽然国内当时 98% 以上都是黄铜切割丝，但随着中国制造转型升级加速，高端切割丝才是制造业最需要的关键东西，今后对高端切割丝的需求量会越来越大。再故步自封，路会越走越难。而要做强，要有可持续竞争优势，必须得有自己的高端技术产品。"

博威集团请来了一家国际著名咨询公司，为博德高科的企业发展提供战略规划，定下的企业目标是"要做一个引领行业发展的一流企业"。博德高科转换了产品思路，聚焦于高端金属切割丝，对此孜孜不倦地追求。为此，博德高科要对标全球先进企业，进行自我革命，重塑生产力和竞争力：一是进行生产技术改造，提升产能与生产技术水平；二是加大研发投入，持续提升研发能力，掌握行业前沿科技，以满足市场不断增加的高端需求。"这是考验企业管理水平和人心的时刻。有目标、有信心、有行动，博德高科上下一心搞改革，员工主动加班加点。"万林辉说，"接连三年，我们每年投入几千万元改造设备，自动化水平大幅提高，切割丝月产能达到 1200 吨，增长了 200%，但没有增加一名一线员工，人均效益大幅提升。"

在坚定持续加大研发投入和提升研发能力的同时，博德高科积极地整合全球智慧与资源，2012 年盯上了两家国外企业；2014 年，博德高科开始与这两家企业接触，寻求合作，最终将目标确定为美丽的莱茵河畔的德国贝肯霍夫公司。贝肯霍夫公司成立于 1889 年，是切割丝行业的鼻祖和全球高端精密切割丝引领者，其创始人贝肯霍夫先生最早研发出切割丝，发明了世界上第一台多种金属细丝拉伸设备并获得专利，开启了机械化精密制造时代，之后，它又率先研发出比黄铜丝切割更快速更精密的镀层切割丝。该公司一直专注于精密切割丝、精密电子线、精密焊丝的研发制造，其品牌享誉全球，后来转入某金融机构旗下，却因经营管理不善而出了问题，其时正有意出售。

谈判经常持续到凌晨两点，但几年下来，却几乎没有什么进展。"往往是之前双方谈得好好的，到签约时德方又节外生枝，要求新增条款。好几次谈着谈着却谈崩了。我们做甲方的都做得这么难，这么憋屈！可是在我们回国后不久，中介方又传来消息，说有再继续谈的希望。"万林辉说，"他们对中国企业缺乏了解，其研发团队先入为主地认定博德高科就是来偷技术的，而更大的阻力是德国企业工会，强硬地要求收购后不能裁减任何一个人。"——怎么办？

"精诚所至，金石为开。"博德高科认为必须增加德方对中国的了解，邀请德方人员亲自来走走看看，以促进其改变想法。2015年6月，贝肯霍夫公司及工会代表来到宁波，参观了博德高科总部，然后又参观了宁波博物馆以及杭州、上海等城市。亲眼看到了、亲身感受了博威集团和中国的发展情况，德方人员逐渐改变了看法，他们认为博威集团是有诚意的、有价值的战略合作者。"德方人员看到我们对技术的投入，看到我们的工厂设备管理水平，感到很惊讶。"万林辉说。在后续的谈判中，中德双方在技术、管理、品牌与市场协同方面达成了一致，终于定案。2015年9月，博德高科正式收购了贝肯霍夫公司100%的股权。

此次收购之后，博德高科通过中德双方协同研发等方式，把德国技术与中国创新和市场优势进行了完美的结合，发挥出超过

"1+1>2"的效果，从而实现了跨越式发展，成为切割丝行业的全球引领者，并促使中国制造企业应用精密切割丝的范围和水平得到了相当大幅度的扩大和提升。

学习、对标和超越德国企业

如果说并购企业难，并购之后的管理和整合则更难。如今，博德高科在中国宁波、德国和越南的工厂，每天产出约 10 万千米长的切割丝，其中大部分是高端技术产品，发展势头良好。为什么能够做到这样好？

来到宁波的博德高科厂区，可看见围绕厂房外墙壁上画了一圈与德国国旗相同的红黄黑三色彩带，厂房内部一头的墙壁上则有巨幅的贝肯霍夫先生画像。这既表现了对德国企业的尊重，让来这里的德国人看着感觉亲切，更重要的是彰显了博德高科的理念、思路和选择：以国际化眼光、全球化的心态，学习、对标和超越德国企业，坚持发扬贝肯霍夫的精神，不断创新不断进步，成为世界第一的行业引领者，持续推动精密细切割丝产业的发展。

万林辉对德国技术人员的精密制造精神赞不绝口。"有一次，中方技术人员在给镀层切割丝做深加工时，说可以做到每秒 20 米。德方技术人员却说他们通过严格测试分析，只能做到每秒 15 米，这是保证产品性能稳定的最快速度。双方最后决定一起进行测试，博威高科的切割丝虽然完全能满足客户的指标要求，但在德国技术人员指出的某些特定环境下，却发生了掉粉等现象。这件事给了我们在高端制造上很重要的启示：虽然产品满足的指标已经够了，但恰恰是没有满足的部分会影响到品牌形象。稳定性是产品很重要的品质，你不知道客户什么时候就用在其他环境上了。"

"实践是检验真理的唯一标准。我们要想做好，就得用开放的、谦虚的心态，去接纳和采用最有效的先进的东西。德国是世界高端制造业强国，德国企业在很多方面都有值得我们学习的地方。"万林辉说，"博德高科能够秉承德国制造高度严谨、认真、实干、精益求精的企业精神和企业文化，用德国标准生产产品，用系统的德国管理方法进行公司治理并不断改革升级，去整合全球资源与智慧、集成全球技术与人才，发挥德国技术优势，所以，博德高科能迅速发展成为全球切割丝行业的一流企业。"

博德高科以为客户创造价值为经营宗旨，以极致追求高品质和专业化为动力，为保障切割丝的高品质，博德高科在亚洲总部基地引进全球最先进的设备。从熔化到连拉连退，再到表面处理，全程自制，这确保了每根出厂的切割丝的可追溯性，并根据客户的需求，不断优化改善生产，为客户创造高效益。

博德高科以市场竞争需求为导向，通过强化专业服务，不断为客户提供增值服务。目前博德高科拥有一支专业的技术服务团队，在全球设有四个技术服务中心，分别位于德国、美国、中国香港、中国大陆。全球化市场，本土化专业服务，博德高科始终走在业内前面。

博德高科坚持贴近市场，本土化经营。针对中国市场需求，博德高科为国内客户量身开发出 bedm 切割丝，以德国技术服务中国市场。在中国区设有三个办事处，并实施 OSCAR 增效服务，为客户提供慢走丝高效益加工方案。bedm 镀层丝在推动中国制造升级的进程中，销量也在飞速增长。随着全球切割丝市场产品结构的变化，预计 2020 年，博德高科镀层切割丝的新增销售量可达到 2900

吨/年（中国市场 1700 吨，国际市场 1200 吨）。

国际市场上，博德高科的旗下子公司德国贝肯霍夫公司，以全球第一切割丝 bedra 品牌，服务于全球高端客户的定制化需求，镀层丝销量稳居欧洲第一，遥遥领先于竞争对手，并辐射北美及其他区域。同时，又在美洲设有 bedra.inc 公司，并聘用本土职业经理人，更好地进入本土复杂的自由竞争市场，目前 bedra 品牌镀层丝在以北美为主导的市场销量不断攀升。德国贝肯霍夫公司的分公司香港 bedra 公司，根据亚洲市场需求，开发出系列 bedra boline 品牌产品，采用德国技术与管理，在亚洲总部基本生产，极具成本优势。Bedra boline 品牌产品凭借其高端的德国品质和良好的性价比，战胜了国外众多的竞争对手，bedra boline 镀层丝销量逐年持续递增。

随着"互联网 + 工业"的到来，博德高科率先在行业内开始进行自动化、标准化、信息化、数字化和智能化的改革，打造智能工厂。在全球资源重新配置的调整期与机遇期，博德高科积极参与，并在制造业竞争中，有力推动着制造业快速向智能制造服务业转型升级。通过打造智慧工厂，优化智能制造供应链，快速链接市场与客户，满足客户的定制化需求，博德高科在全球市场竞争中，始终掌握研发和市场的主导权，持续引领行业发展。

高强度研发，以品质决胜

一根远比头发丝还细的金属丝，似乎弱不禁风，而一旦通上电，却瞬间锋利无比，变成神奇的"锯子"，具有切割坚硬钢材的力量，成为精密零部件制造的关键工具。相较其他切割手段，切割丝的切割精度更高、速度更快，切割出来的产品断面也更加光洁。而切割丝越细，切割出来的零部件才能越精密，这根丝的粗细某种程度上决定了一个国家高端精密制造的水平和能力。

中国切割丝产品起步较晚，之前国内最细的切割丝只能做到0.1毫米，而博德高科目前已经做到了0.015毫米，达到了微米级的精度。这根获得了15项发明专利的切割丝，细到在相机镜头面前好像"隐身"了而难寻"蛛丝马迹"。"这是全球切割丝现在的最高水准了，机器人里的斜波齿轮切割就需要用到它。虽然目前国内应用还不多，但我相信未来它必定会在高精尖的中国制造中大展身手。"万林辉说。

这样的切割丝，无论研发还是制造，都要攻克很多难关。"这是中德双方合作的成功，特别是研发人员作出了重要贡献。收购贝肯霍夫公司之后，博德高科持续地加大研发投入，提高研发强度，让中德双方技术人员能够安心搞技术创新。"万林辉直言，"中德双方人员已经成为亲密的好伙伴，保持良好的沟通、充分的信任。德国公司那边，没有派中国人去，完全由德国人在管理。可以说，德方人员的干劲比被收购以前大多了，公司欣欣向荣。2017年，德国贝肯霍夫工会还获得了'德国联邦工会奖'。"

博德高科坚持高强度的研发投入，吸引了国际顶尖研发人才和技术人才的加入。博德高科已拥有专职研发技术人员近百人，以德国研发团队为主导，包括国家"外专千人项目"专家、高级技术专家、高级工程师、工程师、获专业博士及硕士学位人员；还有各类型的设备技术人员、质量控制人员数十人，专业人员则有金属物理化学、塑性加工、焊接、热处理、产品检测、设备计量管理、微机控制、工程分析、电沉积等多学科的科技人才，结构合理，研发人员的整体素质高，并具有丰富的研发工作经验和较高的研发技术水准及创新能力。

博德高科还构建了全球性的研发平台，与世界 500 强公司展开密切合作，如瑞士阿奇、日本三菱、德国大众等，不断研发出新型高精度细丝产品，搭建产学研用平台，实现人才、智力、项目的三结合，有效促进企业技术发展与产业升级，助推中国制造走出去战略的实施，推动时代进步。

博德高科目前已经拥有精密切割丝专利 122 项，始终掌握核心科技，稳居行业前列。其中德国生产基地拥有 108 项发明专利、亚洲生产基地拥有 14 项专利（含 1 项德国实用新型专利），主要分布在中国大陆、德国、美国、日本、法国、俄罗斯、墨西哥、韩国、加拿大、巴西、马来西亚、中国香港等国家和地区，同时还有数十项国内外发明专利正在审核中。依靠强大的创新能力，博德高科还先后承担了多项国家火炬计划项目、国家科技创新基金项目和宁波市重点新产品、宁波市产业技术创新重大专项等项目。

要生产直径 0.015 毫米的切割丝，对生产工艺、质量管理都要求极高，可谓千难万险。生产出来后，要通过博德高科全面引进的德国 "SPIDER9 TEST" 严苛检测标准的检测，这也是其慢走丝线切割能实现高品质加工的重要因素之一。这 9 道检测包括：激光镀层测试，确保丝材镀层均一切割高效；拉伸检测，即抗拉机强度检测，确保丝材拉伸稳定不断丝；铜粉测试机取粉检测，确保丝材走丝稳定不掉粉；光洁检测，在显微镜下6面旋转检测，确保表面光滑无凹凸；微电阻测试仪通电检测，确保丝材导电恒定达标；全自动电脑排线系统检测，确保丝材紧密齐整不绕线；激光线径测试仪，确保丝材直径圆度始终一致；直度测量板悬挂检测，确保丝材直度高、易穿丝；火花直读光谱仪成分检测，确保丝材成分均衡无电伤。

为提升产品技术及研发制造水平，更好地为客户创造价值，博德高科投入大量资金从德国、挪威、日本、英国、意大利等国家和地区引进全球领先的制造设备和检测仪器，保证了生产的先进性及新产品技术研发的准确性。公司的产品可以根据不同客户的要求，按照德国DIN标准、美国ASTM标准、英国BS标准、日本JIS标准、中国GB标准生产，并严格按照SGS公司ISO9001质量管理体系执行生产检测，为了提升管理水平，公司先后推行德国SAP系统、CRM客户管理系统、CAE计算机辅助工程系统、IBM公司的项目管理、精益生产等国际领先的管理系统，生产活动按照德国制造企业的管理模式进行，并结合自身实际及精密细丝产业特点，构建了一体化的行政管理体系及人力资源管理体系。

博德高科从成立至今，已经研发出国际上第一代镀锌切割丝、扩散退火型切割丝、高精度焊丝等80多个品种、20多种规格的产品，并成功地推向市场，畅销中国、美国、欧洲、南美、中东、东南亚等100多个国家和地区，获得了客户的广泛认可和赞美。

博德高科专注于精密细丝行业，将精密切割丝做到世界顶尖水平，助推全球工业制造的精度达到微米级。德国贝肯霍夫公司首席执行官Sven Koboecken先生表示："博德高科值得尊重。我们对未来更加充满信心！"

第七篇

东睦股份：中国粉末冶金市场领导者

佟文立

　　粉末冶金，作为公认的绿色、高效、低碳、可持续性制造技术，是基础性和战略性产业。粉末冶金材料和零件已成为新材料及高技术发展不可或缺的组成部分。比如，运载火箭、导弹、航空发动机以及电子工业中使用的耐热耐蚀、减摩耐磨和摩擦材料等这些关键产品和材料只能用粉末冶金工艺技术制造。

　　根据中国机械零部件协会的统计，近三年来，始终处于粉末冶金行业市场龙头地位的是坐落于浙江省宁波市鄞州区的东睦新材料集团股份有限公司（以下简称"东睦股份"），其产品产量和销售收入均占中国机械通用零部件工业协会统计总量的20%左右。

　　东睦股份的前身是成立于1958年的国营企业——宁波粉末冶金厂。20世纪80年代，宁波粉末冶金厂从国外引进技术和装备，全员接受培训，打败了原机械工业部下属其他三家同行企业，迈出了东睦股份发展历程中具有战略意义的一步。20世纪90年代，宁波粉末冶金厂改制成立宁波东睦粉末冶金有限公司，并引入一家日本企业作为股东。虽然由日方出任过合资企业的董事长，但经营管理一直由中方团队负责。2004年4月，当时还是日方控股的宁波东睦新材料股份有限公司在上海证券交易所上市（股票代码：600114）。为了激励和留住核心人才以及企业长期发展，东睦股份于2013年进行了第一次股权激励，并于2015年进行了第二次股权激励，有条件地给予激励对象部分股东权益，使其与企业结成利益共同体，从而实现企业的长期目标。

目前，在国内拥有8家以粉末冶金机械零件和金属磁粉芯生产为主业的控股子公司或全资子公司的东睦股份具有50多年的粉末冶金专业生产经验，拥有包括CNC成型压机在内的一整套国际先进的粉末冶金生产设备和技术，是目前国内规模最大、综合能力最强的粉末冶金机械零件制造企业，也是国内首家以粉末冶金机械零

件生产为主业的上市公司和"国家重点高新企业"。

东睦股份现为中国机械通用零部件工业协会粉末冶金专业协会理事长单位，中国机械通用零部件工业协会副理事长单位、粉末冶金产业技术创新战略联盟副理事长单位，拥有粉末冶金行业唯一的国家级企业技术中心和国家级检测中心。

粉末冶金产品和技术

东睦股份的主营产品是粉末冶金机械零部件，目前是中国粉末冶金市场的领导者，在国际粉末冶金行业及相关市场也具备一定的品牌效应。

东睦股份的"NBTM牌粉末冶金零件"2013年、2014年连续两年入选"宁波市自主创新产品和优质产品"，2012年被浙江省质量技术监督局评为"浙江名牌产品"，被中国机械工业品牌战略推进委员会评为"2012年度中国机械工业优质品牌"。

东睦股份凭借拥有的先进技术和质量管理方法，于1997年通过了ISO9002质量体系认证，于2002年通过了QS9000和VDA6.1质量体系认证；2004年获ISO9001及ISO/TS16949质量体系认证，2010年5月公司获得了ISO14001环境管理体系认证和OHSAS18001职业健康安全管理体系认证。

2018年，东睦股份的铁基结构零件产量占中国机协粉末冶金专业协会统计的45家生产企业销售产量的四分之一强，销售收入、工业增加值和产品产量都处于第一的位置，并遥遥领先于行业第二名。

东睦股份主营产品的主要生产工艺为粉末冶金，它是制取金属粉末或用金属粉末(或金属粉末与非金属粉末的混合物) 作为原料，经过成型和烧结，制取金属材料、复合材料以及各种类型制品的工业增材制造工艺。

粉末冶金技术具备显著节能、省材、性能优异、产品精度高且稳定性好等一系列优点，非常适合大批量生产。另外，部分用传统铸造方法和机械加工方法无法制备的材料和复杂零件也可用粉末冶金技术制造，因而备受工业界的重视。因此，粉末冶金系列产品在冶金、机械、汽车、摩托车、家电、纺织、化工、环保、能源等重点产业领域广泛应用。随着纳米技术工艺和纳米粉末产品也进入了粉末冶金的新兴领域中，进一步凸显了粉末冶金新技术、新工艺、新材料的重要性。

东睦股份的主要产品包括粉末冶金汽车零件、粉末冶金制冷压缩机零件、粉末冶金摩托车零件，以及金属软磁材料等。产品定位于中高端粉末冶金市场，主要面向跨国公司及国内主流品牌企业。产品主要应用于汽车、家电行业的空调和冰箱的压缩机零件、摩托车等。在汽车行业的终端客户主要有通用、福特、宝马、奥迪、大众、丰田、本田、尼桑等跨国公司和一汽、上汽、广汽、江淮、比亚迪等国内著名汽车企业；在空调和冰箱压缩机以及摩托车行业的主要客户有格力、美的、瑞智精密、松下、加西贝拉、LG 电子、华润三洋、苏州三星电子、大长江、新大洲本田等。

东睦股份的产品品种齐全、性价比高，控股子公司覆盖了华东、华南、华北，以及东北区域，已经形成专业化生产，并就近配套、服务的战略布局，具备一定的规模效应。产能优势和生产规模使东睦股份能够成为汽车和家电行业大企业配套的保障，可以保证客户的供应链安全。同时，东睦股份的产品不仅与国内同行相比具有技术、质量的优势，与国外同行相比，高性价比是最主要的优势之一。

工欲善其事必先利其器

作为原料需要外购和进口的金属制品生产制造类型企业，东睦股份的行业地位和核心竞争力更多地体现在工艺和装备方面。

东睦股份的主要工艺流程中的重要节点包括：

模压成型：模压成型是在常温下，以规定的装填系数，将金属粉末送入模腔中，通过模冲用压力把粉末压实成具有预定形状和尺寸的压坯，并用压力将压坯脱出模具的工艺过程。

生坯加工：即在产品还未进行相应热处理前进行简单的处理，如毛刺去除、打孔等。模压成型后，在未进行热处理前，产品内部只是简单的粉末机械结合，相应的硬度、密度均较低，在此状态下进行加工可大大增加效率与刀具的寿命，从而降低加工成本。

烧结：烧结是将粉末或压坯在低于主要成分熔点的温度下进行的热处理，目的是使粉末颗粒间产生冶金结合，即促使粉末颗粒之间由机械啮合转变成原子之间的晶界结合。

高频淬火：高频淬火利用高频涡流的"集肤效应"，加热零件表面，通过淬火得到高硬度的马氏体。

精整：精整是在常温下，为了获得所要求的粉末冶金机械零件的尺寸精度和表面粗糙度，对烧结件进行再压制，使烧结件表面产生塑形变形，以校正其尺寸及变形的过程。

机加工：有许多粉末冶金机械零件在垂直压制方向具有沟槽、横向孔、螺纹孔等，因部分位置有较高的尺寸精度与型位公差精度

（同轴度、垂直度等）要求，模压成型法很难达到要求，或者即使设法达到也需要花费很高的费用，所以常采用切削加工来达到。

支撑这些工艺节点的背后是东睦股份多年以来一直都是当地的技改大户和宁波海关有名的装备进口大户。目前，东睦股份的装备价值的90%是进口的，主要从德国、瑞士等欧洲装备业强国进口，而且根据需要尽可能顶格进口欧洲装备的许可上限。

由于人工成本较高，数字化和智能化已经成为发达国家粉末冶金行业的趋势。北美和欧洲等发达国家的粉末冶金企业，包含材料、生产工艺、生产/销售商等信息的数据库建设已经有几十年的历史，得益于计算机及信息技术的飞速发展及雄厚基础，包括生产、服务等数据的大数据平台已形成，并充分实现了数字化，以及对产品生产过程的精确控制，尤其表现在增材制造（3D打印）技术发展上，由于其工艺的特点和优势，目前业界认为已经形成了智能制造的基本格局。

智能制造需要高性能的计算机和网络基础设施，传统的设备控制和信息处理方式已经不能满足需要。应用大数据分析系统，可以对生产过程自动进行数据采集并分析处理。云计算系统提供计算资源专家库，通过现场数据采集系统和监控系统，将数据上传云端进行处理、存储和计算，计算后能够发出云指令，对现场设备进行控制。

也正是在工业4.0的大潮下，东睦股份清楚地意识到自身与先进企业的差距。

东睦股份在单一性能工艺技术水平方面与欧美日先进企业接近，但在生产制造过程的智能装备、智能检测装备、新材料研发技术、智能化过程控制、产品质量的一致性、成品率、生产制造成本、物流效率等方面与欧美日先进企业还有一定的差距。

此外，东睦股份的装备智能化水平与国际先进企业有差距。虽然从 2008 年左右开始从国内外大量引进粉末冶金制造先进的生产设备、机加工设备与自动控制系统，但就生产设备的智能化水平包括智能在线检测、智能物流仓储系统、生产机器人、智能化控制等方面，与国外同行相比仍有差距。

最后，东睦股份在物联网技术应用方面与国际先进企业有差距。东睦股份现已初步构建工厂内部通信网络构架，实现设计、工艺、制造等环节间的信息互联互通，然而对生产过程中自动数据采集分析、高档数控机床与工业机器人、智能检测设备等关键技术装备间的信息互联互通还需加大建设。

不过，追求"工欲善其事，必先利其器"的东睦股份已经启动了粉末冶金产品智能制造生产线的示范应用项目。

该示范应用项目以高精度汽车零部件生产的信息化建设的需求为牵引，构建数据支撑层、执行层、智能决策层的三层结构，搭建数字化制造平台，提升工艺数字化能力，实现型号设计、工艺、制造、管理的全面集成，全方位提升公司研制的核心能力。智能制造支持公司主要业务，包括设计数据接收、工艺设计、工装设计、数控编程与切削仿真、数控测量编程与仿真、生产过程仿真、生产排程、工

装准备、生产投料、加工操作、数据采集、产品检验、成品入库等环节。任务的开始和结束、项目进度监控与公司 ERP、MES 系统和项目管理系统进行数据和信息交换，实现统一管理。通过制造流程优化与管理创新，利用先进数字化制造技术，显著提升高精度汽车零部件的制造效率，缩短科研新品研制周期。实现进度监控、工艺制造协同、工艺能力建设、数据采集、科学管理，开启数字化工厂建设模式。通过智能化生产线的建设，实现高精度汽车零件生产效率大幅提高、新产品研发周期大幅缩短，成本、不良品率、能耗等显著降低。

该示范应用项目的成功，将开创中国粉末冶金行业与智能化制造、工业 4.0 思想融合的新模式，解决新产品开发周期长、无法适应市场各类用户的个性化定制需求的困境；解决产品稳定性和一致性差、生产和质量管控方式落后，对关键因素的定位和自调控能力发展不足的问题；解决对人工的严重依赖而导致的质量波动大、生产成本高的难题；解决由于经营决策体系不完善而造成的能源消耗高的重大环境与资源问题。

创新能力行业领先

永远有三代产品在手，技术研发一代、小批量生产一代、大批量生产一代——这是东睦股份研发技术和创新能力行业领先的鲜明写照。

东睦股份的前身——宁波粉末冶金厂在"六五"期间引进国外先进粉末冶金设备和技术，通过积极消化吸收先进技术，并在随后的几十年中不断实施技术改造，逐渐形成了独立的自主研发能力。东睦股份的粉末冶金工程技术中心和模具制造中心，是自主研发的重要技术支撑和保障。粉末冶金工程技术中心在 2001 年 12 月被认定为"宁波粉末冶金省级高新技术研究开发中心"，模具制造中心在 2002 年被认定为"宁波市区模具中心"。同时，东睦股份连续四年被中国机械通用零部件工业协会评为"自主创新先进企业"；2010 年 8 月，设立博士后科研工作站；2011 年 4 月，被宁波市人民政府评为"技术创新示范企业"；2013 年 3 月，被中国机械通用零部件工业协会评为"专精特企业"；2013 年初，成立浙江省东睦新材料粉末冶金研究院，同年 10 月被认定为省级企业研究院；2014 年，东睦股份的技术中心被国家五部委认定为国家级企业技术中心。

2012 年 12 月，东睦股份的实验室通过中国合格评定国家认可委员会（CNAS）的现场审核，并于 2013 年 3 月取得了国家级的实验室认可证书，检测领域涵盖了物理、化学、金相、几何量检测等四个方面，涉及认可项目 23 个。这使得东睦股份具备了自我评价、控制和承诺产品质量的能力。

目前，东睦股份每年的科技研发投入超过销售额的 5%，有完备的科技团队，设有博士后工作站、研究所、开发部、技术部等职能部门，来跟踪行业前沿领域动态、攻克行业技术难题，通过不断创新和优化工艺流程，拓展粉末冶金在高端制造业的应用领域。

东睦股份技术中心采用主任负责制，由其全面负责研发中心的研发活动。中心主任由公司总经理兼任。技术中心下设粉末冶金研究所、粉末冶金开发部、粉末冶金技术部、粉末冶金模具中心、实验室检测中心、博士后工作站及各分公司技术中心，并与浙江大学、中南大学、合肥工业大学、中科院宁波材料所等高校及科研单位保持着长期稳定的合作关系。

作为参与者，东睦股份参与了国家高技术研究发展计划（"863"计划）新材料技术领域"高性能粉末冶金材料及其关键构件先进制备技术"项目"新型低成本粉末冶金钢铁材料及零件强化技术"课题任务（课题编号：2013AA031102），主要是针对"含 Mn 铁基烧结材料制备典型齿轮零件的成型技术""铁基制品高密度强化齿轮零件的批量制备""高密度铁基粉末冶金材料显微组织和力学性能"三个方向展开研究。该项目课题对于推动我国粉末冶金行业的整体技术和装备水平的提升、加快我国粉末冶金产品结构的调整、打破国外在高端粉末和制品领域的技术和市场垄断都具有重要战略意义。

由于十分重视科技进步和新产品开发，东睦股份已申请国家专利 92 项，其中授权专利 50 项（含发明专利 14 项）；东睦股份的新

产品多次被中国机械通用零部件工业协会粉末冶金分会评定为新产品特等奖。其中，凸轮轴可变气正时链轮获 2014 年度中国机械通用零部件工业协会粉末冶金分会自主创新优秀新产品特等奖；高磁性能变压器和电感和高性能高速钢轴套 C45 获 2014 年度中国机械通用零部件工业协会粉末冶金分会自主创新优秀新产品优秀奖；惰链轮总成 20T/32T、DQ380 变速箱粉末冶金油泵转子和喷油泵链轮 24T 获 2015 年度中国机械通用零部件工业协会粉末冶金分会自主创新优秀新产品特等奖；换挡小齿轮 A1044、换挡伞齿轮 A1045 获 2015 年度中国机械通用零部件工业协会粉末冶金分会自主创新优秀新产品优秀奖；汽车齿轮箱壳体镶件和从动油泵链轮获 2016 年度中国机械通用零部件工业协会粉末冶金分会自主创新优秀新产品特等奖；椭圆正时链轮制造模具获 2016 年度中国机械通用零部件工业协会粉末冶金分会自主创新优秀新产品优秀奖。

目前，由东睦股份主持起草的三部国家标准已在实施：《空调压缩机烧结法兰、缸体技术条件》（标准号：JB/T12716—2016）；《汽车发动机烧结正时链轮技术条件》（标准号：JB/T12717—2016）；《制冷压缩机烧结阀板、连杆和活塞技术条件》（标准号：JB/T12255—2015）。此外，东睦股份作为中国通用零部件工业协会副理事长单位主持修订了《烧结铁基材料——渗碳或碳氮共渗硬化层深度的测定及其验证》国家标准（GB/T 9095—2008）。此次修订等同采用了国际标准 ISO4507—2000，使得我国对粉末冶金铁基材料的渗碳或碳氮共渗硬化层深度的测定及其验证完全与国际标准接轨。

展望未来

作为国内粉末冶金机械结构零件生产和销售的龙头企业，东睦股份将其核心竞争力概括为：优秀的管理团队和人才培养平台；拥有一大批具有自主知识产权的专利技术以及非专利技术，能系统性地支撑粉末冶金机械结构零件的新材料开发、专用模具设计制造、材料检测分析、生产管理等，为客户提供良好的材料解决方案；东睦股份的品牌价值以及完善的生产布局和服务保障能力。

以此为基础，东睦股份提出的发展战略是，开发高精度、高强度、高复杂形状、多性能要求的粉末冶金机械零件，优化粉末冶金生产工艺和材料成型技术，满足家用电器、汽车零部件等行业对粉末冶金机械零件的市场需求，始终保持集团在国内粉末冶金行业中规模及技术上的领头羊地位，进一步缩小与国外先进技术的差距，跻身世界粉末冶金企业前三强，加快向世界一流的国际化、现代化企业迈进。

为实现"跻身世界粉末冶金企业前三强"的发展战略目标，东睦股份将深入粉末冶金技术和材料、装备的基础性研究，发展具有自主知识产权的粉末冶金技术；加快粉末冶金零件在传统汽车及新能源汽车中的应用，继续加强家用电器用粉末冶金零件的技术研究，持续开发具有市场竞争力的创新产品，推动磁性材料和轻量化材料的技术进步，以产品带动现有产业向高、深领域方向发展。同时，提升企业的核心竞争力，建立以自主研发和开放合作相结合的创新体系，重点研发新工艺、新技术、新产品、新材料，着力推进研发工艺技术特色化、产品设计国际化和关键技术自主化。

第八篇

激智科技：TFT—LCD 液晶显示用光学薄膜行业龙头

董 哲

作为中国最早一批拥有自主知识产权的 TFT—LCD 液晶显示关键技术光学膜生产基地，宁波激智科技股份有限公司（以下简称"激智科技"）成立于 2007 年 3 月，是一家由入选首批国家"千人计划"的张彦博士和其他几位来自世界 500 强企业的专业研发、管理人员共同创办的集光学薄膜和特种薄膜的研发、生产及销售为一体的高新技术企业。

激智科技主要生产销售液晶显示背光模组（Backlight Unit，简称 BLU）所用的各种光学膜，包括光学扩散膜（Diffusion Film）、光学反射膜（Reflection Film）、光学增亮膜（Bright Enhancement Film）等，应用于光电显示、LED 照明和其他新能源领域。激智科技的光学膜系列产品注册商标为 BritNit。

激智科技成立后，打破了日本、韩国企业的垄断，填补了国内光学膜研发的空白。

2016 年，激智科技的主导产品液晶显示模组关键组成材料光学膜的国际市场占有率已经位居前三名。同年 11 月，激智科技成功上市，成为国内首家光学膜制造 A 股上市企业。

激智科技对于中国光学膜产业的贡献，客观上起到了完善中国本土液晶产业链、提升中国液晶产业及平板电视产业的重要战略意义。

成长之路

激智科技的光学扩散膜产品，2010 年时的国内市场份额还占不到 1%，2015 年时已经占据国内市场份额约 25%。不但成功替代日本进口光学扩散膜，而且在产品品质方面受到本行业客户的高度评价。

2007 年 3 月，张彦博士放弃外企高薪，创办了宁波激智科技

股份有限公司。

　　创业初期，面对日本企业高达数千万元的设备报价和事实上的禁售，激智科技凭借第一期到位的数百万元资金，与国内设备厂商开始设计合作，并买到了第一批膜原料。

　　也正是以此为起点，张彦带领研发团队先后打破了国外光学膜关键制备技术封锁，搭建了国内最先进的精密涂布技术平台，并通过自主创新的工艺路线及独特的产品配方，攻克了TFT—LCD液晶显示用高性能光学膜关键制备技术瓶颈，并实现了规模化生产。

　　2009年，激智科技承担了国家发展和改革委"实施彩电产业战略转型产业化专项"项目。

　　2010年，激智科技承担了工信部电子信息产业发展基金项目"TFT—LCD液晶电视用光学扩散膜的研发和产业化"。同年，获得"浙江省重点企业技术创新团队"荣誉及第六届宁波市发明创新大赛特等奖。

　　2012年，激智科技产品获得国家重点新产品奖、第十四届中国专利奖优秀奖以及宁波市科技进步一等奖。同年，激智科技还承担了宁波重大科技攻关项目"大尺寸耐高温、抗翘曲、复合型反射片关键技术研究与应用"，同时还承担了国家创新基金项目。

　　2013年，激智科技获得了浙江省科技进步二等奖，并获批建立博士后工作站。同年，激智科技还作为项目带头人承担了宁波市光学薄膜创新团队第二层次项目。

　　2014年，激智科技获得国家火炬计划重点高新技术企业、浙江省专利示范企业、浙江省企业研究院、宁波市创新示范企业等荣誉称号，产品被评为浙江省名牌产品。

　　2015年，激智科技承担了国家发展和改革委增亮膜专项、国家科技部火炬计划产业化示范项目，被评为国家知识产权优势企业。

2016 年，激智科技激智光学膜研发中心获得浙江省重点企业研究院称号。

激智科技的研发创新带头人张彦，先后获得科技新浙商、宁波市突出贡献专家、宁波市十佳杰出青年、科技部科技创新创业人才、浙江省 151 人才工程第一层次人才、宁波市科技推动奖等荣誉称号。

目前，激智科技开发的高性能光学膜产品达到国际先进水平，已广泛应用于韩国三星、LG 等国外知名企业及和国内六大电视厂商（创维、海信、TCL、康佳、海尔、长虹）等的高端液晶显示器上。

激智科技还成为创维、海信、TCL、长虹、京东方、康佳、天马、熊猫等国内多家大公司的策略供应商，建立起稳定的客户关系；并通过与国内最大的光学薄膜裁切厂建立策略联盟，由该裁切厂全面代理和分销激智科技的产品。

除了国内市场销售的持续增长，激智科技积极开拓海外市场，成功进入韩国三星、LG 供应体系，在德国、美国、加拿大等欧美国家实现量产。

产品品质

目前，激智科技系列光学膜产品作为液晶显示（背光）模组的主要部件，广泛用于各类液晶显示应用领域，包括液晶电视、液晶电脑显示器、笔记本电脑、平板电脑和智能手机、导航仪、车载显示屏、工控显示屏等。尤其是激智科技的扩散膜 B188S2、B38VA—2 等及增亮膜 P250ML、P250MM—VT 等产品已成为行业标杆，产品品质受到客户的高度评价。

TFT—LCD 显示器由三个主要部件组成，即液晶面板、液晶显示背光模组和驱动电路。液晶显示背光模组主要是由反射膜、导光板、扩散膜（1—2 片）、增亮膜（也称增光膜、棱镜膜，1—2 片）及外光源 (发光二极体 LED 等) 等组件组装而成。也就是说，背光模组实际上是由一层层光学膜片所组成，通过光源，经由模组中各种膜片材料对光的功能作用，实现对光能的重新分配。

其中，光学扩散膜在液晶背光源中的作用是对光线进行散射和雾化，从而提高背光源光学均匀度，以及遮盖其他光学部件的瑕疵。光学扩散膜是液晶背光源中使用量最大的光学薄膜。光学扩散膜制造方法是在透明的 PET 基材的上下表面涂布具有光扩散粒子的涂层。扩散膜基本结构主要由三层组成，包括光扩散层（Diffusion Layer），透明 PET 薄膜的基材层和抗刮伤层（Antiblocking Layer）。

光学反射膜的主要功能是把背光源产生的向液晶显示器背面发射的光均匀地反射到液晶显示器的正面（可视面），从而提高光的有效利用率。反射膜主要由通过双向拉伸的方法在聚酯薄膜内部形成多层空气微孔，利用微孔中空

气与 PET 材料的折光系数不同，从而对入射的光线进行不同的折射与反射，最终将表面入射的光线绝大部分反射回到入射面。

光学增亮镜的主要功能是把液晶背光源里发出的光线集中到人眼可视的一定角度之内，从而在没有增加光源功率的情况下，提高光的有效利用率，达到增加亮度的效果。增亮膜是利用微复制技术，将紫外光固化树脂制成高度为 20—50 微米左右的微棱镜结构固化在聚酯基材上。光线在棱镜结构的作用下，原本向各个方向发散的光线在通过棱镜膜后，被控制到大约正视方向 70° 的角度范围内，从而达到轴向亮度增强的效果。

激智科技的系列光学膜产品的制备过程是在透明的聚酯（PET）薄膜基材上，通过精密涂布（Precision Coating）或微复制（Micro-replication）的方法，把光学胶水固化成预先设计的光学结构涂层。该光学涂层可以改变光经过聚酯薄膜传播的方向和透过率。在多层光学膜的共同作用下，可以对点或线光源进行反射、扩散及增加亮度，以达到高亮度、高遮盖性的面光源的效果。

在液晶显示背光模组关键组成材料领域，激智科技的光学扩散膜 B38VA—2S 是开发出应用于小尺寸液晶显示背光模组中的高雾度光学膜，可大大提高液晶显示器遮盖性和辉度。

激智科技的光学增亮膜 P250ML 是开发出应用于背光模组中，可大大提高液晶显示器辉度，同时降低模组的总体成本，保持较高的性能水平。激智科技通过自主技术创新，攻克增亮膜关键制备技术，突破国外企业封锁。

激智科技的光学反射膜 R280S，可利用光的反射作用原理，大大提高液晶显示器辉度。

创新支撑

激智科技董事长张彦是全国光学功能薄膜材料标准化技术委员会的副主任委员。

激智科技先后参与制定2项光学扩散膜相关的产品核心性能参数的国家标准："光学功能薄膜聚对苯二甲酸乙二醇酯（PET）薄膜表面电阻测定方法"和"光学功能薄膜聚对苯二甲酸乙二醇酯（PET）薄膜厚度测定方法"。

自成立以来，激智科技就坚持以科技创新、产品创新来促进公司发展。为了加快光学薄膜的研发与产业化，激智科技对研发投入进行规划，为包括检测设备实力建设、新产品开发投入、新材料研究开发、研发新品市场推广等多个方面保障足够的研发经费。

在运营机制方面，激智科技的财务部、研发部、资材部、生产部、质量部、市场部、管理部、法务部、生产计划部、安全部、知识产权办公室等十余个部门，职责分明，相互配合，形成了从液晶显示模组主要组成材料（扩散膜、增亮膜、反射膜）以及在开发中的具有未来发展前景的液晶显示模组主要组成材料（复合增亮膜、量子点膜）的产品的研发到生产，再从生产到品质确认，再经市场部的市场开拓销售为一个整体的环环相扣的模式。

2008年，激智科技成立了激智光学膜研发中心，包括实验室设备、中试车间、办公室三个部分，占地面积3000平方米。该研发中心于2010年被评为宁波市工程技术中心，2013年被评为浙江省高新技术企业研发中心，2016年被评为浙江省重点企业研究院。

激智科技的光学膜研发中心包括扩散膜实验室、增光膜实验

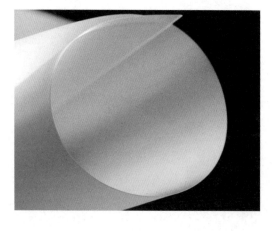

室、反射膜实验室、保护膜实验室、常规实验室、特种膜实验室、恒温实验室、检测分析实验室、资料室等9个研发实验室。此外，为研发活动的有效开展，还建立了扩散膜、反射膜、增亮膜、量子点膜等6条研发中试设备。

目前，激智科技的光学膜研发中心具有较齐全的科研实验、检验、测试设备，如激光显微镜、DSC扫描量热仪、QUV老化测试仪、红外测试仪、荧光光谱仪、辉度测试仪、增光线涂布机、雕刻机、亮度色度仪、雾度仪、表面电阻测试仪、气体检测仪、高低温交变高温试验箱、静电测试仪、数字黏度仪、透光率雾度仪、涂布机、UV能量计、UV固化机等一批高精仪器，为新产品的研发与试生产提供了完善的检测设备。

激智科技的光学膜创新团队是以入选首批国家"千人计划"的留学归国博士张彦为核心，包括入选科技部中青年创新型领军人才的前GE研发高管李刚博士，中国台湾冠捷的研发高管并获得宁波市3315创新人才的罗维德，前GE生产技术高管唐海江；另外还包括先后从新加坡国立大学、台湾海洋大学、浙江大学、清华大学、中科院、华东理工、华南理工、上海交大、复旦大学、郑州大学等国内外大学引进的60余名博士、硕士及本科生；并聘请国内外相关行业知名专家、工艺专家做技术顾问。

作为一支梯队结构合理、素质高、业务精的研发队伍，激智科技光学膜创新团队被评为"宁波市 TFT—LCD 液晶显示用光学薄膜研发创新团队"。为扩大研发创新团队实力，激智科技与中科院联合培养博士后 6 人，其中 3 名博士后已经出站，合作开发项目包括高性能光学增亮膜的研发与产业化，量子点膜的开发与产业化，小尺寸增亮膜的研发与产业化。

自成立至今，激智科技在关键核心技术领域共申请了 64 项国家发明专利，其中授权的发明专利已有 25 项。也正是利用授权专利，激智科技成为国内具有生产能力的扩散膜类产品供应商，填补了国内光学薄膜技术的空白，一跃成为日本、韩国在该行业的巨大竞争对手。

在专利技术方面，激智科技充分考察液晶背光模组关键组成材料扩散膜、增亮膜、反射膜相关专利技术的可靠性、先进性、适用性，充分了解专利技术及其产品是否符合国家有关生产标准和规定，同时进行了市场调查，摸清此技术的市场前景，然后投入生产，与厂内的技术研发人员一起攻克专利技术成果转化困难的问题，实现产品的量产。

此外，激智科技还设有专门人员对专利实施定期查新、考证，及时了解最新技术研究进展，启发思路提高科研起点。通过充分利用专利文献，节省出研发经费用于高水平的研究工作，同时为科研人员节约时间，少走弯路。连续跟踪一项技术的发展情况，把握竞争对手、同行的研究进展，洞察技术发展趋势，预测技术发展动向。进行同族专利检索，了解某专利技术的保护范围及国际市场等。

为进一步完善专利制度，激智科技还进一步加大知识产权人才引进，发掘研发人员和技术人员的创新能力，并将其转化为专利，扩大公司知识产权布局，提高公司竞争力。

制度保障

激智科技通过企业建立起一系列完整的制度和体系，包括研究院规章管理制度、技术资料档案管理制度、专利奖酬制度、知识产权管理制度、环境管理体系、产品质量管理体系、知识产权管理体系、安全生产制度等，通过这些体系和制度提高公司运行效率。

激智科技的"TFT—LCD 光学显示用光学扩散膜"系列产品在 2010 年就已经注册了 BritNit 商标。激智科技非常注重 BritNit 商标的产品品牌建设。"激情、正直、认真、负责"是激智科技对 BritNit 商标的产品品牌最直接也是最直白的表述。

激智科技秉持"国际先进，中国领先"的企业发展目标和"不断以最优良最完美的产品提供于市场"的质量理念，以 ISO9001 质量管理体系标准和卓越绩效评价为准则，建立了完善的质量管理体系。激智科技的目标质量为成品交验合格率为 100%，始终坚持质量第一的观念，坚持质量求效益的原则，坚持质量无处不在的意识，每年组织各种形式的关于质量方面的培训，提高员工的技术水平，增强全体员工的质量意识。

此外，凭借先进的检验设备以及齐全的试验、检验、测试条件，质检人员对各道工序严格检验，层层把关，确保了激智科技产品的优异品质，为客户的实际应用提供了高质量的保证。目前，激智科技生产的 TFT—LCD 光学显示用光学扩散膜品质远高于国家标准，质量稳定，处于液晶显示用光学膜行业前列。

在知识产权保障制度方面，激智科技设有专门人员对专利进行及时的缴费，维持专利的有效性。专门人员还会对专利实施定期查新、考证，及时了解最新技术研究进展，启发思路提高科研起点。随着业务范围的不断扩展，与在中国台湾、韩国、欧盟等国家和地区的企业均有业务往来，为了保护公司的产品专利技术，激智科技专门与相应的知识产权事务所签订合作协议，为公司的专利工作进行法律方面的指导、协助，可以及时地对发明创造进行专利申请，也可以有效地保护专利产权，及时对侵权行为作出快速反应。

坚持创新发展目标

展望未来，激智科技将通过加大高层次管理人才引进，深化研发、生产、销售的制度化和流程化，成为中国 TFT—LCD 显示器用光学薄膜研发、生产与销售研发实力强、发展速度最快、行业地位最高的企业。

在经济发展目标方面，激智科技在与国内六大电视厂商长虹、海信、TCL、创维、海尔、康佳合作的基础上，扩大市场规模，加速公司新产品研发进度，大力拓展海内外市场。

在产品与技术创新目标方面，开发高辉度高亮度光学扩散膜，开拓海外市场；研发增亮膜新品，利用独特结构设计，攻克行业难题抗干涉产品；开发高清晰度和对比度的裸眼 3D 公共显示用光学薄膜，高效节能 LED 照明用光学薄膜等具有未来发展前景的新型光学薄膜材料；为 TCL、海信（客户）开发研发技术壁垒很高的量子点薄膜，达到关键技术指标：色域，超过 3M 水平；为长虹、海信（客户）开发应用于超大尺寸激光显示器的激光显示薄膜。

在行业地位及社会影响力目标方面，激智科技的主导产品光学薄膜整体技术水平成为中国行业领先水平，在国际市场上光学膜行业排名世界前三，带动上下游产业发展。

第九篇

惠之星：中国最优秀的光学硬化膜企业

佟文立

光学硬化膜，是功能膜的一个细分，应用于家电、电脑、手机屏幕和壳等领域。作为规模过百亿的产业，曾经一度90％的市场份额由日本厂商掌控。

2012年10月，曾在美国通用电气公司工作的董红星和张美超在宁波江北高新技术园区成立了宁波惠之星新材料科技有限公司（以下简称"惠之星"），开始致力于光学硬化膜的研究开发、生产和销售。

董事长兼CEO董红星，在高分子及特种薄膜涂料领域工作多年，曾先后担任GE塑料中国薄膜市场经理、亚太区消费类电子市场经理，薄膜标签行业领袖Avery公司高性能膜材中国区总经理；首席技术官张美超博士，系新加坡国立大学高分子化学博士，也是国家"千人计划"专家。正是强有力的创新创业团队，成就了如今的惠之星。

目前，惠之星已拥有30000平方米自建厂房，5000平方米国内最高等级无尘车间，8 条世界尖端全自动高精密涂布生产线。自 2014 年 1 月正式投产后，惠之星已成长为大中华地区技术实力最强、市场份额最大的高端光学硬化膜及相关产品的供应商。

目前，惠之星总体技术已经达到韩国的先进水平，并在多个领域打破了日本公司的垄断，成功地在多个光学硬化膜的细分市场取代日韩产品，成为世界著名企业苹果、三星、华为、OPPO、vivo、京东方、天马、信利、伯恩等公司的指定供应商。也可以说，惠之星已经成为中国手机及面板行业客户光学膜材料的首选供应商。

曾经的行业格局

光学硬化膜，是在光学 PET、PC 等基材薄膜上涂布一层紫外

光固化涂料，紫外光固化涂料先经过烘箱把溶剂挥发掉，然后再经紫外光照射，光引发剂吸收紫外光辐射能量而被激活，其分子外层电子发生跳跃，在极短的时间内生成活性中心，然后活性中心与树脂中的不饱和基团作用，引发光固化树脂和活性稀释剂分子中的双键断开，从而固化成膜。

在 2000 年之前，光学硬化膜主要应用于家电、设备等领域。2000 年之后，随着手持移动设备的迅速发展，光学硬化膜开始成为手机屏幕和外壳装饰的必备材料。接下来，笔记本电脑产业也成为光学硬化膜新的应用领域。而更为重要的是，光学硬化膜因其表面致密适合电镀和耐刮伤的特点，恰好符合了触摸屏 ITO 镀膜和盖板（Cover lens）的性能要求，日益普及的智能手机和平板电脑的保护屏幕使其耐磨耐刮成为一个刚需，因此防刮保护膜市场飞速发展起来。

由于全球家电、手机、笔记本电脑、触摸屏以及相关的产业链的生产 60%—90% 在中国，因此中国是光学硬化膜应用的主要市场。在这个规模过百亿的市场中，绝大部分份额却由日本和韩国厂商占据。以 Kimito、东丽 (Toray)、东洋纺 (Toyobo)、东山等为代表的日本厂商，凭借其设备精良、工艺精湛、产品性能卓越，推出的均为高端产品，占领了至少 60% 的市场份额。而韩国厂商主要占据了低端触摸屏市场。

正是在这样的市场格局背景下，惠之星从诞生之日开始，就以研发作为核心竞争力和立身之本，在短短几年的时间里，惠之星就获得已授权有效专利 22 个，其中发明专利 8 个，实用新型专利 14 个，对多项产品具有核心自主知识产权，并成功推出了多类创新产品。

研发创新是制胜法宝

经过多年的发展，惠之星已经建立起了从涂液开发、涂液生产、涂布工艺精益化到全方位质量管理的完善体系；并通过不断探索和实践，制定了一套完善的内部管理制度体系，包括《团队绩效考核及奖励制度》《团队成员薪酬分配制度》《人才培养制度》《技术吸收转让管理制度》《知识产权保护制度》《研发投入核算管理制度》等。

惠之星坚持合理的薪酬分配方案，在薪酬制度的设计上，重点向技术人员、技能高手、团队核心成员等倾斜，体现核心岗位、关键岗位的岗位价值，从而引导员工搞专研、提技能，成为专业过关、技能超群的团队核心成员。同时，技术创新团队成员在新产品、新工艺或生产工艺、设备重大调整方面等有突出贡献的，都会根据项目的技术水平、工艺复杂程度、技术创新程度、利润效益情况分别进行奖励，授予各类称号，如"最佳员工""优秀技术人员""十佳攻关项目""突出贡献奖"等，奖金额度在 1 万—10 万元不等。

惠之星坚持每年研发经费按不少于 5% 的比例从公司的销售收入中提取，为公司的新产品、新工艺和新技术的研发提供坚实的保障。

目前，惠之星光学膜研发团队形成了以张美超博士领衔的大中华区阵容最强的光学硬化膜研发团队，研发团队共有成员 36 人，其中国家"千人计划"1 人，博士 2 人，硕士 8 人，本科生 24 名。

研发团队的带头人张美超博士是教授级高级工程师、国家"千人计划"专家，在高分子材料薄膜挤出及薄膜涂敷方面拥有 10 多年的产品开发及工艺开发经验，曾在世界 500 强的公司担任研发经理多年，具有丰富的研发及团队管理经验。

在人才的培养上，惠之星通过建立系统培训制度、岗位训练及技能鉴定制度、关键岗位上岗证制度、不适任人员淘汰制度、代理人制度等，在制度层面要求员工不断提高技能。同时鼓励员工参加公司外部各类专业提升培训班，对于参加培训的员工不但给予费用报销，对于能学以致用、创造价值的还给予奖励。

在人才引进方面，惠之星首先通过各种渠道收集人才信息，对符合本企业核心技术要求的专业人才，采取不拘一格的引进方式，加强研发创新团队建设；同时也鼓励高级人才带着相关课题项目来团队，并竭尽所能提供资金和研发扶持。

惠之星注重企业创新，也坚持走产学研相结合的道路，通过加强、扩大与高等院校、科研机构的合作，最大限度实现资源的优化配置和高效利用。通过与科研院校的技术开发合作，使惠之星技术

中心研发人员的技术水平有了整体的提升，并且为尽快地锻炼出一支技术过硬的研发团队及企业的后续发展打下坚实的基础，对企业的发展起到巨大的推动作用。

2015 年和 2017 年，惠之星分别与复旦大学、江南大学签订"防反射防眩光 TAC 薄膜用紫外光固化涂料的研制"项目和"高性能 UV 型光学功能新材料研究开发"项目的产学研合作协议，利用高校技术解决光学硬化膜生产过程中存在的问题，并成功用于产品的销售。

目前，惠之星的研发计划总体目标是：2020 年，可折叠手机盖板用硬化 CPI 的性能继续提升，OLED 用制程膜的量产、涂布型偏光片的开拓工作进一步推进。2021 年，OLED 制程膜、涂布型偏光片实现量产。

源于市场需求的产品创新

一个有市场竞争力的产品是一个企业赖以生存和发展的核心要素。从企业发展的历史看，一个伟大的企业，一定要有一个伟大产品。功能膜就是惠之星的看家产品。经过多年的努力，惠之星不断进行产品创新，将其核心技术应用于手机、电脑、电视机等电子消费品，极大地提升了这些终端产品的性能和质量，满足了消费者高品质的需求。

2.5D/3D 曲面手机显示屏的保护膜　传统的手机保护膜是平面的（2D）。但从 2016 年开始，曲面屏开始在手机上流行，平面的 2D 保护膜达不到曲面屏的贴合要求，而且曲面屏非常易碎，因此市场急需一款能够对曲面屏幕贴合紧密、防止碎屏也能防止屏幕刮花的 2.5D/3D 手机保护膜。

从 2015 年下半年开始，惠之星应国产品牌手机厂商 vivo 的要求对该类产品进行研发。一般普通保护膜通常只有 3 层结构，最上层是硬化膜，中间涂覆一层胶黏剂再复合一层离型膜。惠之星研发的 2.5D/3D 保护膜产品则是通过对无机纳米颗粒（如二氧化硅、二氧化钛、二氧化锆等）和 OCA 光学胶层的应用，利用多层复合技术将柔性基膜和刚性硬化层分别制备并复合在一起，既可以贴合曲面屏又可以起到抗静电、耐磨、耐刮的保护效果，其中最上层硬化膜为抗静电硬化膜，使用了公司自有专利技术。惠之星的 2.5D/3D 手机屏幕保护膜研发成功后，能够有效防止 99% 的手机碎屏率，解决了手机用户的一大痛点。

此款产品在 2016 年上半年一经开发成功，就迅速占领了市场，得到华为、三星、OPPO、vivo、金立等高端手机厂商的追捧。

目前，由于拥有防指纹、超耐磨等高端性能，以及产品结构复杂、工艺难度大等特点，惠之星大约占据了该类产品市场的 40%，成为该细分市场的全球第一供应商。

液晶 LCD 及 OLED 用偏光片表面处理膜　液晶显示广泛应用于电视、电脑、手机、导航仪等设备。一台液晶显示器要用到多种光学显示薄膜，如偏光膜、反射膜、扩散膜、棱镜膜、彩色滤光膜、相位差膜和保护膜等，薄膜的使用量是液晶屏面积的十倍以上。

每个液晶面板里面有两片偏光片，其中上偏光片是装在液晶面板的最表面，它决定了液晶显示器的表面效果和许多光学性能。

由于液晶面板也分不同种类，比如有电视用液晶面板、笔记本电脑用面板、桌上电脑用面板、手机用面板等，因此需要的表面处理也有不同：

手机及平板电脑小尺寸液晶 LCD 所用的偏光片表面处理技术

为硬化（HC）。

桌上电脑及笔记本电脑中尺寸液晶 LCD 用的偏光片表面处理技术为防眩光（AG）。

电视（TV）大尺寸液晶面板用的偏光片表面处理技术为低雾度低闪点的防眩光 AG。

上偏光片主要由三层膜组成：上面的 AG/HC TAC 膜、中间的 PVA 膜（聚乙烯醇膜），以及在下面的 TAC 原膜组成。AG 的意思是 Anti—Glare(防眩光)，TAC 就是三醋酸纤维素。由于下偏光片也有表面处理的 TAC 膜，所以每片液晶面板会用到两片偏光片，以及至少一片带表面处理（HC/AG）的 TAC 膜。

液晶 LCD 偏光片用 AG/HC TAC 膜就是在 TAC(三醋酸纤维素)薄膜表面涂布 UV 光固化的涂料经过紫外光（UV 灯）照发生交联反应形成一层致密耐刮的涂层，从而起到保护液晶 LCD 面板作用

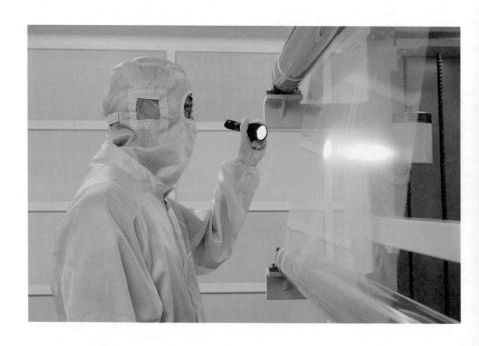

的膜。简单地说，AG TAC 就是在 HC TAC 里面添加粒子，从而使得固化之后的表面呈现一定的亚光和雾状。

在惠之星之前，全世界只有日本企业能生产这种高端光学膜，惠之星利用三年的积淀开发此类产品，从小尺寸的手机 LCD 偏光片用的 HC 硬化 TAC 膜、中尺寸平板及电脑显示器用的防眩光 AG TAC 膜，到大尺寸的 TV LCD 用的低雾度低闪点 AG TAC 膜全部已经开发成功。其中小尺寸 LCD 偏光片用的 HC 及 AG TAC 膜已经在中国国内最大的偏光片企业深圳三利谱光电投产，大尺寸电视用的低雾度低闪点 AG TAC 膜也已经在偏光片全球第二的住友化学和第四的奇美材料小样品验证通过。自此，惠之星成为目前中国第一家也是全球第三家可以生产液晶 LCD 偏光片用表面处理膜的厂家。

作为将近百亿级别市场上仅有的三家供应商之一，惠之星计划投资 3—4 条产线，专门用于偏光片表面处理膜的生产，从产能上具备 DNP 之后的全世界第二大偏光片表面处理膜生产商的位置。

此外，OLED 已经在手机领域逐步取代 LCD 成为主流。中国大陆的京东方、天马、华星、维信诺等已经建设了 12 条 OLED 面板生产线。但目前他们用的制程保护膜无一例外全部从日本或者韩国进口，供应商为日东电工或者韩国的 LG 化学，中国到目前为止完全没有合格的供应商。

由于 OLED 是柔性面板，本身非常脆弱，对于制程保护膜的要求也非常高，需要高洁净的环境及高精密的涂布，以及非常严的品质管控体系。

作为国内唯一能够提供这么高要求产品的供应商，惠之星正在开发这个系列的产品，并且已经开始和京东方、天马建立合作关系，也将会成为国内这个领域最领先的企业。

触摸屏用导电膜的基膜　手机、平板电脑及车载 GPS 甚至工控都有触摸屏，而触摸屏之所以能够感知人手的触摸，是因为里面有 ITO 导电膜。而 ITO 导电膜是在光学 PET 上面先做双面硬化，硬化完之后再由镀膜厂镀膜。

在惠之星成立之前，中国有十多家能够镀 ITO 膜的企业，但是没有一家能够生产 ITO 基膜的企业，无一例外都需要从日本东山采购 ITO 基膜。

ITO 基膜的技术难度非常大，惠之星用了近三年的时间才突破技术壁垒，目前已经成功量产，成为中国唯一可以生产触摸屏 ITO 基膜的厂家。也正是由于惠之星打破了东山的垄断，中国镀膜企业才无须从日本进口 ITO 基膜。

目前，国内的南玻公司的 ITO 膜全部采用惠之星基膜，欧菲光也在逐步采用惠之星的基膜材料。

此外，由于近一两年来外挂式触控逐步被内嵌式触控取代，纳米银导电膜开始兴起。在纳米银导电膜市场，惠之星也是最主要的纳米银导电膜用硬化膜供应商，国内最主要的纳米银导电膜供应商苏州诺菲完全采用惠之星的硬化膜作为基材。

手机／笔记本外壳装饰膜及手机玻璃防爆膜　防爆膜，也叫防飞散膜及可成型硬化复合膜。

目前，在手机全屏外防爆膜方面，惠之星一家已经占到市场的45%左右，牢牢占据市场份额第一的位置。华为、三星、OPPO、vivo 都是惠之星客户。

随着手机从 4G 到 5G 的过渡，使得手机后盖不能再使用金属后盖。手机后盖只能使用陶瓷、玻璃和塑料三种材料。因为金属手机后盖存在屏蔽的问题，而玻璃和塑料不会产生屏蔽问题。尤其是玻璃兼具了易量产、价格低、外观良好的优点，成为手机后盖用最主要的材料。手机后盖防爆膜就是将所有的颜色、纹理等效果全部做在膜上，然后内贴到玻璃后盖里面；同时防止玻璃摔碎飞出伤人，因此也叫防飞散膜。而如果用塑料后盖，会倾向于使用硬化膜直接热压成型。

目前，手机后盖防爆膜市场被韩国 SKC 公司独家垄断。惠之星已经成为国内唯一一家通过客户全套测试的公司，开始在比亚迪小批量投产。

可折叠手机盖板用硬化膜　可折叠手机将于未来 5 年内逐步取代现在的手机并迅速侵蚀平板电脑和笔记本电脑的市场，原先用于手机盖板的玻璃将会被硬化膜所取代，也就是所谓的硬化 CPI 膜（硬化聚酰亚胺膜）。由于材料价格极其昂贵，并且加工难度大，目前可折叠手机盖板用硬化 CPI 膜的价格高达 5000—6000 元 / 平方米。

作为国内最领先的硬化膜涂布企业，惠之星在这个领域几乎没有对手。此产品和华为联合开发，目前惠之星的硬化 CPI 产品已经开始量产。

争做中国最优全球一流的功能膜企业

创立伊始，惠之星就提出了"要成为中国最优全球一流"的功能膜企业。2016 年，经过公司管理层讨论，惠之星把公司愿景进行了更明确的阐述："以创新的高科技产品推动社会进步，成为让员工幸福、股东满意、客户首选、享誉全球的功能膜行业全球领导者。"因此，惠之星一直致力于服务全球最领先的终端厂商，并研发最领先的产品。

目前惠之星的客户都是各个领域的一线大厂，全球前五大手机厂商当中有四个是惠之星的客户，触摸屏厂最大的欧菲光、南玻、信利、伯恩都是惠之星的客户，液晶面板及偏光片厂当中京东方已经成为惠之星的客户，也已经开始为三利谱、盛波供货。

未来，惠之星将继续走终端指定的经营策略模式，跟定这些大客户，建立惠之星研发和这些终端大厂研发的有效的互动机制，从而保证惠之星能够一直跟着他们走在行业的前端。

材料行业的上游公司如日本的东丽、富士胶卷、陶氏等都是全球最强的公司，对市场走向研究透彻，研发资源丰富。惠之星的快速发展与这些全球最强的材料公司联系密切有很大的关系。如惠之星已经和东丽构建了非常良好的合作开发及互动关系。

未来，惠之星将继续整合上游基膜及化学品厂商资源，构建合作共赢的平台。

第十篇

家联科技：成为掌握生物全降解核心技术的世界级公司

骆　丹

　　在这个世界，没有塑料垃圾抵达不了的地方，世界最高峰珠穆朗玛峰上，塑料垃圾屡见不鲜；数据显示，极寒之地北极已经成为世界最大的漂浮垃圾场，其中含有大量的塑料垃圾；甚至在人类难以企及的地球最深海沟马里亚纳海沟，早在1998年，科学家就发现了一个塑料袋……这些塑料降解需要几百上千年的时间，会对环境造成巨大的污染，海洋鱼类等动物因误食塑料而死亡的新闻报道屡见不鲜，而这些塑料分解成的塑料颗粒也将通过水源、食物等渠道回到人体中，最终危害人类健康。

　　解决塑料污染、保护生态环境已经成为全球共同关注的话题，世界各国纷纷出台"限塑令""禁塑令"，肯德基、麦当劳、星巴克等国际著名公司率先领头"减塑限塑"，积极寻找普通塑料制品的替代产品，而其重要替代产品——生物基全降解材料和制品的主要供应商之一就是宁波家联科技股份有限公司（以下简称"家联科技"）。

曲折创业路

家联科技起家的历史可以追溯到 1987 年，在改革开放的浪潮下，家联科技董事长王熊的父亲开办了一家制造塑料夹子等相关塑料制品的工厂。1988 年王熊大学毕业，进入学校教书，1989 年 6 月 5 日，美国总统老布什单方面宣布对中国实施经济制裁，并带动其他西方国家加入制裁阵营，对中国经济造成巨大的影响。当时以出口为主的塑料工厂销售急剧下降，工厂运行困难，本是身处教学一线的王熊，一边上课，一边开始替工厂跑业务。他对当时的艰难情形记忆犹新：为了获取客户，乘坐 36 个小时的绿皮火车去广州交易会，没有座位，就睡在座位底下。在他的努力下，伴随经济形

势的好转，工厂逐渐走上正轨并发展壮大。

1997 年，工厂接到了美国沃尔玛 3000 万元的订单。在当时，工厂的产值仅有 1500 万元，这笔巨额订单无疑让王熊兴奋不已。为了按时完成交付，工厂推掉了其他所有客户的订单，加班加点为沃尔玛生产。持续两年的稳定供货期，给工厂带来了第一个"发展的黄金时代"，然而在 1999 年，沃尔玛受美国政策调控，将生产制造撤回美国，工厂猝不及防地丧失了唯一客户，货品滞销、原料货款无法偿还、工人离职……整个工厂再次举步维艰，"当年过年的时候，全家上下就只有 100 元，日子特别难。"王熊说。

得益于朋友的慷慨解囊，王熊得到一部分流动资金，靠着这些流动资金，工厂艰难度日，已经是厂长的王熊深入销售一线，远赴各地一家家拜访、游说外贸公司。据王熊回忆，当时特别怕过年，过年即年关，工人奖金、货款等都是巨额支出，一旦挺不过来，工厂就可能倒闭……王熊说："我天天都在想年关该如何度过，这种难不是一般人能受得了的。"不过，王熊熬过来了，2001 年，工厂状况逐渐好转，沃尔玛由于美国生产成本过高再次选择了王熊，在 2002 年，工厂产值就达到 4000 多万元。"过程虽然痛苦，但是也有好处。"这段起死回生的经历在经营层面给了王熊巨大的启示：客户唯一性将给公司带来巨大隐患。在此后的经营中，王熊严格控制单个客户占公司销售额的比例，"如果一个客户占比超过 20% 了，我们就要小心了，这个客户的订单我们就要考虑该如何做了。"

2004 年，工厂转型做一次性餐饮具，家联科技的前身宁波家联塑料用品制造有限公司（以下简称"家联塑料"）正式成立。在 2007 年至 2009 年，家联塑料迎来高速发展时期，产品远销世界各地。但在此时，王熊开始感到隐忧——这些塑料制品对环境的污染不可估量。2009 年，家联塑料更名为家联科技，期冀寻求一种能够替代普通塑料的新型生物材料。家联科技借助政府平台引进的归国高端人才，开始探索生物全降解材料的研究开发。当时，聚乳酸（PLA）是最好的全降解材料，它是从植物中提取，经过聚合得到高分子聚合物，而且聚乳酸的产能巨大，综合性能最佳，接近于普通塑料，价格相对于其他生物基材料低，性价比较高，应用领域广并能完全实现生物降解的一种生物原料。聚乳酸优良的品质让家联科技看到了未来发展的研究方向，随着时间的推移，尽管聚乳酸有诸多优点，但是聚乳酸在工业加工上却十分棘手，不耐温、加工温度窗口窄，韧性低，这对于生产加工都是困难。2011 年在跟专家老师合作的基础上，公司开始了自主研发之路，2012 年被认定为宁波市工程中心，到了 2016 年，拥有生物基全降解改性材料生产线的新工厂投产，年产 25000 吨改性生物基全降解材料和制品，家联科技因此成为中国规模最大的生物基全降解改性材料及制品生产制造商。在 2018 年，家联科技已经与全球 122 个国家建立稳定的客户关系，其客户包括世界著名的餐饮连锁公司 US FOODS、肯德基、必胜客、星巴克，大型商超沃尔玛、宜家、Costco、Target、Walgreen、Loblaw，以及全球顶级电商平台客户亚马孙等，在国内外市场有较高的占有率，为全球最大的全降解全品类产品供应商之一。

以技术与生产为核心

在创业过程里的几度浮沉，王熊深知决定企业成败的关键因素是技术和生产，正所谓"好钢使在刀刃上"，"家联科技一路走来不容易，时至今日，也是持续投资建设的状态，所以我们不得已要把更多的投资建设放在'刀刃上'，尤其是我们新厂区的投入使用后，我们更要加强技术开发研究，提高生产效益，提高品质质量。"与此相应，家联科技的技术中心形成了新材料和自动化两个创新团队。

在科技研发上，家联科技近三年投入研发费用过亿元，研发成果也十分喜人——家联科技创新的聚乳酸改性工艺，其改性聚乳酸产品比普通乳酸性能大幅度提升：耐热温度从 55℃提高到 120℃以上，结晶速度提高 10 倍以上，抗冲性能提高一倍以上，在"非粮淀粉基生物塑料制造关键技术研究""生物质塑料合金制备关键技术产业化""耐热聚乳酸（PLA）热成型及发泡技术研发与应用"等重大科研项目上的合作研究，填补了国内行业空白，实现了关键技术的产业化。

由于技术的领先，家联科技也因此得到了以质量安全严格而著称的宜家家居的青睐。按照宜家家居的计划，在 2022 年将实现儿童用品及食物接触产品两大品类材质的全降解化。早在 2013 年，宜家就在全球寻求全降解生物材料制品供应商，在最初，宜家通过调研在全球优选 200 家供应企业，通过层层筛选，意向供应商从 200 家缩小为 20 家，最终剩下 6 家进入最后的角逐，其中就包括家联科技，而与家联科技竞争的则

分别是来自意大利、德国、中国台湾等早已与宜家有过合作经验的企业。

家联科技董事长王熊犹记得当时在上海宜家实验室做竞标时的情景：由于缺乏类似国际竞标经验，王熊的陈述难以让人满意，综合排名在六家企业中垫底，宜家的工作人员甚至直言："你们的 PPT 做得这么差，大老板不看好你们。"就在王熊灰心丧气时，事情出现了转机——宜家负责人要求各家企业现场对样品做抗摔测试，测试按照名次从前往后进行。当宜家工作人员将各企业的样品扔在地上，伴随着清脆的响声，前面 5 家企业的样品应声而碎，在场的所有人员对此结果目瞪口呆。家联科技董事长王熊却有了信心，因为他明白全降解生物材料领域普遍存在的行业难题，就是用未经特殊改性的聚乳酸材料生产的产品，随着存放时间的推移，产品就会出现一系列的质量问题，而宜家向各企

业收取的样品已经储存了几个月，此时的样品已经非常脆弱。当所有人都垂头丧气时，家联科技的产品被工作人员进行测试，只见工作人员按照规定的动作，将产品摔在地上，产品居然奇迹般地完好无损，这引起了宜家负责人的兴趣，大概是不相信眼前所见，或者是不肯定这家表现"最差"的公司，这位负责人亲自捡起地上的产品，重新摔打，一次、两次、三次……一次比一次的力气大，同时也一次比一次欣喜，就这样家联科技的产品脱颖而出！而这样的成果得益于一次交易会的失败经验：家联科技偶然发现刚做出来的样品抗冲击力良好，但一个月后参加交易会时就极其易碎，为此，家联科技反复改进工艺，其产品的韧性已经大幅提高。随着家联科技新工厂生产线的投产，2017 年 4 月 26 日，宜家家居终于向家联科技颁发了供应商编号，家联科技正式成为其全球卖场聚乳酸改性材料产品的供应商。

宜家的产品测试被业界称为全球最严格的测试，其产品遍及全球 49 个国家和地区，每一件产品必须符合所有这些国家的最高标准，作为宜家家居全降解材料及制品的指定供应商，家联科技出口的产品都要经过宜家 ITTC 实验室 50 多项严格的测试，检测周期 6 个月，产品要进行 2 年的试用期跟踪测试才可以推向市场。尽管测试复杂、时耗长，但产品的高品质也帮助了家联科技进一步敲开了欧洲、大洋洲等国际市场的大门。而为了进一步贴合欧美市场，家联科技还建立了北欧创新中心、北欧设计及材料工程创新中心，针对客户需求提升设计和工艺。家联科技希望通过生物全降解材料研发和技术能力的提升，促进行业技术的突破和发展，同时利用新材料技术的发展刺激和推动下游环保产业的发展，"'成为世界一流的新材料和家居用品制造商'是我们不懈追求的目标。"

在家联科技的账目里，另一个支出"大头"在自动化生产上：生产工艺流程采用数字化控制，引进国际上最先进的生物全降解新材料自动化生产线，在自动化的基础上稳步前进，近几年耗资超过一个亿用以采购德国、荷兰、中国台湾等国内外先进的自动化生产设备，同时建立了以 PLM+ERP+MES 系统为核心，对研发、接单、采购、生产、质量检测、物流、结算整个流程进行一体化数字化改造，实现生产自动化和智能化。

截至目前，家联科技拥有 66 项国家专利（含 20 项发明专利），获得 9 项国际专利（含 1 项发明专利），并主持、参与制定了多项国家、地方和行业标准。在 2019 年 5 月 11 日中央电视台播出的《新闻联播》中，家联科技出现在了一则题目为《浙江宁波：科技引领助力高质量发展》的新闻通讯报道中，成为全国科技创新驱动企业发展的典型代表。

为后代留路

家联科技董事长王熊既是企业管理人，同时也是专业技术人员，拥有化学专业背景，长期致力于生物基全降解产品研究领域，是企业内部技术人员培训导师、中国聚乳酸改性材料行业专家，2017 年入选为国家"万人计划"。在他的带领下，家联科技建立起了一支以博士硕士为主的研发团队。王熊认为，家联科技之所以能够吸引如此多的高端人才，其中最重要的原因之一是大家拥有相同的价值观——以己之力，为环保尽绵薄之力。王熊说："俗话说，道不同不相为谋，一帮人一起做点事，并且这件事对地球有好处。"

家联科技所生产的生物基全降解产品，在堆肥条件下 3—6 个月就能完全降解，最终成为二氧化碳和水，整个过程可持续循环，不污染环境，而生物基全降解材料——聚乳酸，完全来源于植物，具有完全可再生性。其来源广、价格低，可替代传统石油基资源，对于解决白色污染和石油危机都有着重要的作用。但王熊并不将此誉为"伟大的事业"，他说："人这一生，要对自己有个交代，我们做了哪怕只是一点点对地球有帮助的事情，为子孙后代留下了一点东西，我可以说算有一个交代了。"

事实上，王熊在日常生活中也身体力行环保这件事：衣服节简化、日常消耗用品低碳化，王熊还是一个纯素食主义者，在公司的饮食都是自己烹制，用的蔬菜食材则是自己种的……此外，王熊还是一个国学爱好者，精通中国传统文学著作，"很多智慧

早在几千年前，圣人们就已经讲得很清楚了。"王熊说。而这种企业家情怀则直接体现在了企业文化的建设上——在每天上班前 15 分钟，员工们都要学习《弟子规》《论语》等经典著作，并鼓励大家将其运用在日常生活和工作中。在家联科技普通员工的心里，董事长王熊是一个和蔼的人，无论对谁都十分和善。在得知员工生病时，他会主动捐款捐物，并提供生活保障；在员工遇到困难时提供力所能及的帮助支持，他会和员工并肩作战；甚至在员工离开后，王熊对于离职员工的合理要求也做到了有求必应。"我一直对自己的要求是，做的一定要比说的要好一点。"王熊说。

而对于同行，王熊也保持着非常开放的态度——每年都有众多竞争对手到家联科技参观学习，家联科技为此开放了多个核心车间和展厅，王熊说："只有大家都提高了，整个产业才能兴旺起来。"而王熊也不惧怕公司的人才被竞争对手挖走，王熊认为，家联科技并不是仅依靠某个人或某几个人，少数人的跳槽并不会对公司造成影响。而事实上，王熊对于他们离开去其他地方持乐观态度，他说："他们离开我也很好，因为他们在其他地方贡献力量、提高行业技术了，国家整个制造水平也能相应地提高。这是好事，而且我们拥有很大的市场，并不怕竞争。"

天时地利人和

2018 年，家联科技产值为 9.6 亿元人民币，2019 年家联科技产值达 11 亿元人民币。目前，家联科技已经完成股改，正在积极谋划上市，希望从资本市场获得支持，将更多的资金投入到研发与生产上。家联科技已经明确制定了未来3—5年的"四个一流"目标：技术一流（生物全降解材料研发和技术能力成为世界一流水平），产品一流（产品的创新设计和制造能力成为世界领先水平），生产能力一流（升级全自动智能生产线，助力实现产品满足高质量发展需求），品牌一流（创造一流品牌，打造世界一线品牌）。家联科技不断提升自身素质，展开精益生产管理；提升生产效率，开展品质质量讲座培训；不断提升客户满意度，及时自我诊断，发现解决企业发展过程中不适应的环节。王熊以"路"做比，说："现在公司走的路就像'小路'，当公司产值超过10亿元，目前的框架就很难适应了，我们要把其送上高速公路，公司才能不断发展壮大。"

家联科技对于未来的规划有着明确的市场数据做支撑。当地时间2018年11月24日，欧洲议会在法国斯特拉斯堡举行，在会议上，一项涵盖范围宽广的"禁塑令"（禁止使用一次性塑料制品）提案，以压倒性支持票数通过。根据这项提案，到2021年欧盟将禁止使用有替代品的一次性塑料产品，如塑料吸管、一次性耳塞、餐盘等，这也就意味着全降解性生物材料将成为这些一次性塑料产品的有力替代品，其前景一片光明。而对于中国市场来说，从2008年6月1日实施"限塑令"开始，中国对于环保的要求也逐步提高，王熊相信，完全降解的新型材料将是未来的发展趋势。为此，家联科技的市场也从出口为主的"一条腿走路"，逐步转变为"内外兼具"的"双腿并行"战略。2017年，家联科技开始积累国内市场经验，2019年国内市场销售份额占据公司总销售额的18%左右，在2020年家联科技计划国内市场占有率达40%，2022年内销与出口在公司业务中的占比将持平。

　　王熊说："现在我们有了天时（人们对环保的需求）、地利（宁波市政府对民营企业的扶持），接下来就是'人和'的事情了——靠着我们自己的本事，将家联科技发展壮大，成为世界级的一流企业。"

第 二 部 分

电子信息

第十一篇

舜宇集团：甘当"名配角"的隐形冠军

佟文立

奔驰、宝马、奥迪、雷克萨斯等豪华车领域的车载光学镜头，松下、三星、柯尼卡美能达、奥林巴斯、华为等知名国际品牌产品的手机镜头和摄像模组，均出自浙江省宁波市余姚的一家名为舜宇集团有限公司（以下简称"舜宇"）的企业。

目前，舜宇的车载光学镜头市场占有率连续多年位居全球首位，手机镜头与手机摄像模组市场占有率全球第二，玻璃镜片销量全球第一。

作为中国领先的综合光学产品制造商，舜宇成立于1984年，2007年在香港联交所主板上市，是首家在香港红筹上市的国内光学企业。自成立30多年来，舜宇以每十年10倍以上的速度高速增长。

舜宇长期聚焦于光学产品领域，30多年来一直以光学零部件为核心，并进行上下游的整合，是国内极少数能将光、机、电、算技术综合应用于产品开发和大规模生产的光学企业。舜宇在特种镀膜技术、光学非球面技术、自动对焦/变焦技术、硫系玻璃材料开发应用技术、嵌入式软件技术、3D扫描成像技术、三维超精密振动测量技术、超高像素模组制程技术等核心光电技术的研究和应用上处于国内行业领先水平。

成长之路

1984年，舜宇的创始人王文鉴在带领8名高中生前往浙江大学学习光学冷加工技术后，以6万元银行贷款和10多名职工的集资在4间破旧的瓦屋厂房里创办了余姚县第二光学仪器厂（舜宇的前身）。在当时光学仪器厂基本都是国营厂的行业里，舜宇愣是在相机镜片领域杀出了一条路。

1987 年，通过试制机会获得了天津照相机公司的订单和联营合作，舜宇由一般性加工变为紧密型生产，并实现了从镜片到镜头的跨越。

1988 年，王文鉴提出了"两个转变"战略：由单一的国内市场转变为国内和国外市场同时并举；由单一的元部件加工转变为元部件加工和整机生产同时并举。

1988 年 12 月，在"两个转变"战略的指导下，舜宇和浙江大学光仪系合作建立了科技生产联合体"浙江大学光仪系余姚光电仪器总厂"，建立外向型镜头的合营生产基地，开始了"你设计、我生产"开发产品的经典模式，成功开发生产了具有一定档次的光学镜头、显微镜、望远镜等 20 多种产品，一举成为当时"我国南方最大的照相机镜头生产基地"。

20 世纪 90 年代初，舜宇成立了三家合资公司，在扩大光学镜头加工的同时，成功进入显微镜、望远镜新领域，并快速走上了"外向型"企业的轨道，使得"两个转变"真正落地。

1996 年，一次台湾之行后舜宇开始进军扫描镜头领域。次年扫描镜头开发成功，迅速成为公司当时的主打产品，并成为抗击亚洲金融风暴的压舱石。

20 世纪 90 年代中后期，舜宇曾进行过一次"一业为主，多元开发"的尝试，新上了通信交换机、消防设备、工业陶瓷、节能灯等项目。在累计损失达 800 多万元，付出了沉重代价后，重新将发展的方向聚焦于光学产业。

1999 年，王文鉴提出了"两个新的转变"：在产品方向上，由现在的注重传统光学转变为传统光学与现代光电同时并举；在经营方式上，从单一的产品经营转变为产品经营与资本经营同时并举。

当年，舜宇成立了光电事业部，自此以后在传统光学和现代光电领域，每一步都踩准了市场节点。

2001 年，为实施"两个新的转变"战略，舜宇在集团公司下面分设三个业务相对独立的控股子公司：浙江舜宇光学股份有限公司、宁波舜宇仪器有限公司、宁波舜宇科技有限公司，实施"联合舰队"的新管理模式。

2004 年，舜宇提出了"名配角"战略，主动放弃了在光学产业方面与国际巨头抗衡，而采取了为当时的美能达、柯达、诺基亚等跨国巨头做"配角"。同年，舜宇的手机摄像模组量产，成功迈入 IT 领域；并于次年成立了宁波舜宇光电信息有限公司，专注于手机摄像模组等光电产品的研发、制造和销售。

2007 年，舜宇在香港联交所主板成功上市，使舜宇成为国内光学行业跻身国际资本市场的第一家，是舜宇发展史上的重要里程碑。舜宇在香港上市，标志着中国光学企业首次获得国际主流资本市场的认可，充分显示出舜宇规模经营的国际化品牌形象；同时也标志着舜宇实施"名配角"战略，全面加速国际化进程获得了新的平台，从而迈向更加辉煌的里程。

2010 年，舜宇提出了生产方式、盈利模式和经营方式的"转型升级"：从"劳动密集型"转向"技术密集型"，从以 OEM 为主转为以 ODM、OBM 为主；从"单纯制造型"转向"服务制造型"。

2014 年，舜宇在成立 30 周年庆典上制定了成为千亿级企业的宏伟目标，并提出了新的"两个转变"的战略方向——从光学产品制造商向智能光学系统方案解决商转变，从仪器产品制造商向系统方案集成商转变。

目前，舜宇的主要产品包括三大类：一是光学零部件，主要包括手机镜头、车载光学镜头、玻璃／塑料镜片、平面镜片及其他各种光学镜头；二是光电产品，主要包括手机相机模组及其他光电模组、以智能化 3D 产品为目的的智能光学业务；三是光学仪器，主要包括显微镜、以结合深度学习为目的的智能装备业务和以数字工厂解决方案为目的的智能科技业务。

手机摄像模组——迈向光电结合

虽然起家于光学冷加工技术，但如今的舜宇的主导产品已经是光电结合的信息产品——手机摄像模组。

2018 年，舜宇的手机摄像模组业务销售收入已经占据其主营业务收入的 75% 以上，并拥有华为、联想、中兴、OPPO、BBK、小米、飞利浦、松下、索尼、三星、泛泰、夏普等众多核心客户。

日本 TSR 专业行业调研机构发布的调研报告显示，2018年舜宇手机摄像模组全球市场占有率13.8%，排名全球第二，其中国内市场占有率为20%。

虽然早在 1999 年，舜宇就组建了光电信息事业部，在很长一段时间内，该部门虽然在光电领域作了不少探索与尝试，但终因不能找到市场，而没有获得成功。直到 2001 年，现任舜宇董事长叶辽宁在访问日本时，在和客户的交流中得知"配置照相功能的手机在日本市场上开始发售，目前销售量还比较少，会不会形成潮流，要看市场的反应以及手机使用者的接受度"。随后，一个从台湾地区带回来的手机照相模组样品，照亮了光电信息事业部的方向。经过分析市场、研究技术、论证手机照片模组项目，2004 年 2 月，光电信息事业部终于接到了第一个订单。

2005 年 12 月，宁波舜宇光电信息有限公司（以下简称"舜宇光电"）成立，自此走上了快速发展道路：

2006 年，舜宇光电拓展非 CCM 业务。

2006 年，舜宇光电开始筹建 COB 产线。

2007 年，舜宇光电建立了国内首个采用国产技术的 COB 无尘车间，COB 产线投入生产。

2008 年，舜宇光电确定并实施两个方面的发展方向调整，由中低像素向中高像素、由渠道客户向品牌客户发展。

2009 年，舜宇光电成功研发光学触摸屏、带机械快门模组、

CCTV 模组。

2010 年，舜宇光电成功研发 OFN 指纹识别模组、3D 摄像头。

2011 年，舜宇光电实现安防整机量产、12M AF 模组研发量产。

2012 年，舜宇光电进军国际 CCM 市场。

2013 年，舜宇光电成功研发自动调焦机、AA 机台。

2014 年，舜宇光电从紧凑型摄像模组供应商转变成光学影像系统方案解决商，并以硬件产品为基础，形成"互联网、软件、硬件三位一体"的产品格局。

目前，舜宇在光学镜片、手机镜头上具有强大的自主研发能力，在手机镜头和手机摄像模组核心技术方面的综合实力是其他竞争对手所无法超越的。根据手机客户产品的特性，舜宇可以对研发方案、软件算法、制程工艺等进行技术创新，在短时间内完成针对性的调整，使手机客户的产品达到徕卡的认证标准。

经过在手机摄像模组行业 10 多年的技术积累，截至 2018 年，舜宇在手机摄像模组领域已拥有 368 件专利授权，其中发明专利 49 件，实用新型专利 303 项，外观专利 16 项，另有软件著作权 10 项，主导起草制定了《光学防抖手机摄像模块》浙江制造团体标准并颁布，同时还参与了《国家安全防范监控数字音频编码技术要求》的标准制定。

车载镜头——偶然机会成为"先行者"

如果说舜宇在手机摄像模组领域的成功还经历了先期的预见和摸索，那么在车载光学镜头领域的成功就是依靠一次偶然的机会。

在 2004 年，由于舜宇在光学领域已经颇有名气，一家德国企业找到舜宇谈业务要一批装在汽车上的镜头。当时的舜宇就觉得只是一个镜头，想当然地按照常规要求进行了制作。德国客户拿到货品后，做了各种信赖性测试，比如各项震动试验、温湿度试验和化学试验等。结果，镜头出现了破损、图像变模糊、表面出现腐蚀等现象。这时，舜宇才认识到车载镜头与一般镜头的品质要求有着巨大的差别。

随后，舜宇通过几个月的研究试验，逐步解决了破损和表面腐蚀等问题，并采取了一个"傻办法"来通过镜头的稳定性检测，才完成了客户的首批订单。又经过两年多的攻坚克难，舜宇逐步解决了当时存在的各项技术问题和品质稳定性问题，2006年首款高端豪华车的车载镜头终于进入量产。

2008年，宁波舜宇车载光学技术有限公司正式成立，主要生产车载影像系统用车载镜头，包括前视镜头、后视镜头、环视镜头、侧视镜头、内视镜头等产品。

据行业协会及全球知名调研机构 TSR 发布的调查报告显示，

舜宇车载镜头出货量自 2012 年起连续 7 年占全球出货量第一名；2018 年全球市场占有率占比 27%，国内市场占有率预计为 61%。

目前，舜宇拥有 MAGNA、松下半导体、大陆集团、奥托立夫等全球知名客户，产品 70% 以上销往北美、欧洲地区，包括加拿大、美国、德国、瑞士等国家的汽车零配件供应商，国内主要与车厂直接合作，包括长城、吉利等自主品牌企业。

截至 2018 年，作为国内最大、全球领先的车载镜头生产厂家，舜宇在车载镜头领域拥有各类专利 36 项，其中发明专利 18 项，实用新型专利 16 项，外观专利 2 项。

共同创造和钱散人聚

如果说"名配角"的战略使得舜宇为全球名主角客户提供产品与服务，拥有了全球领先的客户基础，那么"共同创造"的企业文化和"钱散人聚"的分配理念为舜宇的经营发展提供了哲学层面的视角。

在舜宇，有这样一个故事流传甚广：1992 年，当时舜宇所在地的镇政府奖给王文鉴一块金牌。结果他把金牌拿去打了 42 只戒指，自己留了一只，其余便分送给 41 位中层干部。

时至今日，创始人王文鉴已经成功交班，退出了公司董事会；并且在其任上时就极力避免企业经营的家族化的迹象。

20 世纪 90 年代以来，舜宇大规模股份分配就有 4 次：

1994 年，舜宇进行股份制改造，脱胎于乡镇企业的舜宇面临着两种选择，一种是产权向企业的主要经营者集中；一种是创造资产的员工按照贡献大小量化配股。创始人王文鉴只拿了 7%，包括

1993 年前进入企业的食堂人员、清洁工在内的 350 名员工全部成为股东。

2003 年，舜宇建立了人才评价和激励制度，构建由职业道德、素质、能力、业绩等四要素组成的人才评价指标体系，每年对获评优秀人才的员工给予股份奖励。

2010 年，舜宇拿出 1 亿股上市公司股份，在对优秀人才进行股份奖励的同时，又对中层以上管理人员、高级职称专业技术人员给予相应的岗位股份。

2015 年，舜宇把岗位股份的激励面扩大到了科级以上管理人员和中级职称以上专业技术人员，并且决定将股份激励作为公司的基本激励制度长期坚持。

其实，舜宇的这种产权改革和激励机制恰恰体现了所处行业的核心竞争优势壁垒的特点。

按照王文鉴的总结，舜宇所在的光学产业是一个劳动力密集、智力密集、资本密集的"三密集产业"。从表面看，舜宇曾经只是一间劳动力密集型的玻璃加工企业。车间里有大量的员工以手工方式从事玻璃加工的不同环节，但舜宇建设竞争壁垒的奥秘也恰恰是在这些手工操作的员工身上。

在王文鉴看来，舜宇的人力资本主要体现在两个环节。工艺设计是一个环节，由专业设计人员根据客户的个性化需要计算技术参数、绘制图纸。虽然这个技术工作有一定的门槛，但设计人员毕竟是少数，而且这种技能也较容易从市场获得。而舜宇的人力资源壁垒主要存在于批量生产的工艺技术环节。光学制造企业是否拥有大量经验丰富的工艺技术人员和熟练的现场工艺员是该企业能否批量生产产品的前提。即使在德国和日本，光学镜片的生产过程也不能完全实现机械化批量生产，玻璃变成镜片是一个漫长的过程，其中工艺环节缺一不可，大部分环节需要手工完成。也就是说，工艺人员的技术是决定产品数量和质量的前提，而工艺人员的技术又需要长时间操作经验的积累。

与"钱聚人散"理念相比，虽然"共同创造"在舜宇最早是1997年由黄小强博士提出，先是作为"企业精神"，后才仅晋升为"企业价值观"。但作为培育企业的资源整合能力的体现，反映的是舜宇的发展很大程度上就是一个本土制造企业吸收利用社会研发力量并培养壮大企业自身的消化吸收功能以提升产品技术含量和附加值的过程。也只有共同创造的参与者才能在创造的过程中一起壮大，共同创造的制度结构才能稳定长久。

在发展早期，舜宇不具备内部设计力量，于是和浙江大学搞合作，借助社会搞合作研发。对于舜宇来说，推进社会研发合作顺利进行的最重要手段就是诚信。简而言之，有钱要大家赚。互惠互

利，生意才能做得下去。当然，与社会研发合作的过程中也遭遇诸多问题。舜宇的解决方案是调整心态，充分肯定科技的无形资产和价值，在利益问题上要能够让一步；并且用股权方式来认可研发伙伴的价值。后来，舜宇发现没有设计能力无法适应市场变化的节奏，决定引进设计人才并且自身也培养一部分人才。之后，舜宇又遇到了工艺技术研究的挑战。由于国内长期忽视工艺技术的研究，没有办法实现产品转化，产品设计得再好也不能批量生产。舜宇又将研发重点放在如何将设计出来的产品变为大批量生产的产品这个环节上。

也正是在"共同创造"思想的指导下，舜宇提出"名配角"战略，寻求成为世界著名企业的战略合作伙伴，努力为国际著名跨国

公司当好配角。

展望未来

多年来，舜宇先后获得国家级企业技术中心、国家博士后科研工作站、浙江省省级重点企业研究院、浙江省首批"三名"试点企业、浙江省两化深度融合示范企业、浙江省首批管理创新综合示范企业、宁波市市长质量奖、宁波市工业龙头企业等荣誉和称号。控股子公司舜宇光电和舜宇车载分别列入国家工信部第二批、第三批制造业单项冠军示范企业名单。

在 2014 年舜宇成立 30 周年庆典大会上，舜宇提出了"再奋斗十年，实现年销售 1000 亿元"的宏伟战略目标。2017 年 8 月，舜宇更是在宁波全市重点工业企业座谈会上立下军令状，力争成为千亿级企业。

为此，"十三五"期间，舜宇将基本完成向智能光学系统方案解决商的转变，初步实现向系统方案集成商的转变；"十四五"期间，舜宇将成为全球领先的智能光学系统方案解决商及系统方案集成商。

为了实现这些目标，舜宇制定了"智慧眼睛"(Smart Eye) 产品战略。

按照规划，舜宇把主打产品分为两大板块：一块是做好现有的优势业务（手机镜头、手机模组和车载镜头业务），另一块是开拓战略性的新业务。

新业务初步确定了三个方向：一是智能光电模块，除应用于手机外，还将用于无人机、AR/VR 等新一代智能消费产品和工业机器人、数字化生产车间等工业智能制造产品和领域；二是智能自动化装备制造，主要是智能工业检测设备与智能医疗检测设备；三是数字工厂整体解决方案——通过探索光电技术，提供智能数字工厂整体解决方案的软硬件系统，实现大规模的数字化生产。

2015 年，浙江舜宇智能光学技术有限公司在杭州成立；随后全景相机模块、运动相机模块、虚拟现实模块等众多新品问世，舜宇向"成为全球领先光学影像系统方案解决商"迈出了坚实的一步。同年，舜宇正式进军智能制造领域，单独成立了宁波舜宇智能科技有限公司。不到两年的时间，舜宇智能科技的智能柔性生产整体解决方案成功中标某国家级大型科研生产联合体的智能生产线项目，牵头承担的"光电摄像模组智能制造数字化车间运行管理综合标准化与试验验证系统"项目成功入围"2016 年智能制造综合标准化与新模式应用项目"名单，填补了行业空白。

为支撑千亿目标的实现，舜宇还采取了"铁三角"的创新机制（产业基金／研究院／实业平台）：成立了舜宇中央研究院与舜宇光电产业基金 [V（Vision）基金]。同时，基于"共同创造"核心价值观，建立了"内部创业"机制，激发内部团队"再创业"活力和奋斗激情。"中央研究院"是"共同创业"及"产业基金与联盟"的重要基础，后两者又是保证"中央研究院"科研成果转化的两个重要手段，三者的有效协同，是成为支撑舜宇实现千亿目标的"铁三角"。

第十二篇

柯力传感：建设国际一流物联网企业

骆　丹

运输车辆超载所致事故给各地的道路运输安全敲响了警钟，加大"治超"力度成为全国的共识。而在"治超"中，一项"不停车超限超载检测系统"开始被各地交管部门使用，其中在湘浙地区大面积运用的这套系统，就来自宁波柯力传感科技股份有限公司（以下简称"柯力传感"）。

当公路上装载有不停车超限超载检测系统时，检测点可以对所有过往车辆进行自动称重，并进行车牌识别、外廓尺寸检测、视频监控等，所有信息将及时传回公路路政管理处，确定超载后，提示信息将发送给车主，引导超载车辆进入相关治超站实行卸载并接受处罚，而执法人员甚至通过手机应用就可以登录该系统，大大提升了治超效率。这套"不停车超限超载检测系统"属于非常典型的物联网应用系统，美国国家科学发展基金会定义，所谓物联网即是通过网络将物质世界连接起来，并赋予它一个电子神经系统，使其能够感知信息的生命，而能够担任这一重任的核心就是传感器。柯力传感能够成为全球称重物联网研发和推广的主要引领者，就与其在老本行——传感器方面的积累有着至关重要的联系。

前瞻性变革

1992 年，柯力传感董事长柯建东从武汉大学商学院企业管理专业毕业，随后就职于宁波市政府经济研究中心、市委研究室。从 1970 年出生到 1992 年工作，柯建东的这段成长时期，正是整个中国经历巨大变革的时期，1978 年改革开放，中国制造业开启了繁

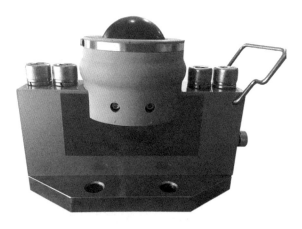

荣发展的阶段，其中就包括计量衡器。在20世纪80年代，由于工业发展的需求，中国衡器协会提出"机械改电子，手动改自动"的行业发展方针，自行研发与技术引进并举，多种经济形式并存，中国衡器进入高速发展时期，在1995年末，中国衡器生产厂家超过300家，生产各类衡器333.8万台，生产数量为1982年的近19倍。

在中国衡器"机改电"的变革时期，尽管中国电子衡器生产数量不断增多，但电子衡器的核心元件——传感器的生产制造却寥寥无几。敏锐地觉察到此行业现象，拥有企业家梦想的柯建东决定放弃环境优越、前程良好的仕途，下海经商。1994年，柯建东在宁波市北仑区三山乡借用了一个乡办企业的场地，加上员工共计8人，开始了柯力传感的创业之路。

经过5个月的努力，柯力传感的第一批力学传感器正式下线，柯建东背起传感器开始走南闯北的产品推销，得益于自己锲而不舍的精神，柯建东敲开了一家又一家衡器厂的大门，公司逐步走入正轨。1999年，柯力电器正式搬入宁波科技园区，开始了崭新的发展时期。2002年，柯力传感前身宁波森纳电气制造有限公司正式在宁波市工商行政管理局登记成立。

当21世纪到来，随着技术水平的迅速提升，中国衡器行业步入空前的发展高峰，传感器行业也随之迅速壮大。柯建东察觉到整个衡器市场容量渐趋饱和，从"量"向"质"的变革将是企业未来盛衰的关键，只有产品不断升级换代才能拓展企业的发展之路。在当时，数字传感器在市场上还只是一个概念，柯建东就成立了数字化产品的研发小组，开始专攻数字模块。2005 年，中国衡器行业爆发"价格战"，各厂家利润大幅下滑，危机重重。但柯力传感并未陷入价格战泥潭，凭借过硬的品质反而获得了发展，从宁波科技园搬入宁波江北新厂区，宁波森纳电气制造有限公司也于当年更名为宁波柯力电气制造有限公司，"柯力"这个品牌在传感器界逐渐声名鹊起。2006 年，柯力传感的数字传感器已经在市场上接受检验，2007 年，柯力传感再次扩展新领域，成立仪表事业部，仅在次年就实现了规模生产，年产量达 2 万多台。

柯力传感最近一次前瞻性变革是在"物联网"领域。在中国的物联网历史上，2015 年是承前启后的一年，从 2015 年开始，国家出台一系列规划、通知，对物联网发展给予政策和资金层面的支持，物联网出现高态势增长，并逐渐成为广大民众耳熟能详的热门领域。不过，早在 2010 年，柯力传感就率先在企业中提出了物联网的概念，此时距离中国第一颗自主研发的物联网芯片——唐芯一号的亮相不到一年的时间。2013 年，

柯力传感明确公司物联网的产品定位及商业模式的布局，截至目前，其生产的称重物联网系统已经在石油天然气工地现场、水泥建筑、环卫称重、起重机械等领域运用，且产品走出了国门，出口到巴西等国家和地区。

2011 年，柯力传感正式启动上市计划，在当年年底完成股份制改制工作，更名为宁波柯力传感科技股份有限公司。经过 8 年的准备，2019 年 8 月 6 日，柯力传感终于成功登录上海证券交易所主板市场，成为当今主板市场中仅有的 2 家传感器企业之一。柯建东在《八十一论 IPO 后发展战略》中说道："IPO 是企业重要时刻，也是一个新的起点……（柯力传感将）只问耕耘、不问收获、脚踏实地、仰望星空，抓住机遇，努力奋斗，体现上市真正意义，将对行业作出更大贡献。"

精细化管理

在国家发展的浪潮中乘风破浪是柯力传感发展壮大的第一个机遇，柯力传感副总经理胡向光认为，成功的第二个原因是精细化的企业管理，公司从成本、客户等细节入手，建立了一整套规范有效的公司内部管理体系。

对于制造业来说，成本控制显然尤为重要，为此，柯力传感上至管理层，下到一线员工，都是公司成本管理的"中坚力量"：为了发挥全员对成本控制的主观能动性，柯力传感特意建立了成本奖励基金，倡议每个员工每年对节约成本提出合理化建议，一旦建议被采用或建议有切实可行的效果，员工可获得物质奖励，此举极大地激发了员工的内生动力，从而实现了全员成本管理。

在柯力传感的产品生产制造过程中，原材料所占生产成本比重高达70%，为了减少原材料价格波动对公司的影响，柯力传感以优化产品工艺技术、推出新产品等措施，保证公司产品价格以及盈利水平相对稳定。对于原材料的采购，柯力传感还有专门的"成本节约"政策要求：在保证质量的情况下，原材料成本需比上一年低一定额度，以保证采购成本逐年下降。

随着经济体制改革及整体经济水平的提升，中国制造业的劳动成本不断攀升。如何降低人工成本，也成了柯力传感成本控制的重中之重。为此，柯力传感每年都制定人工工时节约目标，并分配到每月按量严格执行，实现"目标有理，完成有据"的人工成本逐渐降低目标。此外，柯力传感很早就开始了自动化生产的尝试。2014年，柯力传感启动称重传感器机器人贴片项目，从传感器喷砂工序至固化上夹具全部实现自动化流水作业，显著提高效率的同时，又降低了人工成本。在2019年10月，柯力传感已经完成MES系统一期、二期的建设，公司的机加工车间正在往机联网方向发展，得益于工厂大量投入的自动化设备，在不久的将来，柯力传感车间将实现无人化。柯力传感副总经理胡向光说："在内部人工成本方面，柯力传感策略具有全局性、前瞻性，而不是在发展过程中才一步步布局，因此，在传感器行业，我们的人工成本控制走在前列。"

以市场为导向的企业，客户必然是企业发展的根基。2019年1月7日—8日，从新疆、广西等地远道而来的客户子女集聚到了柯力物联网产业园，在产业园内的物联网学院内，讲台下的人奋笔疾书，讲台上柯力传感各部门负责人热情洋溢地讲述自己的工作经验、管理方式，将柯力传感的财务、研发、人力、审计等内部管理体系倾力相授，希望客户可借鉴提升企业管理能力。这次客户子女培训班仅是柯力传感"成就客户"企业文化中的一小部分。在柯力传感专门有一个客户服务团队，一条服务专线几乎全年无休在线，公司还建立了"500 公里以内 24 小时到位、500 公里以上在 48 小时内到位"的及时响应机制，锲而不舍地帮助客户解决问题，柯力传感坚信"只有客户发展才有公司发展"。

客户对柯力传感称赞有加的更重要原因，是柯力传感对产品质量的保证。在创业之初，柯力传感就将产品质量列入公司发展战略中，先后制定了《物料采购管理制度》《进货检验管理制度》《钢材分析检验管理制度》《制程检验制度》《仪表车间质量管理制度》《机加工事业部全面质量管理制度》等一系列的质量管理相关文件，在产品合同评审、原材料采购、设计研发、出厂检验、售后服务等多个环节建立了完整的质量控制和检验标准；在原材料采购上，通过供应商资质审查、原料进厂检验等建立规范操作流程，保证源头质量；在生产过程中通过线检、巡检等方式控制产品品质；发货前，产品必须再次经过严格的出厂检验，以保证将高质量产品交到客户手中。通过层层把关，柯力传感的产品已取得 50 多种称重传感器和电子称重仪表 OIML 认证、7 种称重传感器 NTEP 认证，并在国际上取得 50 多种称重传感器俄罗斯计量认证、10 种称重传感器乌克兰计量认证。"服务＋品质"的并行，使得柯力传感在客户群体中赢得了良好口碑，培养了一批忠实客户，其中不乏已经合作十多年的老客户。

服务员工

从"机改电"到数字化传感器再到称重物联网，柯力传感之所以能够走到今天，柯力传感副总经理胡向光认为最重要的一点是技术研发的创新能力。

在目前，柯力传感已拥有浙江省称重物联网研究院、浙江省企业技术中心、浙江省博士后工作站、宁波市院士工作站。公司设置独立的研发中心，同时各事业部也相应成立该部所生产产品的技术研发小组，制定了按订单流程研发和自主研发两条研发主线：一方面，柯力传感建立了以产品经理为核心的研发管理体系，产品经理深入一线，了解客户需求，从产品的功能、性能等方面为客户创造符合需求的价值产品；而另一方面，柯力传感建立了先进技术部，进行前瞻性研究，为占领三到五年后的市场打下坚实的基础。胡向光说："今天的科技不是今天决定的，而是三五年前就决定的。"

科学技术的竞争向来都是人才的战争，柯力传感"留人"与"育人"两条腿走路，集聚了一大批行业顶尖人才，如中国衡器协会技术专家委员会委员林德法、组织完成约 1000 种（规格）的传感器开发项目的姚玉明、国内首家计价秤批量 OIML 认证工艺负责人赵

宁……目前，柯力传感的科研创新团队已超过 200 人，胡向光说："柯力传感已经形成一定的口碑和品牌，能够吸引人才的加入。我们不仅薪酬体系在行业中具有竞争力，而且具有完善的内部晋升机制，让员工在柯力传感能够实现自己的人生抱负。"此外，柯力传感在企业发展过程中，还有极具激励性的"创客化"构建，技术人员可以选择独立承包、管理经营费用承包、股份分红，甚至独立成立公司等激励手段，员工切实成为企业发展的受益者。

对于柯力传感来说，公司不仅是职场竞争的场所，也是培育的"学校"，为员工创造成长空间：公司每年都会聘请大学教师用 350 个课时为职工授课，并设置专项学习基金，帮助有潜力的员工实现从"大专到本科""从本科到硕士"的学历再造，甚至为员工创造到日本、德国等国家学习深造的机会。柯力传感的"育人计划"创造的是双赢的结果：员工不断提升专业技能，而企业则收获了更多的创新成果。截至目前，柯力传感入选工信部颁发的应变式传感器细分市场的"单项冠军培育企业"，拥有 11 项核心技术，278 项知识产权，技术储备名列国内传感器企业前茅。

帮助员工技能提升以外，柯力传感"服务员工"的企业文化还体现在生活上。柯力传感专门成立了"员工服务中心"，设立了一条 24 小时在线的服务热线，可以第一时间解决员工的困难和问题，在暑期，柯力传感甚至为外来员工子女开办了免费的暑期托管班，让员工在与子女团聚时，解决了其子女无人看管的后顾之忧。

打造物联网生态平台

目前，柯力传感是国内应变式传感器领域市场占有率排名第一的企业，同时也是全球最大钢制传感器生产企业，公司销售网络遍及全国主要城市，以及欧洲、亚洲、非洲、大洋洲、南北美洲的30多个国家与地区。对于未来，柯力传感的目标非常明确，紧紧围绕物联网战略和产业整合两大战略实现转型升级，变成涵盖称重物联网"感知层—网络层—应用层"的全方位解决方案提供商。

柯力传感已经开始构建良好的物联网生态平台，胡向光说："柯力传感有产业基础，我们还拥有自己管理体系、市场平台共享、商业模式再造能力等，本身就拥有一定的生态优势。"为打造物联网生态平台，首先，柯力传感构建好产品平台，研发完善无线低功耗近远距离系统、不同接口通信技术仪表、利用云计算算法车牌识别系统、不停车检测系统、干粉砂浆信息化、多种行业称重管理系统、公磅一体机、冶金系统称重物联网、流量在线检测等产品，以及 CAN、AI 检测、人机对话、人脸识别、图像合成、大数据分析、远程维护和在线升级等各类技术平台，占领技术高地。其次，打造供应链平台，周期性研究供应链平台成长轨道，并且实地走访供应商寻求机会，包括投资机会。

而最终柯力传感则希望落脚在产业园区平台，重点培育出规上企业和高新技术企业，打造产业园区品牌和产业综合体，实现物联网产业集聚发展。2017 年，宁波市首个工业物联网产业特色园区正式开园，园区由柯力传感与宁波江北工业区管委会联合建设，产业园位于宁波市江北区投资创业园 C 区长兴路 199 号，走进园区，工业物联网体验馆、论坛馆、展示厅、咖啡厅一应俱全，装饰极具"极客"风格，可让人感受到科技的创新氛围。目前，园区已经聚集了众多云计算、大数据、人工智能等相关高新技术企业，形成了物联网产业雏形和集聚。柯建东认为，园区产出是无法用利润来衡量的，必须从生态环境打造上放弃眼前的利益，要从长计议，要有物联网产业培育和战略的定力，柯力传感致力于将园区建设成为工业物联网产业发展的"排头兵"，助力宁波乃至全国智能制造的发展。

从无到有，柯力传感的物联网体系已经走在中国行业发展的最前端。不过，早在 20 世纪 80 年代，美、日、德、法等国就将传感器技术的发展确认为国家发展战略，由于国内技术起步晚和海外技术壁垒的存在，中国的称重物联网与国际仍有一定的差距。在未来，柯力传感将通过生态平台的打造、高端技术的研发，逐步占领国际市场，建设成为国际一流的物联网企业。

第十三篇

江丰电子：国际芯片金属溅射靶材里的"中国力量"

骆　丹

第四次工业革命正在发生：5G、人工智能、机器人、物联网等正逐步渗透到人们的日常生活中。毫无疑问，芯片将成为这场工业革命的关键核心技术之一。一块仅指甲盖大小的芯片，里面装载着60亿个晶体管，这些晶体管通过导线相连进行信息传输，每块芯片中的导线长度可长达万余米，在世界上最新量产导线可达7纳米，即仅有人头发丝的万分之一。

想要生产如此细微的导线，必须使用金属溅射靶材，即利用溅射法沉积形成薄膜的原材料，再利用特殊的工艺，把它们切割成纳米级的金属导线。可以说，没有金属靶材就没有芯片。在过去，这项高、精、尖技术一直被日本和美国的几家公司垄断，位于浙江省宁波市余姚的宁波江丰电子材料股份有限公司（以下简称"江丰电子"）是最先进入这一领域的中国企业，并成功跻身世界第一梯队，不仅填补了国内在这块领域上的空白，更在国际舞台上烙下了浓重的"中国印记"。

"国际芯"中国造

2005 年 4 月 14 日，春意渐浓，宁波江丰电子材料有限公司在宁波市市场监督管理局正式注册成立，主要从事电子信息产业用超高纯金属溅射靶材的研发和生产。从创立之始，江丰电子就把目标瞄准了国际：对标竞争对手是国际金属溅射靶材龙头企业，如美国霍尼韦尔、日本东曹株式会社、日本 JX 日矿日石金属株式会社……而对标的客户则为台积电、联华电子、格罗方德等全球知名半导体企业。江丰电子副总经理王学泽说："我们当时的定位是全球产业供应者，所以无论是从研发、基础设备、检测、生产体系等都与国际接轨，向这个行业的先进水平看齐。"

2005年10月，江丰电子的第一块中国制造靶材研发成功，填补了中国溅射靶材工艺的空白，打破了国外对半导体溅射靶材市场的垄断，为中国走向世界市场奠定了坚实的基础。

2010年，江丰电子全球销售网络形成，第一届销售商大会成功召开，其溅射靶材产品开始向全世界输出。2016年9月8日，在美国旧金山比尔·格雷厄姆市政礼堂里，iPhone掌门人库克发布了最新一代的iPhone7，全球的果粉都跃跃欲试新一代iPhone能带给用户多少惊喜。而对于江丰电子人来说，iPhone7的意义更加不凡：iPhone7装载的核心处理器A10芯片就采用了江丰电子的高纯度溅射靶材，这也是中国电子产品第一次应用在16nm FinFET+技术大规模集群。

2017年6月15日，江丰电子敲响了深交所创业板的上市之钟，江丰电子的技术专家们热泪盈眶，他们等这一刻已经12年了，这标志着江丰电子进入崭新的发展历程。

2018年，公司再次迎来发展历史上里程碑的一刻——突破7纳米技术节点，在当今芯片市场上，实现量产的最小芯片制程为7纳米，而能够量产该制程芯片的在世界上也唯有台积电与三星两家企业，因此7纳米机电可以说是代表着商用芯片的最高成就，iPhone XS搭载的苹果A12处理器、华为Mate20系列的麒麟980芯片均采用了7纳米芯片，而江丰电子则为这些芯片提供了专用高纯度金属溅射靶材。

在同一年，江丰电子还有另外两件重要的"出海"事件：5月，公司日本全资子公司KFMI JAPAN株式会社完成设立登记，8月，江丰电子材料（马来西亚）有限公司举行了开业仪式并正式投入运营，江丰电子海外布局迎来新的阶段。2019年，江丰电子入选"国家制造业单项冠军示范企业"名单，这也是半导体制造用超高纯金属溅射靶材行业中唯一一家获此殊荣的企业。王学泽说："集成电路的核心材料有几十种，江丰电子的高纯度溅射靶材应该是中国唯一一个能与世界先进水平并驾齐驱的。"

家国情怀的力量

江丰电子能取得今天的成就，其最核心的竞争力是人才。江丰电子拥有全国示范院士专家工作站、国家级博士后科研工作站，以及浙江省企业研究院、工程技术中心，依靠这些平台，江丰电子集聚了一大批顶尖的人才，其中就包括 7 名国家"千人计划"专家、4 名浙江省"千人计划"专家、2 名国家及省"万人计划"人才，以及多名海外优秀工程师。

江丰电子的董事长姚力军既是企业管理人，同时也是世界范围内掌握超高纯金属材料及溅射靶材核心技术的专家之一、国家"千人计划"中的一员。1994 年，姚力军获得哈尔滨工业大学博士学位后，为了学习国际先进科技，他申请到日本国立广岛大学攻读第二个博士学位。1997 年，姚力军取得广岛大学博士学位后，受聘进入全球 500 强霍尼韦尔日本靶材厂工作，仅仅用了四年半的时间，姚力军就从一个研发工程师成长为工厂的最高执行官，此时姚力军年仅 35 岁。

2004 年，姚力军被委任为霍尼韦尔电子材料事业部大中华区总裁。直至现在，姚力军对发生在 2004 年冬天的那次同学聚会依然印象深刻，在那场聚会中，姚力军与自己哈工大的校友、班主任老师潘杰博士促膝长谈，潘杰对姚力军说："祖国强大了，我们要抓住机会回国创业，做一家优秀的材料公司，填补国内超高纯基础材料领域的空白。"次年，姚力军与潘杰纷纷辞职，携手回国创业，姚力军带回来的还有5位日本专家，以及自筹资金采购的20个集装箱和1个散货船的生产装备。

在江丰电子，企业责任深入人心——为"中国制造"增添光荣，赋予中国制造更多的内涵。江丰电子创立之初的理念就是希望"把自己做的事情与国家结合起来，让世界看到'中国制造'"。王学泽说："从大的方面讲就是家国情怀，如果没有这种信念的支撑，江丰电子可能走不到今天。"

江丰电子最大的苦难出现在2008年，由于技术研发巨大的资金需求，到2008年，投资人投资的钱已全部耗尽。雪上加霜的是，2008年金融危机席卷全球，江丰电子月销售额急降至8万元。公司危机重重，截至年末，公司账面上的资金仅有10万人民币。此时，跨国公司乘虚而入，想要收购江丰电子以保持对中国的垄断。

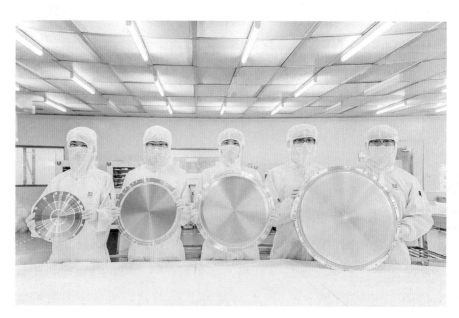

姚力军不为巨额的收购资金所动，咬牙坚持。在年后上班的第一天，姚力军在办公室见到了余姚科技局局长、国有担保公司的董事长和总经理，他们为江丰电子带来了300万元的科技扶持资金，依靠着这笔扶持资金，江丰电子度过了这个"创业寒冬"。

王学泽认为，江丰电子发展至今，离不开国家的支持。公司承担国家"863"计划引导项目、国家科技重大专项（02专项），获得专项经费的支持，并且获得了工业强基项目发展基金、宁波市政府的专项资金支持。一方面，这些资金一定程度上缓解了公司经费紧张的情况，而更重要的是，这些支持为江丰电子释放了一个信号——公司做的事情与国家发展战略一致。王学泽说："这些经费没有决定企业的生死，但却给了企业很大的信心，如果没有各级政府支持，我们也不一定能坚持下来。"

在江丰电子的发展历程中，一大批高端技术人才始终如一地留在公司，甚至在最艰难的时期愿意放弃年终奖帮助公司渡过难关，王学泽认为，江丰电子首先靠的是"情感留人"。江丰电子董事长姚力军将所有海外归来的技术人才都视为亲兄弟，与他们建立了深厚的感情，并与大家建立了共同的追求目标——让中国制造走向世界。与此同时，江丰电子更用"事业留人"：给予每个人发挥的平台，帮助个人承担项目，申报国家"千人计划"、浙江省"千人计划"，并给予公司股份，实现"同创业、共成功"的发展理念。王学泽说："江丰电子就是这样一路成长起来的，普通工人甚至是司机、门卫都可以拥有股份，大家为了共同的目标，一路认认真真走到今天。"

秉承着"生产一代、开发一代、预研一代"的方针，截至2019年7月，公司累计申请637项专利，已有261项专利获得授权，其中发明专利 208 项，实用新型专利 53 项，并且制定并颁布实施国家 / 行业等标准 15 项，其中国家标准 2 项、行业标准 12 项，浙江制造团体标准 1 项。

江丰电子董事长姚力军说，这是一个芳华的时代，是一个属于中国人的时代。他不仅自己回国创业，让中国在高纯度金属溅射靶材领域拥有了话语权，更成了宁波的"引才大使"，吸引了 50 多位海归人才回国创业，为中国科技的发展贡献力量。

近乎苛刻的细节要求

回顾江丰电子 15 年的创业历史，江丰电子一共做了六件事。第一件是自主研发生产全系列先端产品，技术水平处于国际领先地位；第二件是建立了在全球行业中具有竞争力的人才团队；第三件是牵头研发了全套的技术系统和靶材制造装备，拥有完全的自主知识产权，使得生产制造电子产品不再受制于跨国公司。

作为一个企业，拥有核心技术并不是结束，能够得到市场的认可才是一个良性健康发展的企业。江丰电子所做的第四件事就是将技术转化为产品，并最终转化为商品。截至目前江丰电子的主营产品在国内市场占有率为 31%，排名第一，世界市场占有率 13%，排名第二，成为台积电、联华电子、格罗方德、中芯国际、索尼、东芝、京东方、Sunpower 等全球知名半导体、平板显示及太阳能电池制造企业的合格供应商。在国际市场上，想要成为下游厂商的合格供应商并不容易，江丰电子必须通过国际质量认证，达到下游客户的质量标准和稳定性要求，并经过 2—3 年的全方位认证，才能成为合格供应商。不过，成为这些企业的合格供应商后，就意味着这些世界一流企业将与江丰电子保持长期稳定的合作关系。而更值得注意的是，全球约有316个芯片工厂，江丰电子与其中306个有业务往来，这也就意味着全世界约90%的芯片工厂都使用了江丰电子的电子材料。

为了满足全世界的芯片产业需求，江丰电子所做的第五件和第六件事分别是：建立覆盖全球的销售和技术服务体系；建立保障全球行业需求的生产基地。公司先后在新加坡、马来西亚、日本、中国香港等国家和地区成立销售公司和海外生产基地。

江丰电子的企业信条是"我的工作代表'中国制造'的品质"，为了保证对外输出产品的质量，江丰电子对于员工的行为规范有着近乎苛刻的要求。在新员工入职后，公司需对员工进行一系列培训，培训内容包括着装、桌面东西摆放定位，甚至如何上洗手间：

江丰电子厂内的洗手间内有摆放脱鞋的小格子，上洗手间时，需将工作鞋脱在外面，穿拖鞋进入，上完洗手间再换鞋，将拖鞋摆放回原处。这些细节尽管麻烦，却对于工厂生产安全至关重要。当这些小细节培养成习惯之后，公司才会按照操作流程对员工进行生产培训。

此外，江丰电子对于设备、技术和工艺等也有着严格的要求，例如设备必须严格按照使用时长进行更换，哪怕设备并没有坏掉。王学泽说："过去人们总认为东西没坏就可以继续使用，我们必须打破这个思维，严格按照规则执行。"

严苛的规范给江丰电子带来了质量的保证，也因此为其赢得了客户的口碑。全球多家客户给予了江丰电子优秀供应商、A等供应商的评价。在2017年、2018年的供应商评比中，江丰电子还获得了台积电供应商评比第一名，以及中芯国际供应商评比第一名的荣誉，得到了全球一流客户的认可。

成为世界第一

为了保证中国制造在世界上的话语权，江丰电子产业链正在往上游延伸。由于中国基础材料薄弱，高纯度金属材料仍然依靠进口，受到跨国公司的掣肘。而江丰电子生产的半导体芯片的金属溅射靶材，其要求的金属原材料纯度更高达99.999%，国内市场难以满足需求。早在2012年，姚力军就与美国匹兹堡大学材料科学与工程系博士吴景晖合作，共建"原料—靶材"产业链，在2014年6月，完全自主创新的"电子级低氧超高纯钛"生产线投产使用，使中国成了世界上第三个能够生产低氧超高纯钛的国家。目前，江丰电子正在积极牵头实现超高纯铝、钽、钨、钼等材料国产化，致力于打破国外的封锁。

尽管现在江丰电子在金属溅射靶材领域已经属于全球第一梯队，与国际一流企业科技水平保持同步发展，但是江丰电子的目标并不止于此，他们希望从第一梯队中突出重围，成为世界上第一的集成电路材料公司。

为此，江丰电子制定了四个标志性的目标：第一要在世界上最先进的技术节点实现量产销售；第二拥有全球最尖端的技术质量保证体系、全套先进制造装备、全球最先进的制造基地；第三建立全球性的人才体系队伍；而最具量化的指标是，集成电路靶材的销售额在全球市场上至少占据35%。根据江丰电子的预计，到2025年，江丰电子将超越美、日等竞争对手，成为代表"中国制造"参与全球竞争的"中国力量"。

WECO

第十四篇
微科光电：打造全球电梯光幕第一品牌

佟文立

　　近年来，随着物联网概念的兴起，传感器概念也越来越多地进入公众视野。2014 年以后，在政府部门的规划中，传感器更是与 CPU 等列入高端芯片范畴。虽然从产品范畴讲，传感器产品与芯片产品有交叉，但更多的应用场景中传感器是一种使用芯片的装置。与芯片行业格局类似，中国的传感器行业产品也是多处于中低端，国内 90% 的市场需求依靠进口。但传感器在垂直式电梯门控制应用领域，一家宁波企业却做到了占据全球市场份额 30% 左右，成为该领域的隐形冠军。

　　成立于 2004 年 3 月的宁波微科光电股份有限公司（下面简称"微科光电"），是一家专业从事红外线光幕及电梯自动救援装置的设计、研发、生产与销售的高新技术企业。公司产品主要应用于奥的斯、巨人通力、蒂森克虏伯、日立等国内外知名电梯厂商，公司产品同时远销北美、南美、欧洲、亚洲、中东等 30 多个国家和地区。

　　红外线电梯光幕，一种电梯门保护装置。其产品基本原理是红外线电梯光幕的红外线发射装置、红外线接收装置，一般分别安装在电梯两侧，在电梯门关闭过程中，一旦人或物体出现在发射装置和接收装置的探测区域内，红外线电梯光幕能迅速感知并输出信号给电梯控制系统以立即执行开门操作，防止挤压乘客或物体的事故发生。因为红外光是看不见的，很多交叉扫描式的红外光看上去像形成了一个幕布，所以称为光幕，属于阵列式光扫描传感器。

电梯自动救援装置是当电梯供电电源发生故障或中断时，自动将后备电池能量逆变为电梯所需供电规格，使轿厢移动至层站并打开电梯轿门和层门以释放受困乘客的装置，英文简称为 ARD。其通常由控制主板、蓄电池、升压隔离等部件装配而成，以控制主板上的微处理器为核心，配以蓄电池智能充电、逆变升压、稳压控制及保护等功能模块，将蓄电池电力转换为电梯动力供电所需电力，作为电梯停电时的应急供电，将轿厢缓慢运行到就近的楼层，并完成开门放客动作，以避免电梯停电困人而造成的不良后果。

目前，微科光电的主打产品是 WECO—917、WECO—957、WECO—987 系列电梯光幕。微科光电的生产工艺路线与瑞士 CEDES（瑞电士）基本相当，但优于英国 MEMCO（门科），拥有年产各类型电梯光幕 120 多万套的生产能力。微科光电的国内市场占有率高达 60%左右，产量的 20%用于出口。

与主要竞争对手瑞士 CEDES（瑞电士）的 Cegard、英国 MEMCO（门科）的 Pana 产品相比，微科光电融合多项实用创新技术而具备显著性能、价格优势，尤其在超强环境适应能力、通用性强、安装使用维修便捷、售后服务快速到位等方面。

创业之路——把奢侈品变成行业标配

　　走进微科光电董事长邱志伟的办公室，最醒目的当属墙上的那幅书法作品，"厚德载物"四个字刚劲有力。邱志伟对此的解读是"君子取法地，要积累道德，方能承担事业。"

　　邱志伟 1991 年毕业于浙江大学，专业是流体力学。毕业后在家乡宁波市北仑区的一家乡镇企业从事电梯配件销售工作，成为北仑区第一批跑销售的大学生。

　　2000 年，邱志伟敏锐地看到电梯光幕替代安全触板实现升级换代的市场前景，并向所在企业负责人提出了研发方向的建议，但被拒绝了。于是他开始涉足开发光幕产品的创业。

"创业的时候，我觉得电梯光幕以前一直是依赖进口，这个东西应该是能做。两个原因，第一个当时的一块进口光幕报价六七千块钱，太贵。第二个觉得从技术层面上来说应该可以突破。"回顾当年切入光幕行业的市场机会，邱志伟如此概括道。

但从前期的研发到2004年的微科光电正式成立则是一个历经曲折的过程。

因为和国外产品之间的技术距离相去甚远，从2000年到2002年之间，邱志伟一直处于失败状态。在不断研发探索的过程中，邱志伟通过与浙江大学计算机系的老师进行合作技术才有了改进，2003年的时候可用的光幕产品方才正式诞生。不过此时，因为技术差距，邱志伟的光幕产品和国外进口产品的价格差距要差一倍。

作为市场的新进入者，微科光电从小型电梯厂客户开始，每进入一个新的客户，都要经历一个独立的不同的认证门槛。但也正是有了这些认证门槛的考验，微科光电不断提升着产品的品质。

一直以来，微科光电在质量上堪称"战战兢兢，如履薄冰"，这源于两次产品质量事故。2005年，因为没有把好配件质量关，导致产品出现批量质量问题，全部召回，公司损失惨重。还有一次一个客户向微科光电采购了1300台光幕产品，用在全自动的档案架上，公司接单生产安装，结果由于在一个共有空间内布置多套光幕的应用场景与电梯的环境有区别，电梯上装好能用的产品装到这个档案架上就不灵了。一检查，发现在设计上出现了错误。

"两次质量事故，每一次付出的代价都在上百万元。千万不能大意啊！"回顾以前，邱志伟深有感触地说。自此以后，公司再没有发生过大规模的产品质量事故。

2005年以后，中国电梯行业开始高速发展。踏准了时间节点的微科光电也迅速进入爆发式成长期，并且成功地把光幕从电梯行业的"奢侈品"式配置变成了行业标配。

在电梯光幕成为行业标配之前，电梯行业类似的配件称为机械式安全触板，也就是要人触碰一下才运行。而光幕产品则是无接触式的，在当时属于高档配置。微科光电通过成本控制，把光幕产品的价格降低到了实现行业配置的"切换"。通过制定与机械触板相同的价格，微科光电实现了销售量的每年翻一番，直至2015年后方才进入一个平稳增长期。

在高速成长阶段，微科光电从获评国家高新技术企业到荣列国家火炬计划项目；从宁波市级百强企业跨入浙江省级名牌企业行列；从通过中国3C认证到拿下欧盟CE认证、北美CSA认证，打入欧美、东南亚市场。随着技术的不断进步，微科光电的产品也越来越多元化和多样化，从平面保护光幕发展到3D保护光幕。通过建立起国内首个电梯光幕专业实验室，已推出32大类、2000多个品种的产品，满足客户的不同需求。同时，通过国外市场的开拓，树立起一个细分行业的民族品牌。

"我们在德国、西班牙、意大利、加拿大、美国等10多个国家和地区都有合作的代理公司，销售微科光电品牌产品。曾经有位意大利客户要微科光电贴牌，但我们没有同意。"邱志伟自豪地说。

"现在，我们的品牌与国际大品牌还有一定的距离，还无法卖到国际上一些知名品牌的价格。"邱志伟也坦承品牌塑造需要一个长期的过程。

深耕电梯行业——市场规模测算的参考标杆

光幕是电梯的配件，微科光电作为行业标杆的一个体现是中国电梯协会每年需要采集微科光电的光幕产品产销量数据作为测算国内电梯行业整机市场规模的参考。而这背后折射出的则是微科光电对于国内乃至全球电梯行业格局和趋势的把握和理解。

就全球电梯行业而言，一线阵营可以称为十大家，有美国奥迪斯、瑞士迅达、德国蒂森克虏伯、芬兰通力、日本三菱、东芝、日立、富士达、台湾永大和韩国现代。凭借对高层高速和平稳度等核心技术的掌握，这十大品牌企业占到中国电梯市场份额的 80%，而且牢固地占据了高档写字楼和政府项目等高端市场。在国内，几家大陆品牌，比如康力等，占到国内市场份额的 10%。此外，还

有四五百家中小企业占据剩下 10% 的市场份额。

从厂家数量来说，中国电梯行业不仅是绝对的产能过剩，而且造成了电梯市场的竞争混乱。国际十大品牌原本不涉足中低端市场，但目前通过兼并一些国内的小企业，或者自身产能的释放，开始挤进中低端市场，给国内电梯厂商带来很大压力。由于中小企业的代工和贴牌等，电梯整机厂商自行申报的数量存在重复计算，市场占有率较高的微科光电的配件销量的参考价值也就很大。

对于微科光电，电梯光幕市场分成两块：一是电梯整机市场，微科光电和国际十大品牌都有配套供应，二是电梯售后维护保修市场。根据 2018 年数据，中国在用电梯 680 万台。

虽然中国和全球的电梯市场规模已经进入了一个平稳增长期，微科光电目前有着较高的市场占有率，但电梯行业智能化的趋势使得颠覆性创新终将发生。

"目前，我们已经看到，蒂森克虏伯有两种新电梯出来：第一种，一个井道里面可以有好几部电梯在运行，第二种，电梯不仅是上下运行，而且还会左右运行。如果两种合为一体，将完全颠覆原先的电梯概念。随着电梯智能化程度的提高，像这种常规光幕，早晚会被代替。"在邱志伟看来，目前的市场格局会随着技术创新而被颠覆，微科光电的行业地位时刻处在危机四伏状态。

不过，微科光电通过与国际一线品牌的合作，依然保持着紧跟前沿技术的节奏。

"就光幕而言，我们现在所做的很多都是个性化的产品，这不是说有外形的变化，而是内在的不同。比如日立和三菱，每家都有不同的要求，内容都是不同的。比如要求做到影像系统之间可以进行对话。以前的时候做一个光幕，仅仅是做一个光电开关，而现在的应用就已经完全不同。所以他们的技术壁垒要求在不断地提高，那么我们跟大厂的合作，实际上有一种技术共同开发的意味。根据他们的系统和我们之间进行一个配合，才能最终实现这个产品。"邱志伟总结道。

核心竞争力——技术和成本的最优组合

尽管对于行业出现颠覆性创新而导致的危机有所担心，但微科光电对于自己的核心竞争力持有信心。

"我觉得微科光电能够做强做大，至少到目前为止有两点实现了最优组合：一是技术，二是成本。"邱志伟分析道。

第一，微科光电拥有自己开发的核心技术，在研发方面一直处于同行业的领先地位。对于电梯光幕产品，除去红外及红外敏感的硬件外，主要技术在于控制系统的软件算法。对于阵列式传感器，由于内部排列了多组红外发光及红外敏感元件，其发射强度、金线结构工艺、胶体性状、角度和聚光度、敏感度都存在差异，加上应用现场复杂场景的变化，必须有具备较强自适应能力的控制算法，才可以支撑产品的应用技术指标。国内也有很多小厂在做电梯光幕，采取跟踪微科光电的技术进行模仿。而微科光电在主推一代产品的同时，也进行了下一代产品的技术储备，使得技术优势能够保持至少一代的差距。

第二，微科光电的规模化生产所带来的成本优势。光幕产品用到的红外敏感器件，微科光电有自己的特殊要求，根据光幕产品的需要向供应商定制。对于上游的供应链，微科光电的采购成本要比小厂低得多，因为在付款条款方面能够比照正规外企，而且供应商对于采购体量大的微科光电可以满足定制化的要求。还有就是微科光电在制造方面的自动化程度，也是一般小厂做不到的。

几方面结合起来，微科光电的制造能够降低成本。邱志伟介绍道："微科光电并不怕一般小厂的跟踪模仿，他们怎么学都是落在我们后面。在产品的整体竞争上，第一有技术优势，第二有品牌优势，第三有成本规模优势。而在光幕这一细分行业里面，国外企业除了品牌优势，价格优势基本不明显，技术上也不领先于我们，甚至在某些领域我们还超过他们。正因为此，在参与国际竞争时，某些国家会对我们的产品故意设置门槛。"

展望未来——智能化时代的产品路线

在全球电梯行业规模进入平稳增长和技术进入智能化时代的趋势下，微科光电没有满足于现有市场份额的领先优势，而是提出了公司未来发展方向立足于红外线传感智能控制部件、视觉人工智能传感领域和具有独立自主知识产权的控制芯片等电子智能化领域的生产制造，坚定地走专业化发展道路，充分实施电梯安全防护产品多样化以及产品应用领域多元化的两大发展战略，以智能化、高性能产品为核心发展方向，积极拓展相关技术领域，为公司创造新的业务增长极。

邱志伟介绍说："展望未来，一个颠覆性的产品随时都可能出现，而且对于光幕产品本身，我们也还存在短板。说不定哪一天不是我自己颠覆自己，就是被别人颠覆。这也是我们目前最纠结的地方，所以愿意花大价钱通过各种方式去和别人合作以及自设新的研发机构。"

比如，在全球电梯光幕产品的前几名企业中，瑞电士的大股东除了光幕这种传感器产业外，还有芯片产业，甚至规模比光幕还大。相比之下，微科光电和门科等企业使用的芯片都是外购。在物联网趋势下，芯片的集成功能越来越多，没有可定制化的芯片就可能成为一个障碍。为了具有独立自主知识产权的控制芯片，微科光电采取了委托开发的模式，花重金将芯片项目交由中科院微电子所宁波北仑微电子应用研究院设计，以期能够在未来摆脱对进口芯片的依赖。

在产学研合作方面，微科光电先后与华中科技大学、浙江大学、宁波职业技术学院等大专院校开展合作，通过与重庆大学自动化学院共同建立"重庆大学—宁波微科传感新技术实验室"，在光机电一体化、物联网概念等领域开展研发工作，共同研发的"电梯门视频智能控制器"，可广泛应用于电梯、轨道交通等领域，比传统的红外线传感更安全可靠，且成本更低，可作为电梯光幕的未来升级换代产品。

在邱志伟看来，未来的行业趋势是电梯一定智能化。智能化电梯对于传感器的要求，将是在有限的成本里面尽可能多地把多项功能集成起来。而微科光电自己新设的研发中心，则是在研发完全不同于传统光幕产品的新产品，通过图像分析来取代光幕传感。

目前，微科光电在杭州的研发中心从事的就是一项摄像头产品开发，以实现镜头和各种算法的集成来进行图像处理和识别深度学习。因为传统光幕产品存在一些电梯应用场景上的安全痛点。光幕由于采用的是多光管扫描式的光管阵列，就一定会存在盲区，因此基于光电传感效应的光幕存在一些无法解决的问题，尤其是间隙的距离以防止人或物品被电梯夹住，在最底层技术无论如何改进，至少2厘米的间隙都是要被允许存在的。虽然电梯的欧洲标准已经要求两个光管之间的间距不能小于 5 厘米，要求保护高度不能少于 1.6 米。相比之下，现在的国内电梯光幕产品的光感间距是 11 厘米，小孩子的手和脚完全有可能被夹。而微科光电现在在研发的产品就解决了前述的痛点。第一，间隙的 2 厘米将不存在，而是零高度。第二，由于整个是图像分析，中间的盲区将不存在，保护高度 1.6 米也将可以超过，而且超越了平面的立体分析，甚至可以计算出电梯轿厢的人员数量，通过载客量控制实现超重功能和轿厢容积功能的覆盖而衍生出更多的价值。

目前，微科光电杭州研发中心已经实现了轨道交通屏蔽门场景应用的突破。对于传统的轨道交通屏蔽门场景，需要成本较高的人工方式比如摇旗来传递信号，而通过微科光电的图像处理技术，可以把屏蔽门的控制信号直接发给轨道列车。

为对冲未来可能被创新颠覆的风险，微科光电在传统电梯光幕之外，也将应用领域多元化作为未来方向。

"我的特点，就是做一个领域，会把这个领域先做精了。比如电梯行业，其他领域从来没有涉足过。碰到一定的天花板，才开始向工业自动门等行业延伸，然后再发力。我相信我们也能够把它做得风生水起。"邱志伟自信地展望着未来。

目前，微科光电的宁波本地研发部门专注于工业自动门保护光幕的研发。在工业领域，比如冷库或洁净车间，都需要门的自动控制和相应的安全防护，并且对于光幕的自动识别和抗干扰要求更高。而工业自动卷帘门的重型特点，也对保护装置的安全性提出了更高的挑战。就市场体量而言，电梯是小的一个一个集群式场景，而工业自动门场景，一个工厂就可能多达几十个应用。

博禄德

第十五篇

博禄德：一根"线"连接世界

秦　伟

一根小小的数据线，却连接了大世界。宁波博禄德电子有限公司（以下简称"博禄德"）以专注专业的精神，用自己的方式在信息化全球化的世界里，书写了一份中国制造"隐形冠军"的奇迹。

博禄德发扬"追求卓越、创造完美"的企业精神，秉承"以人为本，永续经营"的经营理念，坚持"团结和谐、共同发展"的人才战略，通过强化核心设备的研发能力、提高生产技术水平、完善管理体系形成成本领先的战略优势。通过清晰的产品市场定位、稳定的营销渠道、独特高效的销售管理体系构筑差异化竞争优势，最终使得博禄德在技术和生产规模方面实现跨越式发展，成为世界先进的 USB 数据线生产企业，稳居全球市场排名第 1 位，全球市场占有率 50%以上。

"博禄德深切认识到现在企业处于高速发展时期，唯有紧跟国际形势，加大新产品开发力度，在产品设计、生产工艺、智能制造等领域推陈出新，保持产品的市场活力，才能形成核心竞争力，才能在激烈的市场竞争中获得一席之地。"博禄德董事长蔡成苗如是说。

一根"线"的魅力

USB 数据线是连接电脑、手机等移动设备达到数据传递或通信目的的必备通路工具。随着人民生活水平的不断提高，该产品是与老百姓生活水平改善息息相关的领域，是满足人民日益增长的美好生活需要所必需的发展，属于关键领域补短板，即补齐电子设备关键核心技术攻关方面的短板。

蔡成苗为我们介绍，USB 数据线是 PC 领域应用最广泛的一种外部总线标准，用于规范电脑与外部设备的连接和通信，USB 接口支持设备的即插即用和热插拔功能。随着计算机硬件飞速发展，USB 的应用增加了外部设备间数据传输的速度，速度的提高对于用户的最大好处就是意味着用户可以使用到更高效的外部设备，比如用 USB 2.0 的扫描仪，扫一张 4M 的图片只需 0.1 秒左右的时间，工作效率大大提高。

USB 数据线根据不同接口，支持鼠标、键盘、打印机、扫描仪、摄像头、闪存盘、MP3、手机、数码相机、移动硬盘、外置光软驱、USB 网卡、ADSL Modem、Cable Modem 等电子产品。

据介绍，博禄德生产的 USB 数据线主要销往美国、欧盟、南美、中东、亚洲等十几个国家和地区，目前国内销售比例 56.6%，国外销售占 43.4%。"博禄德 USB 数据线的关键核心技术方面已取得了重大突破。"蔡成苗自豪地说，"我们的产品在关键性能指标、能耗指标和产品主要加工工艺、技术方面始终保持国内领先水平，并不断拉近和国外先进制造业的距离。"

"博禄德的产品与同类产品相比，采用多种途径解决当前存在的质量良莠不齐、兼容性单一等问题，实现了终端设备与外部设备的多种数据传输，各种端口可以任意组合，让消费者能随心所欲地选择自己需要的外部设备传输数据。"拿起一根数据线，蔡成苗非常自信地为我们介绍，其具有智能防止短路功能，可以在-20℃—65℃的环境下使用，机械性能可抗摇摆、拉扯。"产品 100%替代进口，项目技术处于国内领先水平。"

今天的博禄德，已在 USB 数据线及其制造装备、加工工艺等关键核心技术方面取得了重大突破，截至目前，共拥有授权专利 28 项，其中国内发明专利 1 项，韩国发明专利 2 项，实用新型专利 24 项，外观专利 1 项。近三年获得有效专利 19 项，其中国内发明专利 1 项，韩国发明专利 2 项，实用新型专利 15 项，外观专利 1 项。

向管理要效率

"博禄德始终以优化管理体系，提高管理效率为主线，实行差错管理并持续改进。"蔡成苗表示，博禄德引入 5S 管理系统、MES 系统等先进的管理模式，引入先进的管理理念进行实践，为企业多年来利润的持续增长提供了有力的支持：

提升内部管理理念。公司的管理理念从目前的"让客户满意"提升到"在不降低客户满意度的前提下，优化工艺、提高生产率、降低成本、挖掘内生增长潜力，以顾客与效益双优先"的高度。

推行分层审核。推行分层审核能够确保 100% 无差错执行，提高一次通过率。分层审核是一套持续的制程检查系统，用来验证工艺、参数设置、操作者技能、防错装置及其他资源是否正确及适宜，以确保生产出无缺陷的产品，保证质量体系中的不合格项被找出并被纠正。

推行差错改良系统。重视分析差错发生的原因，加强模拟差错情景演练的公开讨论和沟通，培养差错处理能力。通过差错管理，找到发生差错的原因和处理方法，就可以加强差错防范，再次减少差错发生的可能性。同时也增强员工对差错的预计、对原因的理解和纠正差错的能力，从而有助于差错防范策略的实施和改进。

在这样的管理理念下，博禄德硕果累累：博禄德制定了TYPE—C 连接线企业标准和 USB2.0 高频数据线企业标准，填补了这方面的行业空白，提升了行业标准。

中国电子行业协会近三年统计数据表明，博禄德发展势头稳健。"2017 年底已在越南建立第二工厂，预计未来三年内将在印度建立分公司，经过 3—5 年的发展，公司 USB 数据线整体技术水平达到国际先进水平，部分技术达到国际领先水平。"蔡成苗介绍说，"我们将扩大 USB 数据线的生产规模，继续保持主营产品国内市场占有率稳定递增，保持国内第一、全球第一的地位。经过 3—5 年的发展，公司 USB 数据线整体技术水平达到国际领先水平，把量、质、精全面做到领头羊地位。"

创新营销模式

博禄德国内销售部和国际贸易部团队近几年转变传统销售思维，销售硕果累累，在立足于巩固国内华南市场的同时，重点发展华东大客户市场，开发西部、北方、西南地区等新兴市场，并与广东欧珀移动通信有限公司(OPPO)、维沃移动通信有限公司(vivo)、深圳市万普拉斯科技有限公司（一加）、华勤通讯技术有限公司、闻泰通讯股份有限公司等建立长期合作的伙伴关系。"无内不稳，无外不大"。蔡成苗说。

随着全球制造业向亚洲的不断转移，欧美市场将更加依赖其亚洲供应商，公司将充分利用现有的销售渠道，建立完善的销售服务系统，在欧美市场建立起独立的销售体系，培育独立的市场开发和技术服务能力。蔡成苗接着说："公司有 10 年的国外市场的销售经验，并专门制订了国外市场开拓计划。"

据悉，博禄德将保持发展东亚、东南亚、中东等传统优势市场，进一步扩充欧美市场。"随着公司生产规模的扩大和技术水平的提升，高品质的新产品不断推出，公司产品在国外市场销售额的增长具有很大潜力。"蔡成苗表示，随着全球制造

业向亚洲的不断转移，欧美市场将更加依赖其亚洲供应商。博禄德将充分利用现有的销售渠道，建立完善的销售服务系统，在欧美市场建立起独立的销售体系，培育独立的市场开发和技术服务能力。

"实现利润是公司生存和发展壮大的基础。"蔡成苗表示，当前USB数据线制造业竞争激烈，如何有效降低成本、保持利润的持续增长是USB数据线制造业生存的首要问题。

蔡成苗介绍，多年来，博禄德始终把成本管理作为公司的工作重心，不断完善成本管理体系，为公司降低成本、提高竞争力、占有市场赢得了优势，公司未来两年将继续在采购环节、生产环节、管理环节、库存环节加强成本控制。

客户的满意度是公司最高的服务宗旨，公司的服务提升计划将以客户为中心，不断拓展、提升客户服务，满足客户信息需求，为公司的未来发展带来潜在的收益。"公司完善客户快速反馈机制"。蔡成苗对笔者表示，博禄德的服务目标是要达到2485原则处理客户信息，在最短的时间内与客户进行有效沟通，了解客户需求，为客户提供优质服务。

聆听客户计划。聆听客户的建议和需求，进一步挖掘客户潜力。"销售经理必须定期拜访客户；品质保障部经理和部门人员不定期走访客户；销售副总经理必须每个月访问公司主要客户及不定期走访客户。MC经理定期走访客户的计划，实现公司产品性能与客户需求的无缝对接。"对于客户管理，蔡成苗有自己的心得，博禄德有特有的做法。

蔡成苗说，"未来，在全面了解顾客群和市场细分情况后，公司将从技术、管理、市场三方面纵向梳理、横向拓展，找准公司在同行业中的市场定位，掌握 USB 数据线技术的发展方向，以'自动化导入、Type C 技术点切入、质量稳定'为策略，充分利用现有的客户端平台，不断地打造和磨炼自我，以最大努力为顾客提供产能最大化、质量最高化的解决方案，并积极拓展新的产品线。"

创全球第一"线"

"2019 年，我们启动企业私有云项目，利用云计算、企业计

算、实时商业分析、大数据管理等多项新技术，探索创新业务发展模式，整合社会化存量资源，提高资源利用率，降低资源消耗，支撑绿色和可持续发展，满足公司管理变革快、服务质量高、投入成本低的经营诉求，全面面向客户服务和价值创造，打造健康、多赢、可持续的商业生态环境。"蔡成苗介绍说。

"我们还启动智能制造战略。"蔡成苗说，"我们的智能战略目标是由自动化率50%上升至88%，创全球第一'线'"。

据介绍，博禄德于2018年完成前段自动化产线，2019年7月公司启动了第一条全自动化流水线，原先的64人工位缩减至13人，填补了国际数据线生产设备空白，创本行业自动化设备历史新高。2019—2023年，公司将从前处理、焊接、测试、成型、包装等工序入手，以最低的成本不断完善生产工艺、提高生产技术、改造生产流程、追求生产设备的安装和流水线布局与生产实际高度吻合，实现自动化率88%，节省人工50%，产品合格率达99.9%。

"计划在2022年，将USB产线全部替换新产线。并研发HDMI线、CAT线全自动流水线。"蔡成苗对此非常自信。

采访最后，蔡成苗笃定地说，"我们将继续贯彻成本领先和产品差异化核心竞争优势，进一步强化核心设备与生产技术的研发能力，提高生产效率，完善管理体系和加强风险控制来强化竞争优势；提高品牌美誉度，优化产品结构，增加高附加值产品的比重来构筑竞争新优势。"

第十六篇

赛尔富：从贴牌代工到隐形冠军

刘志昊

2017 年，宁波赛尔富电子有限公司（以下简称"赛尔富"）的冷链照明灯具以 3070 万美元的销售额，成为该细分领域的"隐形冠军"。

"人的一生需要有爱好，爱好能让人生有理想。而把爱好变成事业，理想付诸现实，这是我人生最大的欣慰，也是赛尔富成功的内因。"对于赛尔富的成功，董事长林万炯有自己的理解，"我是1968 年最后一届的老三届学生。年轻时候的我满怀理想，虽然实践理想的道路曲折迂回，甚至需要无奈妥协现实，但心怀梦想的价值感成为我终身的驱动力，也正是缘于这样的驱动力，我和我的同事创办了赛尔富。如果说今天的赛尔富有一点成绩，也是因为她是一个有梦想并付诸行动的企业，尽管艰辛唯有自知，但对理想的追寻却是永不停息。"

怀揣理想，走进现实

1952 年出生的林万炯，同笔者讲起那个时代的事情很有感触。"我只上到初一，就辍学了。"

"我从小就对机械电子非常感兴趣。"辍学以后，林万炯想办法找来了很多电子机械类的大学教材，自学了几何、微积分等。那个时候电视和收音机都是奢侈品，最让他引以为豪的是他用自己学到的知识为家里组装了一台电视机，材料都是从各个工厂搜罗来的，电视机的底座是一块铁板，自己用麻花钻钻了好几天才把上螺丝的孔钻穿，然后把各个部件安上去，又到电镀厂把缝隙镀好，于是一台虽然看上去有些粗糙但能看的电视机诞生了。"当时很多附近的大人和小孩儿都来我家看电视。"回忆起这段青年时光，他依然很

兴奋。"这些都源于我的兴趣，这个兴趣也融入我的一生！"

那段日子，他还有一样爱好就是看西方文学类书籍，"西方文学为我打开了一扇看世界的大门，透着这扇门我看到了另一个自己从未见过的世界，并为此着迷。"当时找一本西方文学方面的书非常难，但是他还是看了巴尔扎克的《贝姨》、高尔基的《童年》《在人间》《我的大学》以及歌德的《浮士德》、普希金的诸多诗作等。

"现在想来，当年读的这些书对我的思维方式，乃至人生观影响巨大。"林万炯说。

伴随着改革开放，在当地"小有名气"的林万炯没有被埋没。27岁的时候，他被分配到了宁波升船机厂。看似升船机厂的工作和他的爱好相去甚远，但他却默默告诉自己：知识都是融会贯通的，在哪里都能派上用场。

所以，即便是在一个他本不喜爱的工作岗位，他仍利用学过的知识，自己搞研究，还花了三个月的时间写了一篇论文，这个项目最终获得了"宁波市科技成果一等奖"和宁波市第一个"浙江省科技成果一等奖"。这个项目主要是对升船机的自动化进行改造，以前升船机是人控制的，经常出安全事故，"我搞了个自动化控制，不仅节省了人力成本，而且更安全。"他说，这个系统当时在浙江和全国的部分地区得到了普及，论文也在电子行业掀起了不小的轰动。

在这一阶段，林万炯还被评为全国100名自学成才的人才之一，宁波只有他一个人入选。他当时还有另外一个称号，就是"新长征突击手标兵"，当时全国也是只有100个人。39岁的时候，他成为升船机厂的"一把手"。

1993年，那是改革开放最如火如荼的一年，随着邓小平南方谈话的不断深入落实，各地各种形式的企业如雨后春笋般冒了出来，作为改革开放前沿的宁波市当然也不例外。想做点实事的林万炯和他的同事们就成立了赛尔富电子有限公司，生产红外感应灯，并从一开始，就将市场定位在欧洲。这是当时全国唯一一家生产红外感应灯的企业。

"12个人，300万元的注册资金，厂房是临时租用的。"这就是创业之初的赛尔富。"人的一生就是因为追求一些无限的、深刻的梦想才感受到价值与意义"。怀揣着这样的信念，林万炯开始实践梦想。

1994年，赛尔富成功自主研制出第一款电子变压器，成为中国大陆最早生产电子变压器的厂家之一。

1996年，第一代电子变压器通过德国TUV认证，宁波赛尔富电子有限公司因此成为中国大陆第一家通过欧洲权威机构认证的电子变压器生产企业。

1997年，当时赛尔富的销售额已经达到了1700万元。随着改革开放的不断深入，"内资品牌、外资品牌，各种各样的竞争都来了！"林万炯意识到只靠一款产品很难在市场中占得一席之地。于是，在1997年，他开始健全管理体系、打造科研团队、扩大产品线，产品的种类又增加了电子镇流器。

2003年，"我看到了节能环保产业的巨大潜力，于是决定全面进军LED领域。"于是，赛尔富紧锣密鼓地开始布局LED照明产品，涉入LED产品的研发。除了节能型的电子变压器、镇流器产品在海外被认可外，LED产品也成功打入了海外商业照明（如酒店、奢侈品柜台、超市）、居家照明（如橱柜、装饰产品应用）领域的中高端市场。

2005 年，赛尔富进入了发展的快车道。之后的 3 年，企业的销售额以每年 60% 的速度增长。

一家企业不怕生于苦难，也不怕长于困难，"只要目标坚定，不管风云如何变幻，终将迎来春天。"林万炯的执着和坚守一直是赛尔富最宝贵的财富。

瞄准细分市场，定制商业照明

但是，任何企业的成长都不会是一帆风顺的，赛尔富也不例外。2008 年，赛尔富像很多企业一样充分感受到了"冬天"的寒冷。其主流品种——变压器在为公司做了 14 年贡献后，当年销量大幅下降，镇流器在市场上的表现也不尽如人意，而 LED 灯具和电源在欧洲市场上的客户减少了近 5000 万元的订单，好在其他客户有 2500 万元的增长，"才使我们的日子不那么难过。"在这一年，林万炯提出了要"以新产品、新市场御寒取暖"。

在汇率、退税以及金融危机的三重压力下，赛尔富 2008 年实现销售 3.8 亿元，比上年同期下降了 8.5%，"但是在磨砺下我们更成熟了，也收获了很多。"比如，困扰公司许久的客户过于集中的问题得到了改善，年销售额超过 1000 万元的客户由 2007 年的 4 家增加到了 7

家；凭借 LED 产业打开了美国市场，与大客户建立了联系；在亚太商照市场，开发了不少信誉好的大客户；在香港展会上，首次尝试将 LED 商照灯具作为重点推出；研发系统共完成正式立项 295 项，申请专利 31 件，取得专利授权 27 件……

也在这一年，虽然宏观环境严峻，林万炯又想到了欧美的客户是不会满足"他们下单，然后在中国生产，再用集装箱漂洋过海送到他们手中"的营销模式，客户会需要更多本土化的服务与支持，而且更重要的是中国企业不能一辈子给别人作嫁衣，我们要有自己的品牌与渠道。就在这一年，赛尔富在欧美成立了子公司，这是其走出传统业务模式的关键一步。

10 多年过去了，现在两个欧美子公司已经撑起了销售额的半边天，全年销售额也近 8 亿元人民币。回忆起危机中的决策，林万炯的前瞻和果断展现得淋漓尽致，"随着时间的推移，赛尔富成立之时非常青睐的照明市场进入了红海竞争。""当时，我们做了两件事：第一，建立了欧美子公司，因为我们预测中国制造业大国的地位一定是需要依靠中国企业对自有品牌和销售渠道的建设才能真正不可撼动。第二，我们将目光集中在商业照明。这使我们避开了居家照明的红海市场，正因为我们十年前的布局和赛尔富勇士们的坚持，我们才有今天。"

林万炯说："在错综复杂的市场竞争中，我们应始终坚持自己的细分市场不动摇。我们要避开属于巨头的市场，那里犹如山脉草原，虎狼豹都存在，目前好比是兔子的我们如果去抢他们的食物，那最终肯定会被吞噬，因为食物链是平衡的。"

有时候愿望是美好的，但是我们要客观认知自己。一个人的自知之明有两个特征：一是不能骄傲，二是不能放弃责任。过于谦虚，会失去自信；太过骄傲就会自满，失去自我。自知之明最为重要的一点就是看到自己的优势，知道自己的责任。

对于赛尔富成功，林万炯也非常清醒，"我们选择在商业照明这个领域继续深耕细作，是因为我们具有其他竞争者所没有的优势——我们前后端一体化的模式在这个行业中是仅有的一个。"清楚自己的优势所在，同时不受诱惑，排除干扰，聚焦于自己的战略，才能成为一个真正的品牌公司。

快人一步，准确把握产品生命周期

在谈及赛尔富的市场战略定位时，林万炯打了一个非常形象的比喻："做企业就像百米赛跑一样，如果您总是瞻前顾后，自己步伐首先乱了，如何能夺冠军呢？您所要做的就是拿出勇气、看准目标、冲向终点，这样才有夺冠的可能。"

因此，赛尔富始终将企业所面临的最大竞争压力定位于如何更好地满足消费者，为其提供更多、更好的产品，而不是简单地放在竞争对手的打压上。商场如战场，战场上有一个天条就是"消灭敌人，保存自己"，如果为了在竞争中获胜，将自己搞得筋疲力尽，即便你胜利了，也难站住脚跟。

说起客户定位以及如何满足客户，林万炯有着非常清晰的判断，"目前国内（国外大部分）超市食品冷柜仍在使用 T8 荧光灯，或替代型 T8LED 灯具，这些灯具均存在不能均匀照射冷柜各层的弊端。食品展示冷柜上层食品因距离灯管近，故获得光线充足，显得色泽鲜亮诱人，而下层食品因距离灯管远，或者光线昏暗不清，或者食品不能达到良好的展示效果显得老旧晦暗，对顾客的吸引力大大减少，也降低了顾客的购买率。"

为此，赛尔富的 LED 冷链照明灯具突破了传统灯具的照射弊端，其多功能、高效率的特性极大地满足了超市商业照明客户的需求，填补了国内外该技术领域的空缺。

LED 冷链照明灯具广泛应用于工厂、商场、超市等冷柜内照明，能有效防潮防水，能够根据柜内商品展示需求调整光效，烘托货品的鲜活品质，并保证冷柜上下各梯次柜内物品光照度均衡一致，并具有 LED 特有的节电节能、美观时尚的效果，是国内外连锁大超市在内等客户非常喜欢的产品。

作为国家重点扶持、培育发展的战略性新兴产业——LED 照明是新一代照明革命性技术的应用，具有节能、环保、高效等特点，尤其在传统能源、环境污染等因素制约的今天，LED 照明产

业无疑成为国家及社会所关注的重点项目中的焦点。

断臂求生，走自主创新之路

为了把一盏LED灯做到业内领先，赛尔富的研发团队用匠心不懈打磨了十几年。

2004年，赛尔富生产的第一代LED灯，只能用于局部装饰照明。此后，通过升级芯片、二次配光技术导入、开发V型透镜等自主创新技术，逐步解决了刺眼感、出光不均匀等问题。产品不但可以用于日常照明，还能实现智能调光调色。

赛尔富研发人员还发现，橱柜板的用料多为16—20毫米，如果LED灯体够薄，散热做得够好，就可以把LED灯以嵌入的方式安装在橱柜板里。赛尔富第一款LED表贴灯就做到了6毫米厚度，安装在橱柜里，实现"只见光、不见灯"的效果。

赛尔富近30年的奋斗轨迹，是宁波企业自主创新求生存发展的缩影。成立之初，赛尔富依靠红外感应灯具进入市场。从OEM（自主加工）到ODM（自主设计），再到如今的OBM（自主品牌），赛尔富在自主创新这条路上走得专注、务实。

笔者了解到，为提升自主创新能力，保持企业创新活力，赛尔富每年提取不少于销售收入的7%作为研发费用，专项列支，构建以市场需求为导向，持续创新，保持行业领先的产品研发体系。最近两年的研发投入均超过3000万元。赛尔富有自己的研究院和计量测试室，有100多人的研发团队，有国家级博士后科研工作站，还是国内唯一一家同时具备欧洲、美国、亚洲权威认证（认可）实验室的民营照明灯具企业。2018年，企业自主品牌产品的销售额已经达到销售总额的 60%。

如今，赛尔富成为靠自主研发成功转型的宁波企业代表，九成产品出口，欧美国家是主要市场。产品领域不断拓展，除了大型超市外，还成为许多知名品牌展柜灯具的全球指定供应商。2017 年前公司开始拓展国内高端照明市场，现已成为故宫博物院等单位的合作伙伴。

点亮故宫，从贴牌代工到制造业单项冠军

"六百年故宫用的是来自宁波的灯具。"——这是许多到北京故宫参观的宁波人的自豪！

2018 年 10 月 23 日，整修一新的故宫斋宫开门迎客。斋宫里的灯光均匀柔和，而且无频闪、能实现智能控制，这些灯具全部来自宁波赛尔富电子有限公司。"在此之前，因为对照明灯要求高，故宫多采用国际知名大牌的灯具。"林万炯的话语里透出自豪。

一盏宁波产"宫灯"闪耀故宫，显示了"宁波智造"的新高度。赛尔富通过"不计成本"的研发投入，坚定不移走自主创新之路，实现了从贴牌代工到主打自有品牌的华丽转身。

有着几百年历史的斋宫，里面的一砖一瓦都是需要悉心呵护的文物。成为故宫的"宫灯"，有多难？

"比普通建筑里的灯要求高多了。"赛尔富中国区渠道经理褚琳介绍，首先，故宫里的照明设备要求安装后可逆向拆卸，对古建筑无损；其次，因为展览中照明持续时间长，还要求照明产品持久耐用而且能保持光源稳定。另外，灯光的温度控制也是难关，照明设备对被照射物体表面的温度不能影响过大，否则就不符合文物保存

的要求。

"比如说为一尊佛像提供照明时，灯光的色温要在一定范围内。对被照射物体表面的光线均匀度也有一定要求，这些都要经过精确计算。"褚琳说，此次斋宫用上的 LED 灯，都是公司研发团队根据故宫的要求量身研发定制的。

这些"宫灯"的灯光里必须没有一丝紫外线、红外线，以免对文物造成损害；要精心设计散热结构，避免灯具发热对柜内温度产生影响；部分灯光要能变焦，可以调节照明范围，没有任何频闪，让观众即使长时间观展也不会视觉疲劳。同时，照明灯里采用了最先进的芯片，应用了赛尔富专利扫光配光技术，通过几百个微小的光学透镜，使得灯光照射的范围更宽，且亮度均匀一致，让展品的艺术美完美呈现在观众面前。

此次应用到斋宫的照明灯，还体现了智能化元素。工作人员可以通过平板电脑控制灯光效果并营造艺术氛围，还可以根据室外光线情况调节斋宫内每一盏灯光的亮度、色度等，如果有灯具损坏，也能进行智能提醒。

对于智能产品的选择，林万炯也是有的放矢，"当智能产品在照明行业中崭露头角的时候，很多商家、买家都会同时兴奋起来。比如我们的一个客户，一直在寻找心仪的大智能产品，但是当看到了我们所展示的小智能产品的时候，他们也意识到了小智能产品或许更适合自己。"

"对于智能产品，大家不必想得多么抽象。真正意义上的智能目前还没有，但是总会产生，包括行业中的智能大系统。大系统的成熟非一朝一夕，不能不切实际。在这个大领域中，我们必须要有清晰的定位。"林万炯如是说，我们的定位是什么——终端。有这么多的应用，就一定会有终端。比如我们的4G，只有联通、电信、移动三家运营商，但是却有很多终端——手机，这是一个大的平台，在实际过程中也会有更大的空间。但我们以终端为主的同时，还要进一步探索系统的原理，了解我们的终端应该走到什么程度，走向什么方向。当然，我们的智能最终还是要服务于细分市场。

"智能不是为了智能化而智能，它是为了解决产品现实使用中存在的不合理与不便利。我们的智能产品要真正为细分市场客户进行服务，产品的最终效果是为了让客户得到意想不到的满意。"林万炯非常清醒，"比如在智能手机产生之前，我们不会想到它会为人类生活带来如此大的改变。所以我们一定要摆脱托OEM/ODM思维的束缚，产品要来源于市场，还原市场，但是更有能力的是要高于市场。将光电机更紧密地联合，在设计中始终贯彻德国的严谨和日本产品的人性化，这才是我们作为品牌公司的能力。"

"这些年来，我们的竞争对手都在发展，我们的压力越来越大，细分市场的红海正在逼近，现有产品所能产生的效益必然呈下降的趋势，这就要求我们直面市场、直面生命周期。"在采访最后，林万炯又开始盘算谋划，"时间告诉我们，又到了集中集成新产品的时候。单一的产品要作为里程碑式的产品是困难的，但我们能在某些领域融合光电机一体化设计，瞄准方向。只要我们认真去体会、观察，总会得到启发。所谓'快人一步，高人一筹'，就是你比别人观察市场更细心，对待客户的需求更加体贴，比竞争对手看得更多、更远。"

第十七篇

弘讯科技：塑机工业控制系统的领导者

佟文立

　　中国的注塑机产量高达全球产能的七成，是我国产量最大、产值最高、出口最多的塑料机械设备，也是中国装备制造业不可或缺的重要组成部分。中国注塑机产业分布相对集中，宁波素有"中国塑机之都"之称。而这与注塑机核心部件——控制系统市场份额高达50%的隐形冠军企业——宁波弘讯科技股份有限公司（以下简称"弘讯科技"）密不可分。

　　弘讯科技于2001年9月成立，技术与管理均传承于1984年创立的台湾弘讯科技（Techmation）。弘讯科技作为塑料机械自动化行业系统集成供货商，持续专注于塑料机械自动化控制领域，拥有30余年的技术积累，向中高端塑料机械制造商提供优质的自动化系统解决方案。随着中国注塑机产业的崛起，装配弘讯科技控制系统和伺服系统的注塑机遍布全球。

源于台湾，扎根宁波

"弘济时艰、非我莫属；讯动机转、人定胜天"。在阐述企业名称时，弘讯科技董事长熊钰麟介绍到，这十六个字告诉弘讯"一定要"成为领航者，引领产业发展；以"信息科技"为核心，促进产业升级。

20 世纪 80 年代初，熊钰麟在大学读的是物理专业，毕业后进入美国德州仪器在台湾的工厂从事 IC 后端的制程工作。在德州仪器期间，熊钰麟结识了后来弘讯科技的其他共同创始人。

一次熊钰麟去台南一亲戚家，偶然看到其所生产的注塑机控制单元是用接触器做逻辑板且用电线连接的方式，顿时萌发了寻找更先进的解决方法，基于其扎实的理论基础与多年经验累积，参照高端装备测试的办法与工作原理，尝试着用 TI 的集成电路小信号去对大信号，取代当时用电线接的不带接触器的板子，最终测试发现

这一解决方案的确能使注塑机控制单元的性能大大提升。熊钰麟因此和注塑机结缘，这也成为他进入自动控制系统领域的开始。

1984年，台湾弘讯成立。

1987年，当时的海峡两岸还无法进行正常的经贸往来，一家香港公司看中了台湾弘讯控制系统的中文显示功能，把弘讯注塑机控制系统从台湾带进了中国大陆市场。

当时的大陆注塑机行业拥有国家定点的"四大金刚"：宁波塑机、无锡塑机、上海塑机和柳州塑机，如今的行业龙头海天塑机在当时还是个乡镇集体企业。

1993年，台湾弘讯在宁波设立办事处，从事注塑机控制系统销售和服务。

2001年，在宁波北仑成立弘讯科技，建造大陆生产基地。

2004年，为研发和生产驱动器等系统关键部件，设立上海桥弘。

2010年，弘讯科技作为筹划上市的主体，将台湾弘讯和上海桥弘并为子公司。

2011年，成立宁波弘讯软件开发有限公司。

2015年，弘讯科技完成首次公开发行并在上交所挂牌（股票代码：603015）。

上市后，弘讯科技将宁波定位为集团营运管理中心、资源调配中心。集团架构与角色定位兼顾了技术引导和市场需求，在中国台湾、上海、宁波均设有相应的技术研发和产品运用部门，共同构成一个完整研发体系。该研发架构可以充分利用中国台湾、上海和宁波的差异化优势，最大限度地提升研发能力。在分工上，台湾弘讯研发部门开展行业软、硬件技术的前导研究和开发；上海桥弘研发部门充分利用上海的高端人才优势，承续台湾的研发脉络，负责新技术、新应用和新产品的开发和测试；宁波弘讯凭借靠近整机产业集中地市场的区位优势，衔接前端研发成果，实现产品批量化生产，开展产品应用研发，提高成熟产品的性能、丰富产品的功能和应用，并承担客户及时服务的关键角色；弘讯软件为公司硬件产品开发配套的嵌入式软件以及其他相关的管理软件。目前，弘讯科技生产制造人员仅为30%，其余均为工程研发、服务运营人员，其中研发人员占到50%以上。与之匹配的是，弘讯科技深谙知识产权的重要性，从2013年开始逐步导入知识产权管理规范体系，并被评为"中国知识产权优势企业"。截至2018年末，公司已经拥有授权专利166项，其中发明专利37项。

自成立以来，弘讯科技沿用台湾的管理模式，严格依照ISO9000质量管理体系运作和管理，先后导入ISO9001质量管理体系、ISO14001环境管理体系、卓越绩效管理体系、知识产权管理体系等，结合国际先进的管理软件，建立起全方位的管理制度。

弘讯科技的质量管理体系及安全标准化的实行使生产过程管理规范化，有效保障了产品质量的稳定性。同时，通过内部多道质检流程，充分把控产品质量，加强对产品原材料的进厂、制程控制及成品出厂的检验。质量管理体系的程序文件规范了企业的日常经营过程，其PDCA循环模式，促使企业不断修正、不断前进，追求卓越。

并非垄断的优势竞争者

弘讯科技生产的"弘讯科技"牌塑机控制系统被认定为"宁波

名牌产品"，在国内注塑机控制系统市场的占有率达 50%，稳居行业第一。

"我们基本上不讲垄断，而是优势竞争。我们也不打压别人。"弘讯科技董事长熊钰麟更愿意用优势竞争者来描述弘讯科技的行业地位。

当弘讯科技起家和发展的主打产品控制系统稳居行业第一后，熊钰麟先生思考的是下一步塑机行业发展的需求是什么。为应对节能减排发展趋势，注塑机伺服节能系统应运而生，填补了行业空白。

传统油压式注塑机耗能量大，能源浪费严重，且因动力系统装置的架构不同，生产精准度和稳定性也大打折扣。在与各注塑机企业合作过程中，弘讯科技抢先意识到了这个问题，并于 2005 年与德国西门子展开节能环保的伺服系统与全电式注塑机系统的研究。而当时这方面的研发还是空白。

在经过几年的摸索研究后，弘讯研发的高节能、高响应、高重复精度的伺服驱动节能系统不仅填补了这一领域的空白，而且在市场上一炮打响。经过几年的不断优化，弘讯科技生产的伺服节能系统相较传统驱动系统可以节能40%—70%，大大降低机械设备能耗、节省生产成本、提高工厂生产效率，深受市场认可。

发展至今，弘讯科技的主营业务主要为塑机控制系统与伺服节能系统，这正是塑料机械的两大核心关键部件。

塑机控制系统就相当于塑料机械的"大脑"，用以控制塑料机械操作过程对压力、速度、位置、温度、时间等参数的要求，主要由电器、电子元件、仪表、加热器、传感器等组成，包括主控器和人机界面两部分。

伺服节能系统则扮演塑料机械"心脏"的角色，接受塑机控制系统的指令，为塑料机械操作过程提供动力支持，主要由伺服驱动器、伺服电机、油泵和反馈装置、接线电缆（含插头）、滤波器、电抗器、电阻器等相关配件组成，其中伺服驱动器、伺服电机和油泵是伺服系统的核心部件。

塑机行业，全世界主要有两大产区：中国厂商之外，主要还有德国和日本。在整个塑机产业链中，塑机自动化产业处于具有很高附加值的战略环节。塑机自动化厂商利用上游行业供应的原材料和部件，通过自身研发、设计和生产，为下游塑料机械制造商提供控制系统、传动系统等自动化应用关键部件，为塑料制品生产商提供自动化总成应用。但单就注塑机的控制系统产品而言，作为机械装备制造强国的德国和日本却都没有强势品牌。

同样在工业自动控制技术产品领域，不同于机床的数控系统和工业自动化的PLC可编程逻辑控制器的众多竞争者格局，弘讯科技在国内注塑机行业建立了自动控制系统的完整体系。

在中国塑料机械工业协会公布的"中国塑料注射成型机行业15强企业"中，有60%的知名塑料机制造商都是弘讯科技的长期客户。其中全球注塑机市场份额占有量最大的龙头企业海天塑机，约有65%的塑机控制系统由弘讯科技提供配套。

作为注塑机控制系统领域市场占有率国内居首的领航者，弘讯科技积极承担行业发展所需的各项标准制修订工作，是全国工业机械电气系统标准化技术委员会塑料机械电气系统标准工作组组长单位，起草完成了多项国家标准和行业标准，其中，一项国标：《注塑机计算机控制系统通用技术条件》，四项行标：《机械电气设备塑料机械计算机控制系统第1部分：通用技术条件》《工业机械电气设备及系统塑料机械计算机控制系统形象化图形符号》《工业机械电气设备及系统注塑机交流伺服驱动系统技术条件》《工业机械电气设备及系统塑料机械控制系统接口与通信协议》已发布实施，目前主要负责起草的国标《机械电气设备塑料机械计算控制系统第2部分：试验与评价方法》已完成编制待发布实施；另参与起草团体标准《塑料机械控制系统与周边设备的接口与通信协议》。

专注自动控制技术 30 年

目前，弘讯科技是浙江省专利示范企业、国家高新科技企业和国家知识产权优势企业，并拥有浙江省级企业研究院——弘讯塑机控制系统省级高新技术企业研究开发中心。

弘讯科技每年的研发费用投入占营业收入比重高达8%—10%，努力获取国际最前沿的发展趋势，围绕着技术发展的主轴和客户多元化的需求，全面掌握塑料机械自动化控制细分行业的核心技术。而这背后则是 30 多年来弘讯科技对自动控制技术的专注和坚持。

"从 1984 年产品出来，大概用了 20 年时间，才把客户认为所谓 PLC 可编程逻辑控制器好用的概念全部抹掉，我们不能走他们国外的老路，要发展自己的注塑机专用工业控制系统。如果当年没有成功，我们也不会有今天这么大的产销量。"弘讯科技董事长熊钰麟介绍道。

弘讯科技将塑机控制系统产品的技术发展分为三个时期：1984—2004 年，单一部件（控制器）时代；2005—2015 年，高端产品研发和网络化产品时代；2015 年至今，塑机"工业 4.0"的智能制造产品与方案打造时代。

1984 年，开始开发指拨式注塑机控制器。

1986年，开发出亚洲首部中文屏幕式注塑机控制器。

1987年，开发出具有单板、温控、压力、电子尺、卧式或直立式、彩色绘图等多种特点的微电脑塑机控制系统。

1990年，开始使用单板式双CPU并正式以PC为基础进行软件开发。

1995年，控制系统设计大量采用双CPU结构，产品组合趋于多元化、弹性化；尤其是用液晶显示屏将操作控制板与动作讯号控制板分开，逐渐取代当时市面上的日系泛用型控制器，从此奠定行业塑机专用控制器产品的地位。

1999年，开始开发网络管理系统软件，并在2000年与控制系统结合通过数十台注塑机串联测试。2005年，现在工业4.0与智能制造数字化工厂的雏形iNet塑机网络管理系统正式上市。

2003年，采用MIPS系统，使用6.5英寸256色LCD人机界面，开始研发基于嵌入式Linux人机界面显示技术；进行以高速通信方式作为数据传输、收集，开始开发数据收集及设备运行状态监控系统。

2005年，开始与西门子合作开发出全电式注塑机控制系统，并于2007年推出首套全电式注塑机控制系统。

2006年，研发用于注塑机油压伺服系统的动力装置；开发出适用于中大吨位注塑机的控制系统。

2007年，成功开发出Screen Editor画面编辑管理软件。

2008年，推出带有全新网络接口的系列控制系统。

2009年，全面推广采用数字通信，实现油压全闭环控制的高效伺服节能系统；启用定制化的人机界面，具备全彩LCD画面效果及USB/SD卡便捷储存功能。

2010 年，运用 3G 无线通信技术开发塑机运行维护系统，通过公司自主开发的 Call Center 云端服务系统布局全球服务点；推出自主研发的伺服驱动器产品。

2012 年，开始整合工业通信技术，成功开发集散式塑机控制系统；开发塑料机械周边设备控制系统，如壁厚控制器、模内贴标控制器等；正式向市场推出油电复合式伺服节能系统。

2013 年，基于集散式塑机控制系统的油电复合伺服节能系统开始销售。

2014 年，推出采用全数字通信，具备高阶开模定位功能的伺服节能方案。

2015 年，开始销售全电高端注塑机整体解决方案。

可以说，在工业 4.0 时代之前，弘讯科技的注塑机专用自动控制器紧跟当时信息技术领域从芯片、软件、显示到网络通信的每一次重大技术升级并成功应用于自动控制系统新一代新产品的开发。同时，弘讯科技积极建立国际合作联盟，确保与上游资源及时供给与技术升级的同步。

作为塑机的核心部件供应商，弘讯科技从创业起就与客户保持着高度粘性式的紧密合作。与客户需求保持同步，甚至提前布局引领客户朝着欧洲发达国家更高精尖端机器与新技术发展方向进行研发，了解终端用户需求，梳理下游客户新机型开发需求，提前做好新技术新部件的研究，共同研发完成新机种、反复将核心部件与方案在整机上进行验证，缩短新机种开发周期。熊钰麟董事长介绍说，"我们的底层软件从一开始就是全部自己编写"，在设备网络化后，更是组建专业团队把通信和信息管理及信息安全等领域一以贯通。

　　"我们对研发团队的要求不太一样，并不是只要程式写出来就好，我们会要求研发人员去一线学习设备操作，了解加工过程、加工工艺、加工材料等。人才梯队建设上，我们也很注重控制算法的数理运算和加工工艺以及材料学科人才，要让这两类专长的人员加入进来。"在熊钰麟看来，塑机自动化控制系统的设计研究不能脱离用户需求，其对终端用户所用的材料与工艺要求等都需要全面掌握，这也将为塑料加工工业4.0的平台打造提供保障。

　　上市后，弘讯科技也提出了进一步横向协同发展：充分发挥在工业控制、驱动方面的技术协同，强化专业运用软件开发工具，加大力度开拓各类自动化核心部件产品在注塑机以外包括其他塑料机械、金属加工类机械、智能装备（机器人等）、其他先进工业设备等领域的应用。

展望"工业 4.0"时代

"我们目标是在 2020 年要把塑料行业的注塑机 4.0 平台搭好，这是我们责无旁贷的使命并且是一定要做的。"熊钰麟依然保持创业以来一直的激情与干劲，始终将行业的升级转型能保持与时代发展同步为己任。

自 2015 年国家制造强国战略提出时起，弘讯科技也相应提出了在"技术基础＋前瞻视野"双轮驱动下，在现有技术平台支持下，打造具有弘讯特色的塑料加工的工业物联网平台，实现塑料加工行业"工业 4.0"。

弘讯科技提出的塑料加工行业"工业 4.0"的目标是：实现塑料加工设备间的互联互通，借助移动互联网、云计算、大数据技术，应对塑料加工网络化、数字化、智能化发展趋势，提升生产设备为全数字化机器设备，改变传统塑料加工制造的生产模式，促进中国塑机、塑料加工行业的转型升级，整合成塑料加工智能制造生态圈。

2016 年与 2017 年，弘讯科技开始规划塑料加工"工业 4.0"产品与技术平台：全力开发以无线通信装置为主，利用互联网技术开发"弘塑云"，同时架设自有的私有云雏形，并进一步推出智能制造生产单元方案，实现从系统到全套解决方案的转变，将整条生产流水线的主要加工设备及各类辅机设备进行分散式控制。

2018 年，围绕塑料加工"工业 4.0"，弘讯科技重新调整软件人员架构，构建智能工厂云服务平台，即智能制造生产线数据中心；同时扩大发展第三代集散式控制系统，其兼具了专用型与泛用型控制系统特点。

2019年，弘讯科技进一步在2019年国际橡塑展展会上全新推出弘塑云（tmPlasCloud）。弘塑云主要提供SaaS服务类产品，在原塑机联网制造管理系统iNet基础上，不仅限于设备层与软件平台本身的交互，同时实现横向跨系统整合，包括ERP系统、MES系统及其他第三方应用平台，实现云端模式下的信息化管理平台。

展望2020年到2025年，弘讯科技计划完成塑料加工"工业4.0"技术平台，以国内领先的5G通信技术、人工智能(AI)快速收集巨大有效资讯，做大数据分析运用，辅助机械设备正常运营，建成智能生产生态圈，提升生产设备为全数字化机器设备，整合成塑料加工智能制造生态圈，将我国打造成为全球塑机工业4.0的前导研发中心与应用强国。

双鹿电池

董 哲

始创于 1954 年的中银（宁波）电池有限公司（以下简称"中银电池"），是一家专业从事集碱性电池技术与产品的研究、开发、生产和销售于一体的国家高新技术企业。

2018 年，中银电池的碱性锌锰电池销售量 31.44 亿只，全球市场占有率为 12.7%，居全球第二，国内市场占有率为 27.1%，居全国第一。

中银电池生产的碱性锌锰电池，产品性能经过权威机构测定，达到国际领先水平，注册商标"双鹿"为"中国驰名商标"。"双鹿"牌电池曾连续两次被评为"中国名牌"产品，早在 2007 年就获得"出口免验证书"。

"双鹿"的名称来自作为合资公司的中银电池的合资中方"宁波双鹿电池有限公司"（现更名为"宁波双鹿控股集团有限公司"），再向前可以追溯到 1991 年的宁波电池总厂和 1954 年成立的宁波市江北电池生产合作小组。

中银电池现为中国电池工业协会副理事长单位。作为全球碱性电池行业排名第三、国内最大的碱性干电池专业企业，中银电池先后开发了 LR6 和 LR03 数码王电池，LR6 和 LR03 超能数码电池，LR20，LR14，LR8D425，6LR61，3LR12，4LR25，锂离子电池，FR6 锂铁电池，多种型号的锂锰及锂亚硫酰氯电池等 30 多种电池。特别是在 2005 年研发成功的"LR6 数码王电池及生产线的产业化"项目，更是荣获国家科技进步二等奖。

目前，中银电池拥有强大而完善的销售网络体系，在国内设立了 100 多家一级分公司、经销商，400 多家二级经销商，并在越南、贝宁等国家和地区设立了国际分公司，开拓了包括美国、日本以及欧洲、非洲等地的国际客户，产品远销 80 多个国家和地区。2018年，中银电池的产品出口额占销售收入的 80.9%。

追求高标准高质量发展

碱性锌锰电池主要是作为便携式电源使用。因为碱性锌锰电池能大电流连续工作，最适合需要大电流供电的设备，如照相机、野外摄像机、无线电控制的航模与海模、电动工具、电动玩具、收录机等。

另外，碱性锌锰电池不仅具有很好的荷电保持能力，而且电池的活性材料也得到了充分利用，从而节约了资源，保护了环境，使碱性锌锰电池的性能价格比得到进一步提高，这使碱性锌锰电池更具有竞争力，应用领域将更加广泛。此外，优质的碱性锌锰电池，贮存期可在 10 年以上。

正因为使用方便、性能优良、贮存期长的特点，在野外探险及军事装备中，碱性锌锰电池被作为装备的配套器材。尤其在军事通信装备中，它被广泛作为战术电台、野战电话、末端设备、仪器仪表等的配套电源。因为在野战条件下，没有市电，充电又极困难，电台 24 小时都处于工作状态，发讯时耗电较大，为了保证通信不中断，需要配套电池具有很好的连续工作能力，碱性锌锰电池能较好满足这些要求。

目前，在全球碱性电池行业中，市场占有率排在中银电池前面的是美国的金霸王和劲量两家公司。在产品性能上，和美国的两家企业相比，中银电池在某些通用电池性能上比较接近，而特种碱性锌锰电池性能均达到了国际领先水平。

事实上，中银电池的产品在不同状态下进行测试的放电结果已经远远超过了国家、国际标准，而在某些状态下，性能指标高于国际排名第一的企业。

攀登技术高峰

目前，中银电池产品的各项技术性能指标都通过了 IEC 认证和中国 CNAS 认证。能够实现主要技术性均处于国际同类产品的领先水平，依靠的正是中银电池达到国际领先水平的产品生产技术和工艺。

稳定的生产工艺和生产设备是保证产品质量稳定的重要因素。在产品方面，中银电池一是寻找高能量、高纯度的材料，创新电池的配方设计，提升电池的放电性能；二是通过开发新的密封圈材料，使之符合电池在任何使用状态下的性能需求，同时优化密封圈的结构设计，控制电池使用过程的内部压力变化，全面提高电池的安全防漏性能。

作为与产品研发方向并列的设备研发，中银电池先后与日本富士电气株式会社、韩国火箭电气有限公司、加拿大海霸公司等企业合作，开发了碱性电池专用系列化设备 20 种，共有 58 台，生产线 2 条。其中，ZR6 生产线、电池自动校电机、电池自动吊卡机等 11 项通过了专家鉴定，填补国内空白的有 10 项，达到国际同类产品水平的有 7 项。其中，电池自动吊卡机的开发成功，不但节省了设备购置费 300 万元，同时提升了产品的包装档次。电池自动校电机能对产品实现全检，保证产品优质性，同时节省设备购置费 500 万元。锌膏混合脱泡机和正极粉混合机解决了生产线增加而原辅材料供应不足的矛盾。

此外，智慧型生产技术一直是中银电池为提高碱性电池竞争力重点发展的技术方向，智慧型生产技术的重点是将碱性电池生产订单信息、原材料订货与进货检验信息等各生产环节的信息进行整合，使与生产及质量控制有关的信息可以得到有效的监控与合理的组织。

如今，根据不同区域、不同国家客户的需求，中银电池已经能做到个性化定制，而这背后是中银电池历经四代生产线研制的努力。

1999 年，中银电池率先全面实现碱锰电池无汞化生产，成为国内电池行业首批实现绿色环保电池单位之一，提前五年完成国家九部委相关要求。

2003 年，中银电池自行研制的 LR6 无汞碱性锌镍电池生产线通过了专家鉴定，并获得国家科技进步二等奖。这条生产线填补

了国内空白，使中国碱性电池生产线长期依赖进口的局面被打破。

2005 年，中银电池自主研发了 460 型自动生产线，每分钟可以自动生产 460 节电池。这成为当时世界上最先进的相关产品生产流水线，某世界顶尖电池巨头甚至专程赶来，希望购买这条流水线。

并未就此止步的中银电池继续加大科技创新投入，不断研发更加先进、速度更快、自动化程度更高的生产流水线。中银电池最新研发的一分钟能制造 800 节电池的 800 型全自动碱性电池生产线，可以通过影像系统实现对质量的自动监控，人工需求再一次降低，质量控制水平则步上新台阶。

目前，中银电池自主研发的第四代电池生产线——智能智造无人生产线，是全球第一条真正实现无人智能作业的电池生产线，做到了"无人黑灯车间"，即使车间灯全部熄灭，也丝毫不影响生产。这条具备独立自主知识产权的生产线通过全自动 QC 系统、AGV 自动化物流系统以及 MIS 信息管理系统的研发应用，使得车间无人技术不仅减缓了员工的劳动作业强度，更使得电池质量的稳定性和均一性大幅度提升。

2019 年 3 月，中银电池通过在电池的负极添加缓蚀剂等一系列新工艺，成功地将 5 号和 7 号电池的保质期从 7 年提升到 10 年。

构建强大的研发创新团队

长期以来，中银电池非常重视新产品的开发，每年都将销售收入的 3% 以上资金投入到新产品的研发上。

2018 年底，职工总人数为 1815 人的中银电池的研发人员有

319 人，占到总职工人数的 17.5%。

中银化学电源研发中心成立于 1998 年，1999 年被评为浙江省级高新技术企业研究开发中心，2000 年被评为省级企业技术中心，2013 年被评为省级企业研究院。此外，中银电池还拥有省级重点企业研究院和博士后科研工作站。

中银化学电源研发中心设置了碱性锌锰电池研究室、一次锂电池研究室、二次锂电池研究室、电池原材料研究室、检测中心（下设产品测试室、原材料测试室、电池配件测试室等）、设备设计开发中心（下设生产线设计室、配件生产设备设计室、原材料生产设备设计室、包装生产设备设计室以及电池检测设备设计室、设备自动化室等）、设备加工与制造中心等，对产品及其原材料的分析、研究、检测能力在国内电池行业处于领先地位。

中银电池的专业技术研发团队拥有目前国内最为强大的碱性电池研发资源，不仅包括化学电源的研发力量，还包括原材料研发力量、产品标准专家及其产品与原材料测试力量，更包括了电池生产设备的研发力量。

中银化学电源研发中心，一直坚持以人为本的思想，针对中心的实际情况不断地推出各式各样的激励机制，对于研发项目的创新效果和授权发明专利等工作作出了一定的物质奖励，有效提高了研发人员的创新积极性和项目的创新实效性。

在人才引进方面，中银化学电源研发中心坚持"广开渠道，按需引进，重视质量，讲求实效"的原则，一方面积极引进外部优秀人才，通过长期与中科院宁波材料所、中南大学、浙江大学建立合作关系，每年聘请多名博士生导师、高级研究员为科技创新顾问，或直接从高校引进优秀毕业生；另一方面积极培养和提拔在工作中有技术天赋和创新能力的员工。

　　在人才培养方面，中银化学电源研发中心根据各种培训需求组织各种内外培训。培训方式主要包括邀请专家学者到中心做专题培训、由企业技术中心或公司主要专业技术人员作为讲师进行技术培训、组织技术人员出国交流或者去大学进行培训、组织员工参加社会培训机构的专业培训。同时，积极鼓励员工参加在职培训，利用业余时间参加高等学历深造；鼓励员工研究学习本职岗位技能，参加相应的职称培训，考评相应的专业技术职称资格。

　　为了寻找持续动力，中银化学电源研发中心一直坚持以市场为导向，找准自身产品的特色、优势和切入点，在关键共性技术和科技发展前沿领域联合高校和科研机构展开深入的专题研究，并联合国内外企业制造适应科技成果向工业生产转化，并能成功配合成熟

生产的设备，生产出有市场前景、有竞争力、有自主知识产权的产品。

——与中科院宁波材料所、中南大学、浙江大学等合作建立博士后工作站，积极开展学术交流，探讨研发最前沿的原电池技术与发展方向及其关键性问题。

——与苏州大学化学电源研究所（原中国轻工业化学电源研究所）等合作进行电池行业的发展规划与电池检测技术、电池性能分析技术的研究。

——与兵科院五二所合作研发碱性电池生产线中复合材料的作用，提高设备与部件的使用寿命与运行效率。

牢牢掌握核心自主知识产权

作为国内唯一一家参与 IEC 国际标准修订的企业，中银电池拥有各类专利 190 余项，其中发明专利 65 项。中银电池拥有核心自主知识产权 73 个，占知识产权数量的 38.4%。

中银电池的核心自主知识产权主要体现在电池性能方面和安全防漏性能以及智能化生产线等方面，并为此申请的专利。

电池集电体：集电体由铜钉、密封圈和底盖三个部分组成，主要作用是密封电池和负极集流体。中银电池通过改良集电体结构、密封圈材料、铜钉镀层等，提升电池的防漏性能和放电性能。

电池正极材料：碱性电池正极材料主要是石墨和二氧化锰的混合物。中银电池通过研究开发碱性电池的正极添加剂，提升电池在相同材料重量下的放电性能，提高了电池效率。

电池钢壳：钢壳是由镀镍钢带冷轧冲压制成，起到保护和容纳电池组分的作用，同时兼做正极集流体。中银电池通过改良钢壳开口部、肩部等位置的尺寸、形状，提升电池的防漏性能并且提高生产中的良品率和稳定性。

电池负极材料：碱性电池负极材料主要是锌粉、电解液和凝胶剂的混合物。中银电池在宁波双鹿控股集团旗下有专供的锌粉工厂，专门负责研发各种规格的锌粉，提升电池的放电性能。

正极原料设备：采用 PDM 自动投料、送料及配料系统，该系统采用基于中央总线的数据通信模式，实现电池原材料二氧化锰、石墨等正极材料的全封闭式自动化、无人化的投料、送料及配料。

负极原料设备：采用美国 ROSS 混料技术，实现锌膏自动投料、配料及自动搅拌系统，该系统可以实现锌膏配制过程的无尘化绿色生产，全封闭的系统环境确保锌膏配比后无杂质，从源头上保障产品质量。

主线电池组装设备：通过全自动 QC 系统、AGV 自动化物流系统以及 MIS 信息管理系统的集成应用，实现了碱性电池生产全过程，包括正极环成型、正极环插入、钢壳刻线、封口剂涂布、隔膜纸插入、电解液注入、电解液吸收、锌膏注入、封口成型、电池入托盘、自动码垛以及搬运的无人化操作，保证了产品外观一致性和质量稳定性，减少了人工的投入，提升了生产效率。

此外，中银电池多次参与制定修订国际、国家及行业标准：参与制定了 IEC60086 系列等 2 项国际标准的修订；主持修订《GB/T8897.2 原电池 第 2 部分：外形尺寸 耗电性能要求》《GB/T8897.1 原电池 总则》《GB8897.5 原电池 水溶液电解质电池的安全要求》等国家标准 4 项以及主持修订《QB/T 4080—2010ZR6 型碱性锌—羟基氧化镍电池》1 项行业标准。

加强质量品牌管理

品牌是一个企业存在与发展的灵魂，中银电池的自主品牌为"双鹿"。作为一个宁波的本土品牌，中银电池在 60 多年的实际经营中赋予它更多的内涵，使之成为中国家喻户晓的国家品牌，同时捐建双鹿希望小学，连续 18 年冠名 CBA 的八一篮球队，实现社会价值的放大。

近年来，中银电池继续加强品牌战略，适应快速、高效、多样的市场氛围，每年投资 1000 余万元，打造适应时代特点的品牌价值内涵，让"双鹿"成为高能、高端的移动能源品牌。

中银电池的双鹿牌电池在全国轻工业协会的检测评比中连续

12 年保持全国电池质量检测第一。

专业从事碱性电池的中银电池，于 1997 年通过了 ISO9001 质量管理体系认证；2002 年通过了挪威船级社（DNV）的 ISO9001 质量管理体系和 ISO14001 环境管理体系的认证审核；目前使用最新的 ISO9001—2015 质量管理体系。

中银电池制定的质量方针是"用一流技术、一流管理，创一流产品、一流服务，争国际水平，创世界名牌，达到顾客、企业、员工和社会最大受益"。

中银电池的产品拥有唯一的身份验证码，这不仅对外提升了企业产品形象，同时也展示了企业对社会、对消费者负责任的一种现代化技术手段；产品还拥有独特的防爆设计，保证了电池的使用安全。

再攀新高

未来一段时期，中银公司将进一步扩大企业规模，完善产品结构类型，倾力成为电池工业的航母，使宁波成为全国最大的电池生产基地，并为进军国际领域、建立跨国公司打下坚实的基础。

根据战略定位，中银电池将继续在细分领域耕耘：专注技术提升，快速扩大销售，使企业的行业地位进一步提高，成为全球最大的碱性电池生产基地，综合实力位居世界第一。企业创新能力提升目标是：计划每年开发电池新产品 15 项，主要从提升电池性能、电池容电量等方向；开发完善全自动无人智能环保碱性电池生产线。

为实现上述目标，中银电池的主要具体措施还是集中在技术方向。

完成 1 条包括碱性电池超高速生产技术、预镀镍钢壳制造的创新技术等的"加拿大海霸高速碱性电池生产线"的国际顶尖设备技术的引进项目。

中银化学电源研发中心重点攻克完善"全自动无人智能环保碱性电池生产线"重大课题，实现对世界高端科技的掌握和产品生产技术质的飞跃。

为使双鹿牌碱性能量王电池的性能与目前碱性电池最高水平松下的 e—Volta 齐平，进入第一梯队并具有更高的附加值，中银电池拟突破的关键工艺和技术包括：通过开发新型大直径差厚钢壳、超薄密封圈及细铜钉，提高电池内部空间，从而提高正负极活性物质填充量；开发新型正极添加剂，提高电池大电流放电性能和贮存性能；开发新型钢壳镀镍工艺及导电剂涂布工艺，提高电池贮存性能；开发新型大功率超细锌粉及电解二氧化锰，使电池的大电流放电性能和贮存性能得到大大提高；开发超薄隔膜纸，增大负极锌膏填充量，降低极化电阻；开发新型膨胀石墨粉，提高正极环导电性能和电池贮存性能。

为坚定不渝地向世界排名第一的方向努力，中银电池在新材料、新工艺方面拟突破的关键工艺和技术包括：在改善电池性能方向，寻找高能量、高纯度的材料，创新电池的配方设计，提升电池的放电性能，使之符合市场上畅销用电器的需求；创新特种电池的结构设计、配方比例，提升国产特种电池的竞争力；通过开发新的密封圈材料，使之符合电池在任何使用状态下的性能需求，同时优化密封圈的结构设计，控制电池使用过程的内部压力变化，全面提高电池的安全防漏性能，突破 IEC 性能要求，将碱性电池漏液与爆炸这对矛盾化解，全面防止因客户滥用而导致防护性的漏液现象，同时杜绝发生爆炸、起火等不良现象。

第 三 部 分

智能家居

FOTILE 方太 ｜ 因爱伟大

第十九篇
方太集团：中国厨电科技引领品牌

佟文立

2018 年 10 月 8 日，工信部对第三批制造业单项冠军企业产品名单进行了公示。在"单项冠军产品"名录中，方太集团（以下简称"方太"）的"侧吸式吸排油烟机"名列其中。方太成为厨电行业内唯一入选单项冠军产品的厨电品牌。

从 1996 年至今，方太一直致力于用仁爱之心，造美善精品：1996 年，深型吸油烟机；2001 年，欧式吸油烟机以及近吸式吸油烟机；2008 年，嵌入式成套化厨电；2014 年、2015 年，不跑烟的吸油烟机；2015 年，专为中国人发明的三合一水槽洗碗机；2016 年，油脂分离度 98% 的环保吸油烟机；2017 年，随油烟大小智能升降吸油烟机；2018 年，集多厨电协同烹饪、智能膳食顾问、厨艺云共享、多媒体视听功能等多项智能功能于一身的 FIKS 智能生活家系统；2019 年，全新的厨房烹饪解决方案——集成烹饪中心以及高效滤除重金属，保留有益矿物质的净水机。

成长之路——上阵父子兵

与一般的企业经营者"一代"和"二代"不同，方太是茅理翔与茅忠群父子共同创立的。

1978 年，自小爱看书、村里有名的"文化人"茅理翔率先选择到供销社工作，开始是当会计，后来变成了供销员，专门出去跑销售。

1985 年前后，已经 45 岁的茅理翔开始了自己的第一次创业，创办了慈溪无线电九厂，先是加工生产电视机零配件，后来转向煤气灶里的电子点火器(后来开发成点火枪)的生产。凭着血气之勇，

茅理翔带着自己的"飞翔"牌点火枪到广交会，打开了点火枪市场。在鼎盛时期，"飞翔"一度占到世界点火枪市场 50％的份额，茅理翔被冠以"点火枪大王"的美名。

不过随着越来越多的企业加入点火枪市场的竞争，以致出现了一团混战的局面后，茅理翔开始思考怎样寻找新的突破口。恰在此时，

儿子茅忠群即将从上海交通大学研究生毕业，50 多岁的茅理翔决定召唤儿子回来帮忙。

在经过一轮彻夜长谈后，茅忠群决定留下来，但有一个条件：不要做点火枪，一定要另外做新的产品。茅理翔与茅忠群父子俩最终在微波炉和吸油烟机中选择了后者。

同时，茅忠群提出品牌名称必须换掉，因为原来的"飞翔"太泛，"方太"这个名字跟厨房的气质比较贴近，容易产生亲和力。他还坚持新的企业要用新人，不让原有的家族成员和邻里亲戚进入新公司。

茅理翔意识到茅忠群指出的确是症结所在，表示排除万难，全力支持，淡化家族制。这番改革之后，500 强企业里的很多优秀人才愿意进入方太。

1996 年到 1998 年是方太创业初期，茅理翔首先把研发权交给了茅忠群。

1999 年，茅理翔看到茅忠群产品研发的思路清晰，而且很多产品引领了中国厨具的新潮流，就把第二个大权——营销权也交给了茅忠群。茅忠群接手之后实施了全面的营销体系变革，在引进大量销售精英的同时，将原来的营销员制变成了现在的分公司制。使方太的业绩和管理又上了一个新台阶。

2002 年，茅理翔彻底将方太的所有职务和事务都交给了茅忠群。到 2012 年，茅理翔只保留了一个名誉董事长的头衔。

2007 年至今，方太获得由"iF CHINA 设计评委会"颁发的 26 项 iF 大奖和由"Design Zentrum Nordrhein Westfalen"颁发的 22 项红点大奖等国际奖项，稳居厨电行业前沿。

2009 年，方太的"高效静吸"科技将噪音降低至 48 分贝，荣膺中国轻工业联合会科学技术进步一等奖。

2011 年，方太荣膺中国质量协会颁发的"第十一届全国质量奖"，该奖项是对方太在产品质量、企业管理、品牌价值及行业实力等方面的高度认可。

2017 年，方太成为"十三五"国家重点研发计划项目"油烟高效分离与烟气净化关键技术与设备"的承担单位。在此之前，方太还承担完成了"十一五"国家科技支撑计划课题《厨房卫生间污染控制与环境功能改善技术研究》，并顺利通过验收。同年，方太的原创发明"岂止会洗碗，还能去果蔬农残"的水槽洗碗机，荣膺中国轻工业联合会科学技术发明一等奖。

2018 年，方太发明"密簇直喷高效燃烧"技术，将热效率提升至 75%，使灶具更加节能高效，荣膺中国轻工业联合会科学技术进步一等奖。

目前，方太坚持每年将销售收入的 5%用于厨电产品及技术研发；拥有近 3000 项专利，其中发明专利超 400 项；拥有全球规模最大、面积达 8000 平方米的两个国家级厨电实验室，一个创新研究院以及浙江省健康智慧厨房系统集成重点实验室；拥有中国厨电行业首个由国家发展改革委、科技部、财政部、海关总署联合认定的"国家认定企业技术中心"，该中心拥有 780 多人的技术研发团队，研发人员数量行业第一。方太还在日本、德国成立了研发中心，在全国设立了 117 个分支机构，建立了涵盖专卖店、家电连锁、传统百货、橱柜商、电商、工程等全渠道销售通路系统，被公认为厨电领域的高新技术企业，是代表中国厨电科技水平前沿的高端品牌。

产品故事——方太创新

如果要写一部中国厨电的发展史，那么"方太创新"会是一个绕不开的词。

"拿不出好产品，就别想做品牌"，这是方太产品研发的信念。

20 世纪 90 年代，方太的第一代大圆弧线型深型吸油烟机，首次将工业设计引入到机型研发。当时，中国厨房普遍使用薄型油烟机，方太研发团队经过市场调查，抓住了行业痛点，投产当年就售出 3 万台，次年推出的升级版单款机型销量多达 40 多万台，自此奠定了方太的品牌地位。

2001 年，方太对源自国外的欧式吸油烟机进行了本土化改进，推出"欧式外观中国芯"的吸油烟机，在最初两年，市场占有率接近 100%。

此后，方太不断创新，发明了欧式吸油烟机、近吸式吸油烟机以及欧近一体吸油烟机等极具代表的产品。

2010年，一则《厨房油烟加剧家庭主妇肺癌风险》的央视新闻报道，使方太决心研发出"不跑烟"的油烟机，并将研发方向调整为"最佳吸油烟效果"等。测试指标的方法也极为感性：炒辣椒要做到基本闻不到辣椒味，为此，方太研发团队专门去四川找来了比寻常辣椒更辣的辣椒。在前前后后进行了1000多次实验和炒掉了1000公斤辣椒后，方太终于成功研发出新一代风魔方吸油烟机，发现了吸收油烟的"580mm黄金控烟区"，通过全自动隔烟屏、直吸直排系统等核心技术，解决了中国厨房里的油烟问题。

2014年，方太推出了云魔方吸油烟机，其中的蝶翼环吸板运用了业界前沿的全压边工艺，达到了安全和易清洁的双重要求。蝶翼环吸板全压边设计概念的提出，让业界发出"怎么会想到这种东西""根本做不了"的感慨。由于金属制造的模具与作为产品原材料的金属互相挤压，方太提出的"不允许存在划伤、连印子都不能有"的要求极难实现，连汽车模具厂也表态说这种要求甚至高于汽车模具生产要求。最后，在经过研发工程师反复的设计与论证下，历经无数次的尝试之后终于成功。

2015年，方太推出了核心技术被称为"蝶翼环吸技术"的方太智能云魔方吸油烟机。"蝶翼环吸技术"改变了传统欧式吸油烟机"直来直去"的吸烟原理，实现了欧式吸油烟机笼烟能力从水平方向到垂直方向的全面外扩，形成立方环吸效果，并降低了吸油烟高度，使得核心负压区下降6—13cm，负压面积增大，率先实现$0.21m^2$超大笼烟，有效减少了油烟逃逸。

2017年，方太成功申报并拿下了国家"十三五"重点研发计划——"大气污染成因与控制技术研究"重点专项中的"油烟高效分离与烟气净化关键技术与设备"项目，旨在系统解决餐饮、食品加工业和居民厨房的油烟高效分离与烟气净化。静电分离技术是该专项的核心关键技术之一，它将油脂分离度从95%提升到98%（国家标准为80%），使方太成为行业内首家实现98%的企业。油脂分离度越高，吸油烟机从油烟气体中分离出油脂的能力越高，也就意味着，更多的油脂被分离收集到油杯中，排放到大气环境中的油烟也更加洁净。

对于吸油烟机来说，动力与噪声是一对天然的矛盾体，仅提升动力已是困难，在此基础上降低噪声更是难上加难。2018年，方太推出全新一代智能风魔方。智能风魔方在动力与噪声之间取得了平衡，采用一体式蜗壳设计，减小烟机运转阻力，有效降低噪声，而蜂窝网和微孔消声科技能让风声更轻柔悦耳，44分贝静音小档给用户堪比图书馆的安静体验。

从1996年以吸油烟机起家发展至今，方太作为中国高端嵌入式厨房电器的领军品牌，已经拥有吸油烟机、嵌入式灶具、嵌入式消毒柜、嵌入式微波炉、嵌入式烤箱、嵌入式蒸箱、燃气热水器、水槽洗碗机、蒸微一体机、净水机等十大产品线。在这些产品线的研发过程中，同样有着类似"1000公斤辣椒"式的故事。

为了更好地掌握火焰的变化规律，解决燃气灶存在的"大火不旺，小火不稳"的问题，方太灶具研发团队用高速相机、激光多普勒测试仪、纹影仪等高科技精密仪器观察、记录气体的流动和火焰的变化，经过数年的测试和研究，推出了方太"极火®直喷"系列燃气灶，创新地实现了七级火力全面覆盖，75%的热效率，从最高4200W的爆炒火到最低200W的保温火，满足各种烹饪需求。

为了传承中国传统"蒸"法奥秘，方太蒸箱研发团队行程数万公里，探访十多位烹饪大师。通过摄像机、测温仪等现代专业工具，借助质构仪、定氮仪、科学试剂等采集分析，记录下大师的烹饪手法、食材配比、火候控制等数据，然后绘制成烹饪曲线，转化为智能程序植入蒸箱。

每件手工打磨的方太水槽洗碗机上都会印上打磨师傅的名字——"匠：某某"。这种古老的留名方式，叫作"物勒工名"。早在春秋时期，工匠们在器物上刻上自己的名字，以考其诚。打磨一台三槽的水槽洗碗机，要完成 4 个过程、61 道工序、13000 多个动作，即使是非常有经验的师傅，一天最多也只能完成 4—5 个槽体。在科技如此发达的今日，依然还要用手工打磨的原因在于，方太水槽洗碗机的水槽抗冲击碰撞能力强，耐酸碱腐蚀性也很好，但这种水槽，机器只能做粗抛，精致抛光则要依靠手工打磨。

为了解决普通洗碗机的二次污染问题，方太研发团队创造了一种"无管路"的新清洗系统。实现"无管路"首先要解决增压问题，这在国内外都没有可以借鉴的先例，方太研发团队从汽车涡轮增压发动机的工作原理中获得了灵感，研发出"开放式双泵"系统，解决了普通洗碗机的交叉污染问题，并配合高频超声和湍流冲

击技术，使果蔬农残的洗净率高达 90% 以上。

在方太进入净水机领域之前，饮水方式已经发生过两次大的变革。第一次变革：从自然界就地取水，到工业文明时代的自来水（自然水→方便水）；第二次变革：从自来水到桶装水、净化水（自来水→极致安全水）。对于第三次饮水变革，方太认为，洁净且保留天然有益矿物质的水，才是健康好水。为此，方太通过收集和分析覆盖全国大部分区域近万名用户的需求，明确了家庭水净化领域的核心技术方向和指标。方太研发团队经过在 25 个全国优质水源地和典型水质城市的调研，100 多种核心技术材料选型验证，400名极客用户参与联合验证研发，1000 次溶出物冲洗实验，3000 种膜配方实验，10000 次实验验证测试，方太 NSP 膜色谱双效净水技术，终于实现了从实验室到产业化的跨越式发展。

标准制定者——技术推动标准

在厨电行业，谁拥有制定标准的能力，谁就牢牢掌握了话语权。作为吸油烟机行业的佼佼者，方太不仅是吸油烟机国家标准起草单位，更成功代表中国参与吸油烟机国际标准的制定。

目前，方太是吸油烟机、灶具、消毒柜国家标准的起草单位，也是全国吸油烟机标准化工作组组长单位。2013 年，方太参加了吸油烟机、灶具、整体厨房等 5 项国家标准修制定工作；同年 10月，方太参与制定的《GB 29539—2013 吸油烟机能效限定值及能效等级》作为国家标准正式实施。

为了解决中国厨房油烟大的问题，从 2001 年开始，方太尝试开发一种新型吸油烟机，也就是后来面世的中国第一台近吸式油烟机"小灵风"。2009 年方太推出第一代风魔方近吸式油烟机。从此，近吸式油烟机的市场开始爆发，成为一个极为重要的细分市场。当时在我国，吸油烟机产品需依据《GB4706.28 家用和类似用途电器的安全吸油烟机的特殊要求》进行 3C 强制认证，否则无法上市销售，然而，行业标准中的一条规定对于近吸式油烟机不适用。这意味着，近吸式油烟机无法得到 3C 认证。

为了改变这一现状，方太向国内行业标准的修订会提出了修改意见，得到的答复却是："国内的 GB4706.28 标准采用国际标准，必须先对国际标准进行修改，才能修改中国的标准。"

原有国际标准适用于欧美厨房，而中国人独特的饮食结构和烹饪习惯，使得中国家庭厨房中的油烟量更大。同时，国外一般以使用电灶为主，而中国主要使用燃气灶具，这对中国吸油烟机提出了比世界上任何国家都高的要求。此时的国际标准的限制成为中国厨电企业研发新型吸油烟机产品和取得 3C 认证的技术壁垒。如果继续按现行的国家、国际标准进行吸油烟产品的设计，将被迫对现有产品的材质、结构、安全防护等级进行修改，既会降低用户使用的效果，也会使大量创新成果付诸东流。

为此，2010 年，方太代表中国厨电行业加入"国际电工委员会家用电器技术委员会（IEC/TC61）"参与吸油烟机国际标准制定。同年，方太代表中国提交了对 IEC60335—2—31《家用和类似用途电器的安全 / 吸油烟机和其他油烟吸除器具的特殊要求》国际标准的修订案，并进入 CDV 阶段，获得阶段性成功。

2016 年 4 月，方太提交的《家用和类似用途电器的安全 / 吸油烟机和其他油烟吸除器具的特殊要求》国际标准修订案，通过国际电工委员会家用电器技术委员会（IEC/TC61）专家审定，已经正式发布。对此，国际电工委员会中国首席代表马德军提到，"方太在吸烟机国际标准修订过程中所展示出来的锲而不舍、寸土必争的精神，不仅会进一步夯实并扩大企业在高端厨电市场的领先地位，也为整个中国厨电产业在全球赢得更多的市场话语权和更宽松的技术标准法规环境。"

俱乐部——与供应商共建品质生态圈

拥有长期稳定又持续成长的供应商，也是方太的核心竞争力之一。

以品质供应商为例，方太自身的品控能力在迅速成长，而供应商能否跟上方太的节奏开始成为一个问题。如果供应商对方太的要求很难领会，最后的结果就是在质量管理上相互提防，在不信任的道路上越走越远。

对此，方太的措施是积极与供应商共建品质生态圈。在严格的标准之下，方太为供应商提供教育培训，方太六西格玛俱乐部就是专业从事供应商品质管理培训的机构。

为了让供应商有意愿来学习，方太打造了四感一体的模式，即有成就感，有成长感，有快乐感，有荣誉感。方太不仅把全国著名的专家请进俱乐部给供应商授课，还带着他们前往各种专业机构交流，去相关的标杆企业学习。不少供应商经过培训后拿到国家级的六西格玛黑带，对于其中的佼佼者，会与方太一起去往国家级的舞台发表成果，获得荣誉。尽管俱乐部的运营费用不低，但是方太非常清楚，只要供应商少出一次质量事故，产品早上市，这些成本投入都是值得的。

这就是被业内人士所称的"方太现象"。方太带来的辐射效应使整个生态体系的能力都得到了加强，对供应商的能力建设所带来的外溢效应终将成为中国发展先进制造业的根基。

展望未来——千亿级伟大企业

在方太看来，伟大企业有四大特征：顾客得安心，员工得成长，社会得幸福，经营可持续。方太的愿景就是成为一家伟大的企业，目标是成为千亿级的伟大企业。

对于实现千亿目标，方太将要通过产品创新，或者通过研发有很大市场潜力的新产品，比如最新发布的净水产品和集成烹饪中心。方太对自己的产品有很高的期待和很高的要求，不希望只是做一些加法。方太的目标不是千亿级的普通企业，而是一家千亿级的伟大企业。

第二十篇

公牛集团："利他"精神成就的卓越企业

黎光寿　刘工昌

应急管理部消防救援局的数据显示：在 2018 年全年发生的 23.7 万起火灾中，因用电不慎引起的火灾占比为 34.6%；在全年 67 起较大火灾中，37 起是因为电器所致；4 起重大火灾中，3 起为电器所致。

这说明，用电安全这个老生常谈的问题，现在还在日夜困扰着社会，尤其是每年的秋冬季节，火警密集的背景下，用电安全的问题被社会广泛重视。但用电器的安全，尤其是插座或插头的安全，很少有人会注意到。

电气工程师阮立平，在给他人修插座的过程中，萌发出一个想法，就是建一个企业，专门生产用不坏的插座，结果他成功了。2020 年 2 月 6 日，他一手创立的公牛集团在上海证券交易所主板挂牌上市。

"要说我们的产品有什么特点，其实最大的特点，就是用料实在。"在接受采访时，公牛集团相关负责人说，公牛插座是插座界的高端品牌，价格上比其他插座要高一大截。尽管如此，由于质量过硬，公牛集团 2016 年到 2018 年的销售额分别达到 53.66 亿元、72.40 亿元和 90.46 亿元，成为电子连接器领域的龙头企业。

那么，阮立平是怎么成功的呢？

从学者转型的企业家

公牛集团招股说明书介绍，阮立平先生，1964 年出生，本科学历，曾任原杭州水电机械研究所工程师，公牛集团有限公司董事长兼总裁等。他目前的职务有接近十个，几乎都是公牛集团内部不同公司的执行董事和总经理职务。他还有一个社会身份，就是浙江

省第十三届人大代表。

阮立平出生在浙江慈溪市，考大学时，家里人和老师都劝他报医学、师范专业，而他却报了武汉水利电力大学的机械工程专业，只因自己年少时就有做工程师的梦想。毕业后，他顺利进入了杭州水电机械研究所工作，而且在那里一待就是 10 年。

20 世纪 80 年代，中国刚刚改革开放，浙江慈溪有很多人在从事插座生产。阮立平就有在做插座的生产和销售的亲戚。但当时许多人并不懂插座，出了问题就来找他帮助维修。久而久之，有的人甚至把他工作的杭州水电机械研究所当成了落脚地。

正是在维修插座的过程中，阮立平发现这些插座质量特别差，同时也发现，插座的构造也太简单了，闭着眼睛都不应该出问题，但却还出现很多涉及电力安全的问题，厂家居然不当回事。他萌生了要做更好插座的想法。

1995 年，阮立平告别水电机械研究所的铁饭碗，与弟弟阮学平一起，带着借来的 2 万块钱创业做插座。当时乔丹所在的芝加哥公牛队正如日中天，爱好篮球的他为自己的工厂命名为"公牛"，创业之初喊出的口号是："要珍惜品牌，首先要从质量开始，要做用不坏的插座！"

此后，公牛生产的插座，从外观到内部，都是由阮立平亲自设计，还首创简单实用的按钮式开关插座，提供双重安全保护。同行笑他："质量这么好，都用不坏，那产品卖给谁？"阮立平说："钱有两种，一种是现在的钱，一种是以后的钱。如果你局限于只赚现在的钱，那你可能就没有以后。"

公牛的产品犹如一股清流，很快得到消费者认同。因为插座不同于一般消费品，其头顶上还悬着安全这柄利剑，没有技术或技术不过关的产品，很难真正赢得消费者信任。尽管当时的公牛没钱做广告，只能靠在墙上刷漆字来宣传，但消费者的口碑就是最好的广告，其插座销量一路狂飙。仅6年之后，公牛就成了中国插座市场的老大。

在2001年的一次全国插座品牌监测活动中，公牛插座以超过20％的市场占有率夺取了全国桂冠。此后，公牛一度占据国内插座行业超过60％的份额。

国家标准的主要制定者

"我们并不在意一时的得失，因为我们是要走远路的人。"阮立平说。在残酷的市场竞争中，没有谁能永远走得对，公牛也不例外。但在漫长的竞争中它能存活下来，就在于不注重一城一池的得失，把目光放长远，注重品质的提升。

在公牛，有两种生产线，一种是大线，一种是数量更多的小线。大线就是一般意义上的流水线，25个人一组；小线又叫精益小线，一组只有8个人。这种小线没有传送带，一道工序只在全部完成之后，产品才会被传递给负责下一道工序的员工。从效率上看，小线根本没法同大线比，但阮立平认为这是值得的，因为从小线出来的产品，在品质上更有保证。

为了品质，公牛可以不计成本。

在参观公牛集团生产线时，内部工程师介绍，在生产一款苹果手机数据线时，一开始发现最容易折断的部位是靠近插头处，技术人员特意在该处加了一层塑胶保护。但接下来又发现，这层塑胶和数据线之间容易出现缝隙，最后探索出一体注塑的办法，一劳永逸地解决了这个问题。此举虽然增加了成本，但提高了销量。

品质的提升除了需要管理的精细，还需要材料、工艺、外观设计等方面的提升。在产品材料方面，公牛集团采用的便是行业内首款采用玻璃材质为主体面板的墙开产品，可呈现出晶莹剔透的视觉体验。在产品工艺方面，公牛集团通过跨界取经，借鉴数码等其他行业里的关键技术，提升产品的细节体验。在创新设计方面，最具代表性的就是公牛集团与施华洛世奇合作推出的 G29 水晶开关，堪称同类产品作为墙面装饰艺术品的典范。

除了这些，技术上的革新与精益求精更为关键。公牛插座在发展路上极为注重研发、设计，不断与飞利浦、罗朗格和贝尔金等欧美巨头合作，学习对方的先进技术。

2003 年，公牛斥资 1000 万元建成国际上最具权威性的安全实验与鉴定机构——美国 UL 国际专业组织认证的高标准实验室，可

以做防雷测试、升温测试等，开国内之先。2019 年 3 月德国红点奖年度获奖名单公布，公牛集团的三款产品榜上有名，斩获 2019 年红点设计大奖，这也是 2019 年公牛集团产品继获德国 iF 设计奖后，第二次斩获国际殊荣。

公牛集团目前主要涉及四个领域，插座、墙壁开关、LED 基础照明及数码配件。通过对公牛集团专利的 IPC（基于 IPC 大组）统计分析，公牛集团的专利技术主要集中在插座，分类号包括 H01R13、H01R27、H01R31 及 H01R4，其中 H01R13 的专利申请量有 249 项，是排名第二 H01R27 的专利申请量的 5 倍多。

专利构筑产业壁垒，但要把价值兑现，还需要更进一步，就是定义行业标准。随着持续不断的投入，公牛研发出三重防雷、抗电磁干扰、低阻低热、自锁式防脱等技术，重新定义了安全插座的细分市场——公牛安全插座。此后，市场上出现的插座，就分为公牛安全插座和普通插座，随后公牛安全插座市场迅速扩大。

2017 年 4 月，在插座行业新国标即将执行之际，公牛方面宣布提前完成了旗下 300 余款插座的新国标全面切换，以实际行动加速插座市场的更新换代。

奔向王者之路

建立在过硬技术上的品质，只是一个企业成功的基础，技术是立足之本，但技术不是万能的，因为你的企业生存在市场里，对任何一个做企业的人来说，如果你的技术不能变现，也就是不能创造价值，那一切都是白费。那么怎样让技术持续创造价值呢？

华为的任正非说：要成为领导者，一定要加强战略集中度，一定要在主航道、主战场上集中力量打歼灭战，占领高地。就公牛来说，从 1995 年成立一直到 2008 年的 13 年里，阮立平的公牛只做插线板这一个产品。当时有做小家电、房地产、金融的诱惑，都被他拒绝了。他说："我的想法很简单，就是做一行就要把它做透彻。"

但聚焦并不意味着死守而不扩张。相关负责人介绍，2008 年，在已经成为插座行业老大很多年之后，公牛电器开始进入墙壁开关领域，并很快成了这个行业里的第一。后来，公牛电器又相继进入 LED 基础照明、数码配件领域。

阮立平表示，首先会在自己的能力范围内给自己画一个圈，等自己在这个圈里做成了老大之后，再给自己画一个更大的圈。比如开关，公牛只做墙壁开关，LED 灯也只做用户装修时必须由电工来安装的基础照明灯，那些吸顶灯、台灯以及其他装饰性的灯具，都不在公牛电器的考虑范围之内。至于数码配件，公牛做的只是数据线、充电器等和用电强相关的配件。

关于公牛的专注，更真实地体现在财务报告和产品上，2015—2018 年，公牛集团营业收入分别为 44.59 亿元、53.66 亿元、72.4 亿元和 90.64 亿元，同期净利润 10 亿元、14.07 亿元、12.85 亿元和 16.76 亿元。而从产品来看，转换器收入占比最高，报告期内分别为 70.32%、61.8%、55.89% 和 57.79%；墙壁开关插座占比分别为 24.74%、29.96%、32.14% 和 27.33%；LED 照明收入占比分别为 0.85%、2.94%、5.75% 和 8.26%。

"利他"精神的价值传送

阮立平认为，公牛插座的成功并不只是因为质量够好，而主要应归功于"利他"的理念。在"利他"理念影响下，2012 年铜价

大幅上涨，一些同行业企业为了降成本，改用了其他材料，但公牛却坚持使用铜材料，从而度过了最艰难的时刻。

同样在"利他"理念的影响下，公牛给经销商让利，留足了利润空间。其中最大的一招就是取消省代制，以地级市为单位，一市一商，后期甚至一市多商。"要求经销商变坐商为行商，挨家挨户送货上门"，同时建立自己的分销、批发体系，广泛布局终端，直到每个五金店都设销售点，做到县、镇、村三级渠道全覆盖。

公牛每年会根据市场信息反馈，针对终端网点不断地改进，开发出新产品，完善产品线，同时针对主要的五金和日用杂货店等渠道，开拓相关产品，进行有效补充，提高单个网点的销量，增加客户的黏性。

最后是通过统一的终端宣传，将终端数量优势转化为品牌推广优势，公牛通过分布在全国的60万个市场终端零售店进行品牌宣传推广，将"公牛安全插座"差异化竞争优势分布在全国大街小巷。这样不但可以打造公牛的品牌影响力，同时也可以压制竞争对手在终端的宣传。

此外，公牛每年还定期召开经销商会议，对经销商员工的培训主要体现在两方面，一是由各区域业务人员根据各自情况对经销商员工进行培训，二是公司会定期组织经销商到公司参观学习与培训。

对外部经销商让利，让公牛有了一批忠实的粉丝和宣传员；而在内部，对企业员工，公牛同样给了他们很好的待遇，让他们安心工作，还能获得成长。

从2011年开始，公牛集团提出"高、中、基"三个层次的人才发展战略，分别设立了高潜力人员发展计划。总监以上层级的高层主要以引进外部课程进行领导力、团队建设以及思维训练的发展与培养。以经理级和课级管理人员为主的中层，培养方式主要以导师、挑战性项目以及一些课堂式培训为主。为应届生与生产一线管理人员设计的人才式基层的朝阳计划，是对新生力量的不断供给与内部储备人才的培养。

在公牛集团的关怀措施中，有一个"小候鸟"计划。公牛员工中的92%都是外地人，其中有不少是双职工。在寒暑假，这些双职工的儿女可以前来公司陪伴他们的父母，其交通、住宿等费用大部分由公司承担。据说，这个"小候鸟"计划已经惠及了157个儿童。

对一个企业家来说，能把企业做好，雇用更多员工工作，为国家缴税，自己也能拿得更多，是理所当然的。从这个角度来说，无论是对经销商也好，对员工也好，想要获得更大的收益，就要用心对待，因此最好的"利他"，其实就是最大的"利己"。

抢夺年轻消费者

2017年6月22日，世界品牌实验室在北京发布了2017年（第十四届）《中国500最具价值品牌排行榜》，这份榜单的前十名中有腾讯、阿里巴巴这些互联网巨头，也有海尔、华为这些老牌传统企业。而专注于制造插座20余年的公牛以80.05亿的品牌价值首次上榜。

在插座行业，公牛这家创办于1995年的企业一直牢牢占据全行业第一，目前的市场份额高达55%以上。虽然市场上品牌众多，但是此前公牛却保持了很大的领先优势。但在2015年，公牛遭遇了成立以来的第一次大挑战。

当年，一家友商推出了一款带 USB 接口的插座。它将传统的强电接口和 USB 的弱电接口集中在了一块插板上，并把价格拉低到 49 元，引发了整个插线板行业的大地震。当时有分析称，USB 插座将"血洗"整个插座行业。公开数据显示，上市第一天，该插座销量 24.7 万只，上市 3 个月突破 100 万只。到 2018 年，销量超过 1000 万。

阮立平在 2016 年时说："它把这一类产品带热了，销量很不错，但它的客户群是年轻人，我们够不着。"但公牛没有放弃，快速应变，先是体现在产品结构转型上。2016 年初，公牛提出"数码精品策略"，先后推出了数码速充配件等产品，包括苹果数据线等年轻人特别看重的东西。

所以，在该友商推出 USB 插线板之后，公牛没有坐以待毙，而是迅速跟进推出类似的产品，并在电商渠道销售，价格比该插线板便宜 1 元钱。通过这次较量，公牛不仅超越了友商，还让自己在这一领域市场得到巩固。

同时，这件事情还促成了公牛在营销体系上的改革。此前的公牛主要靠传统渠道进行销售，但这件事情之后，公牛开启了互联网渠道的销售，开始与一些电商合作，销售自己的系列产品。互联网电商渠道的开

启，让公牛这家传统的企业走上了年轻化的道路。

随后公牛还通过赞助比赛等方式，强势进入大众视野。公牛电器成为美国芝加哥公牛俱乐部新年赛合作伙伴，与腾讯代理的《FIFA 足球世界》手游和《FIFA Online 4》两款 FIFA 系列游戏展开紧密合作，同时还一举成为"电竞世界杯"官方合作品牌，公牛希望就此让更多年轻消费者群体感知到传统电工企业公牛的转变。

为什么公牛会发生如此大的转变？首要的因素是，公牛在插座领域深耕了 20 多年，积累了深厚的技术资源，拥有完整的供应链体系，转型的速度虽然不如一些后起之秀，但一旦转型，能做到厚积薄发，其力量排山倒海。

还有一个关键因素是，虽然久居行业龙头，公牛自始至终有着深刻的危机意识。在认识到危机后，没有故步自封，怨天尤人，而是迅速转身，积极应对，争夺年轻人，准备在年轻人这一代表未来的群体中留下自己的印记。

向国际民用电工领导者迈进

2020 年 2 月 6 日，公牛集团 IPO 在上海证券交易所主板正式挂牌上市，通向资本市场的大门正式打开。对于公牛来说，距离其愿景"成为国际民用电工行业领导者"又近了一大步。

公牛集团招股说明书显示，该公司未来将不断巩固优势产品转换器的市场地位，牢牢把握消费者对用电连接需求的变化，持续引领行业的发展；将进一步提升战略明星产品墙壁开关插座的市场份额，坚持"装饰开关"的产品定位，提升品牌知名度和美誉度，并加快大客户渠道布局，增强竞争力；也将加快种子业务 LED 照明、数码配件的发展速度，坚持"爱眼"LED 照明的差异化定位、"数码速充配件"的专业化定位，加快产品多样化，提升品牌知名度，扩大市场份额。

目前，公牛集团正从中长期发展的角度，实施"年产 4.1 亿套墙壁开关插座生产基地建设项目"和"年产 1.8 亿套 LED 灯生产基地建设项目"，项目建成投产后，其墙壁开关插座每年新增约 4.1 亿只生产能力，LED 灯将每年新增约 1.8 亿只生产能力；随后还将实施"年产 4 亿套转换器自动化升级建设项目"，转换器产品总产能也将大幅增加。

在未来三年内，公司将结合自身优势，以"智能用电"为切入口，致力于为用电器提供更加安全、稳定、智能的用电环境，重点布局全屋智能家居产品及解决方案。一方面公司将加快产品的智能化升级，另一方面将重点打造兼容的智能化系统平台，在逐步来临的智能生活潮流中，力争成为"全屋智能家居"的先行者和引领者，为用户带来安全、智能、舒适而便利的用电体验，持续提升公牛的品牌形象、市场地位和整体竞争力。

该公司将在产品创新和技术开发方面持续加大投入，继续以行业发展和客户需求为导向，顺应智能化、精品化、高端化的市场发展趋势，大力推动转换器、墙壁开关插座、LED 照明和数码配件相关技术的研究与开发，不断丰富、升级产品，满足用户需求。

公牛计划通过资本市场募集的资金，实施"研发中心及总部基地建设项目"，建设先进的实验室，主要用于新产品、新技术、新材料的研发以及测试验证。该项目的实施将显著提升公司的自主研发能力和科技成果转化能力，切实增强公司技术水平和产品品质保障能力，提升公司的核心竞争力，巩固和增强公司在行业中的地位。

在营销布局上，公牛集团将在持续巩固、做精做细、不断开拓零售渠道的同时，大力发展大客户渠道，实现双轨发展、双轮驱动。一方面将不断优化建设成熟的转换器渠道、墙壁开关插座渠道以及电商渠道，大力培育数码配件渠道，夯实并扩大全国近100万家网点的零售渠道优势；另一方面将重点突破大客户渠道，着力工程大客户的开发，实现全渠道布局。

在品牌提升上，公牛集团将借助渠道及售点优势，在最靠近消费者的地方进行品牌推广，并综合运用电视广告、网络媒体广告、跨界IP合作、交通枢纽广告等线上线下品牌推广方式，更准确地定位集团和各产品子品牌，将"公牛"品牌从单一的插座认知逐步提升为民用电工多品类组合的认知，以打造"国际民用电工行业领导者"的品牌形象为目标，不断提升"公牛"品牌的知名度与美誉度。

此外，公牛集团拟通过实施"渠道终端建设及品牌推广项目"，顺应电工行业发展趋势和响应国家工业品牌、自主品牌建设的政策号召，以公司营销战略及品牌战略为指引，进一步提升渠道及品牌竞争力，促进公司业绩快速提升。

第二十一篇

杜亚机电：每4秒就有一台杜亚电机在全球被安装

骆 丹

2017年6月，一年一度的科技盛会——苹果全球开发者大会（WWDC）在美国旧金山湾区圣何塞召开。在大会上，苹果公司除了介绍操作系统及产品的更新外，还公布了HomeKit智能家居平台的合作企业名单，其名单中有一家来自宁波市镇海区骆驼街道的中国企业——宁波杜亚机电技术有限公司（以下简称"杜亚机电"），合作的产品包括电动窗帘及推窗机，杜亚机电也成为全球首家为苹果公司智能家居平台提供推窗机的企业，在苹果手机上只要启动Siri，说出打开窗户的命令，苹果手机控制的窗户就会自动打开。

杜亚机电是一家专业从事管状电机研发、生产、销售的高新技术企业，其产品应用最为人熟知的是电动窗帘。在国外，电动窗帘从20世纪五六十年代开始就已逐渐研发并应用于市场，虽然电动窗帘进入国内市场仅有短短十多年的时间，但目前电动窗帘的概念已经深入人心，而"电动窗帘可通过遥控器、手机APP进行控制"的消费理念，正是杜亚机电对普通大众引导和培育的结果。

零缺陷产品

2018 年，杜亚机电在国内外市场销售管状电机总数达到 741 万套，占据国内市场份额的 50%，以及国际市场份额的 30%，国内排名第一，世界排名第二，而此时距离杜亚机电正式注册成立，仅仅过去了 17 年。

这并不是杜亚机电的董事长孙宜培第一次将企业做到国内第一。在 1990 年，40 岁的孙宜培成立东亚机械厂，专注于做消防自动洒水喷头，在 2002 年，东亚机械厂已经位列该行业的国内市场第一名。就在如日中天时，孙宜培敏锐地察觉到，由于市场趋于成熟，自动洒水喷头的利润过低，并不利于公司长久发展，于是，当有人建议进入管状电机领域时，孙宜培迅速进行市场考察。他发现，由于我国电机行业起步晚，当时国内市场仅有四五家管状电机

企业，而且由于技术的限制，国内所生产的管状电机的质量备受市场诟病，而在国际市场上，欧洲国家的管状电机的发展历史已经超过35年，技术相对成熟，其企业牢牢把控着国际市场。"缺乏核心技术、市场被垄断"成为制约中国企业发展的两大重要因素。"有点难度的市场才是好市场。"孙宜培的创业热情被激发，果断决定放弃国内第一的"自动洒水喷头"行业，进入管状电机领域。

在最初，人们对孙宜培在杜亚机电创立前2年里所作的决策疑惑不解——在2002年到2003年，杜亚机电一个管状电机都没有对外出售，整整两年时间，杜亚机电零收入。孙宜培说："我不能卖，因为我们发出去的产品，必须是好产品，才能赢得市场信任。"孙宜培放弃了"摸着石头过河"——投放低端产品、通过市场养研发、再逐步提升产品质量的想法，在零收益的情况下，杜亚机电投入大量成本进行技术革新。孙宜培相信，竞争的实质是质量的竞争。事实证明，孙宜培对市场的研判是正确的。2004年，杜亚机电将经过反复研发、推敲的产品推向市场后，一炮打响，当年销售额就超过1000万元，此后销售规模呈跨越式增长，2007年，杜亚机电的销售额就已超过1亿元。

2008年，杜亚机电里程碑式产品——开合帘电机横空出世，产品推向市场后，迅速被市场接受。2011年，杜亚机电的开合帘电机被中国建筑装饰装修材料协会授予"2010—2011年度建筑遮阳科技创新产品"。"在2008年之前，普通人几乎不知道电动窗帘，但是这款产品的出现，让普通大众熟知了电动窗帘的存在。"杜亚机电常务副总经理袁朱明说。

同样在2008年，杜亚机电还有一件被记载于公司史册的重要事件——开始制作电机的电子控制系统。随着电子控制系统的逐渐智能化，除了使用遥控器、控制器外，杜亚机电的产品还可以通过RS485 串行接口连接第三方智能中控系统，以及移动智能终端（如手机）实现远程控制。杜亚机电也因此敲开了苹果公司的大门，其推窗机已经实现智能保护和精准控制，成为全球首家为苹果公司智能家居平台提供推窗机的企业。

在 2015 年，杜亚机电销售额突破 10 亿元大关，杜亚机电打出了引以为傲的标语："每 8 秒就有一台杜亚电机在全球被安装。"用了不到 2 年的时间，杜亚机电将这个时间缩短为 6 秒，2018 年，时间再次被缩短为 5 秒，而在 2019 年 8 月份，这个时间已经变更为 4 秒。

在目前，杜亚机电的产品销往全国各省市，及欧洲、美洲、非洲的德国、法国、意大利、西班牙、希腊、美国、埃及等 30 多个国家和地区，成为国内第一、全球第二的管状电机供应商，其产能为世界第三名的 7 倍左右，客户遍及遮阳棚、投影仪、晾衣架、卷帘门等生产商以及房地产开发商、酒店等。知名的北京希尔顿酒店、福建凯宾斯基大酒店、中南·世纪花城、绿地世界城、恒大名都等都是杜亚机电的忠实客户。

不过，让杜亚机电董事长孙宜培更加自豪的，不是越来越高的销售额和市场占有率，而是市场对杜亚机电产品高质量的认可——杜亚机电的客户将其生产的产品奉为"零缺陷产品"。以欧洲客户为例，其在以高质量闻名的麦德龙超市卖出上万台产品，产品安全好用，无一人退货。

以创新立命

　　"所有的产品，在市场上的寿命最多10年。"孙宜培认为，一个企业想要在市场上站稳脚跟并不断发展壮大，唯有依靠创新不断开发新产品。"晚上做梦都在想如何开发新产品、如何创新。"孙宜培说。在目前，杜亚机电的研发场地面积约8000平方米，每年投入科研活动的经费约5000万元，并且不遗余力引进研发人员，从2008年拥有近20位工程师，到2011年工程师数量猛增为132个人。目前，杜亚机电拥有研发人员243人，占据职工总数约26%，而且该团队是一支年轻有活力的科研队伍，其平均年龄仅有28岁。

　　得益于在科技创新方面的持续投入，杜亚机电的产品从建厂初期的一个系列十几种产品，到现在已经拥有几百个系列上万种产品。为了让研发人员的科技成果得到保护，杜亚机电还专门成立了知识产权管理办公室，负责知识产权信息的收集、申请、维护等工作。目前，杜亚机电已获知识产权422项，其中专利多达244项，包含国内专利214项，国外专利30项。与此同时，杜亚机电还参与国家及行业标准的制定。至2007年开始，公司就被建设部自动门车库门标准化技术委员会授予"标准化技术委员会常务委员单位证书"。截至目前，杜亚机电已参与10项各类

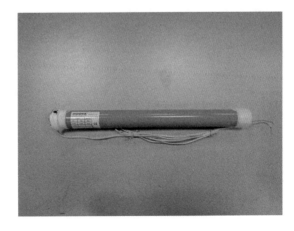

标准制定或修订，其中包括参与制定"卷帘及类似设备用电动管状驱动装置"国家标准、主持制定"窗帘开合智能控制装置"团体标准等。

现代社会是一个分工合作的社会，当杜亚机电将主要精力放在科研后，公司走出了一条适合自身发展的"哑铃式"经营模式，即重科研与销售、轻生产制造。杜亚机电研发好新产品后，将电机零部件的生产制造分发给专业的制造厂商，最后只需在杜亚机电进行组装，即可销售到市场。为了保证产品的质量，杜亚机电建立了专门的供应链管理体系培育供应商：公司人员将到各供应厂商进行检测，保证供应厂商的技术人员、设备、材料、工艺流程等各个环节均符合要求，从源头上做好品控。而对于公司内部的组装，从产品组装出来到客户手中，将经历包括性能、结构、外观在内的7道产品检测，以保证投入市场的产品的高品质。

"我们在保证质量的同时，也努力降低成本。"袁朱明说。为此，杜亚机电开启了"信息化和数字化"之路。从2015年开始，杜亚机电就已经开始引进信息化，从2019年，公司开始全面切入自动化，预计在2020年年底，就可以实现全智能化，此举将大幅度降

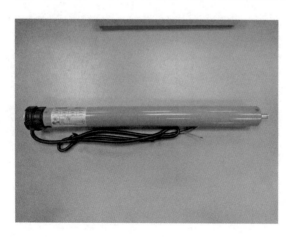

低人工成本，减轻安全成本、环保成本等隐形成本的上升压力。

在欧洲，进入市场的家居品需符合欧洲化学品管理局(ECHA)制定的REACH环保法规，

ECHA建有RECHA—SVHC清单——产品如果一旦含有SVHC（高度关注物质），企业则必须承担相应后果，出口至欧盟的产品可能会遭遇退货，甚至当场销毁。从全球来看，一方面REACH环保法规可保证流入欧洲市场产品的环保性，另一方面也可作为绿色贸易壁垒限制其他国家产品出口欧盟。从2008年10月ECHA公布第一批15项SVHC清单开始，清单数量迅速增加，截至2019年，SVHC清单已达197项。比2018年新增了10项，使得杜亚机电单个零件约增加5%—10%的成本。为了保持价格优势，杜亚机电通过数字化改造，达到提升效率、降低成本的目的。

2017年以来，由于管状电机的原材料成本上涨幅度达到20%，杜亚机电由于保持价格不变，2017年和2018年产品利润较2016年有所下降，但是按计划在2020年实现全数字化后，杜亚机电每年的净利润增长率将达20%以上，到2023年，净利润增长率可突破30%。

人文关怀下的狼性文化

杜亚机电的员工在外说起在杜亚机电工作，都有一种难以抑制的自豪感——杜亚机电的工厂环境闻名于宁波市。进入杜亚机电的办公大楼，先经过一片喷泉池，喷泉喷出的水花湿润着宁波炎热的天气。进入办公大楼后，人们又会被大楼内部华丽而文艺的装饰所震撼：木雕、挂画随处而见，咖啡吧、健身器材一应俱全……整座大楼宛如一座五星级酒店。此外，杜亚机电的工厂还配备了篮球场、台球室、电影院、图书馆等设施，让员工足不出厂便能享受众多娱乐方式。孙宜培说："杜亚机电的用人理念是'员工是公司的最大财富'，我们要让员工快乐地工作，首先要给员工创造一个好的工作环境。"

软装只是杜亚机电员工福利的一种，杜亚机电"快乐工作"的企业文化更体现在对员工的人性化管理上。在杜亚机电，有一个特殊的部门——员工关系科，该部门的人必须住在员工宿舍里，并且24小时对员工服务，第一时间处理员工投诉，随时对员工提供日常生活帮助等，让员工全天候感受到公司的关怀。公司还会举行台球比赛、车间大竞赛等比赛，定期举行团建活动，让员工积极融入集体。此外，公司还建立了杜亚学院，员工可以根据自己的岗位需求，报名参加不同的培训课程，达到素质和能力的双提升。

尽管杜亚机电生活、工作环境优越，但孙宜培并不担心员工"逸而惰"，"给肉吃就是狼，给草吃就是羊。"孙宜培说，为此，杜亚机电一改传统的人事管理和用工分配制度，形成工作人员"能上也能下、收入能增也能减、上岗依靠竞争、收入要看贡献"的良好机制，多干好干将意味着超高的薪资回报，于是，在杜亚机电内部已经形成非常浓厚的"狼性团队文化"：员工个人积极性非常高，公司没有任何要求，下班后的杜亚机电办公室依然是一片热火朝天的景象。此外，公司还建立了完善的晋升体系和奖励机制，以科研人员为例，在科研过程中有突出表现的人员，可获得经济和行政的双重奖励，经济奖励的形式为科技奖励、岗位技能工资和收益分享等，行政奖励形式包括嘉奖、记功和"十佳员工"等。杜亚机电希望以此让员工在拥有高薪的同时，能够受到他人和社会的尊重。

要做就做世界第一

在国内，杜亚机电拥有着一片蓝海市场——目前自动窗帘还仅在高级酒店及少部分居家场所使用。孙宜培相信，随着人们生活质量的提高，人们对电动窗帘、智能化窗帘的需求将逐步提升，孙宜培说："在电动窗帘领域，中国还是'处女地'，市场蛋糕非常大。"为此，杜亚机电也从最开始的外贸主导，逐渐向内销靠拢。目前，杜亚机电的内销已经占据公司业务的一半，预计到 2022 年，杜亚机电的国内市场占有率将达 60%，其国内市场第一的位置不可动摇。

"我们的目标是要么不做，做了就必须要做到第一。"在孙宜培的整个创业生涯中，目标管理非常明确，在 20 世纪 90 年代至 21 世纪初，孙宜培带领着东亚机械厂在自动洒水喷头领域做到了国内第一，而现在已经是全国第一的杜亚机电，目标只有一个——世界第一。

在国际市场上，杜亚机电唯一的竞争对手是法国尚飞集团。法国尚飞集团成立于 20 世纪 60 年代，是欧洲老牌的管状电机供应商，在法国、德国、美国、日本和中国等多个国家和地区均设立了研发中心，其研发的智能化系统，能根据自然条件的改变而自动调节各类遮阳构件的状态，实现全局和无人管理，因其高科技及高质量的保证，法国尚飞集团在全球拥有良好的口碑和十分坚固的市场基础。不过，杜亚机电认为，经过科研人员的努力，目前杜亚机电产品的性能与法国尚飞集团已经相差无几，而在价格上，杜亚机电拥有绝对优势，这给予了杜亚机电极大的赶超可能性。按照杜亚机电的发展规划，在 2022 年，杜亚机电将实现 50% 的全球市场占有率，从而超越法国尚飞集团，成为全球第一的管状电机供应商。

为此，杜亚机电制定了一系列的措施：在项目研发上，每年研发费用的投入总额不低于销售收入的 3%，新产品研发项目不低于 10 项，并力争每年获得授权发明专利 5 项以上，实用新型专利 10 项以上；在生产线上，在现有生产线的基础上，杜亚机电计划组建 2 条全新的管状电机生产线，建成投产后，其产能可达到每年 1700 万套；此外，杜亚机电还计划在海外并购 1—2 家管状电机行业排名全球前十的企业，以实现公司产量和先进技术的双提升。

在杜亚机电，"双百理论"深入人心，第一个"百"是指"人活 100 岁"，即关注员工，让员工快乐工作、健康生活。而第二个"百"是指"产值 100 亿"，在五年内超越法国尚飞集团成为全球第一后，杜亚机电预计再用 5 年时间，即可实现年产值超过 100 亿元。

第四部分
文体用品

秦　伟

宁波得力集团有限公司（以下简称"得力集团"），是宁波最早崛起的文具企业之一，1988 年就开始生产文具，它是伴随 80 后和 90 后成长的文具品牌，"得力"品牌随着文具产品连续 30 年的畅销而被广大消费者所熟知与信任。

得力集团从诞生到驰名，与其前瞻性的研发设计、全球化的视野、强烈的社会责任感与优秀的文化经营理念密不可分，更与其对商标战略的打造、创新与运用休戚相关。

"文具王国"崛起的背后，是一家传统的劳动密集型企业从生产方式到经营理念嬗变的转型之路。

创业故事——"两兄弟"和"一台注塑机"

1981 年，娄甫君（得力集团董事长）承包宁海辛岭五金厂，开始创业。当年，娄甫君就开始为国有企业生产金属零配件，但为别人加工得到的利润相当微薄。随着改革开放进一步深入，娄甫君跃跃欲试不断寻找着改革带来的商机。

经过大量调查研究，娄甫君意识到经济快速发展后将拥有一个非常巨大的文具市场，但国内文具行业产品缺乏创新、功能单一、设计呆板、销售不力等现状却普遍存在。娄甫君觉得既然要选择文具行业发展，就得从改变这些现状中大做文章。

1988 年，得力集团前身——宁海县文教用品厂成立。在创办初期，文教用品厂只拥有一台注塑机，仅仅能加工办公盒等简单的办公用品，产品的销售渠道很单一，也很直接——卖给杭州百货公司。

"我们通过直接批发供货给百货公司，简单快速占领市场份额，回笼资金！"成功利用大型百货批发公司占据了部分市场后，娄甫君开始考虑如何巩固自己产品的市场地位，"从长远看，一个优秀的品牌是企业巨大的无形资产。"

1992 年，经过深思熟虑的娄甫君关闭了别人眼里红火的加工

厂，用当时积累的 100 万元成立了"宁波新时代文具有限公司"，这是今天的得力集团的雏形，并把产品品牌定为"环球"，这个品名暗含了他的梦想，希望将品质出众的产品销售到世界各地，开辟文具行业新天地。

挑战和机遇并存，新成立的"宁波新时代文具有限公司"仅是一家无人关注的小企业，只有不到 20 名的员工，虽有 3000 平方米的厂房，但设备简陋，产品也只有 5 种。眼前的困难并没有让娄甫君气馁，他认为："每家企业都是由弱到强、由小变大的，关键是怎么抓住时机寻求转变。"当时浙江有一家规模非常大的文具销售批发公司，面向整个浙江市场。娄甫君就抓住这家百货批发公司，利用它的销售网络迅速拓展浙江市场。

从 1992 年至 2003 年是中国经济高速发展的黄金十年，也是得力集团快速发展的十年。这期间，快速发展的得力集团并没有小富即安，"得力集团先后投资 2 亿元进行技术改造，投资 1.2 亿进行土建，引进和投入国内国际先进的制造设备，形成文具行业先进完整的制造体系。"娄甫君介绍，得力集团在质量管理方面也制定了一整套符合现代企业制度的质量管理体系，并于 2003 年 1 月通过了 ISO9001 质量管理体系认证，这使得力集团一贯以来的优质意识、精良的技术水平与现代质量管理体系得到了密切的结合。同年，得力集团成为中国文教体育用品协会起草修订中国第一部削笔器行业标准的第一起草单位。

除了加大技改投入和质量管理体系建设，娄甫君还非常重视创新，每年得力集团都会拿出年销售额的 8% 作为研发费用，并且在国内文具业中率先引入研发项目经理人制，对内部研发体系进行革新，细分产品系列，确保产品研发的专业性，并设立不同的研发项目小组，以此来提高推出新产品的效率。

从一只笔筒起家，这个建厂初只拥有 5 种产品的小企业，今天的得力集团，拥有最齐全的产品线，自主生产制造 13 大品类（文件管理用品、桌面办公用品、办公电子用品、书写工具、纸制品、办公生活用品、商用机器等）、6000 多个单品，是中国最大的办公与学生用品产业集团，自主制造占 80% 以上。以削笔刀、切纸机为代表的一大批项目技术水平已经走在国际同行的前列。

得力集团拥有 5 大生产基地、8 大设计研发中心。得力集团在产业格局、规模效应、产业链整合、高科技应用等方面领先业界，成为世界级的文具企业。在中国，100 余家销售分公司，5000 家指定分销伙伴，50000 家文具零售商，得力集团打造起庞大的销售网络；在全球，得力集团产品远销 100 多个国家和地区，正在构建一个全球性的营销网络。

品牌故事——让学习、工作更"得力"

用客户的话说就是：如果在中国文具行业中只能选一个品牌进行零售的话，能够让文具店存活下来的只有得力一个品牌。

随着企业生产规模有所扩大，也有了一定的原始积累，但娄氏兄弟意识到，如果不创立自己的品牌，不能创立一个有影响力的品牌，就只能永远做初级加工厂，在市场竞争中也只能处于接单的被动地位而无法主动去占领市场。

"起初公司没有自己的品牌，做一些贴牌、代工生意，但很快就明白了，在风起云涌的中国经济市场，如果没有自主品牌和核心技术，就很难存活下去。"得力集团总裁娄甫安表示，当然，除了要做自主品牌，更要努力成为民族品牌，为中国民族工业走向世界贡献力量，所以第一个商标的样式就是一个"环球"图形，叫"环球"牌。

"随着时代的进步，又觉得要设计一个印象更深刻、内涵更丰富的品牌名称。"娄甫安说，于是，"得力"二字便呼之欲出，让学习、工作更得力，这不就是大家使用文具的初衷吗？1995 年，正式启用"得力"品牌，开始打造真正属于自己的产品，并大规模布局国内市场，自建营销体系。

在娄甫安看来，品牌战略是企业的使命，只有坚持稳定、健康的发展，才能使品牌战略获得坚实的物质基础。"品牌管理是将得力打造为'中国办公整体解决方案领导者'和实现'成为一家值得信赖且受人尊敬的企业'伟大愿景的重要保障。"他说。

自成立至今，得力集团将品牌战略运用于企业的经营活动之中。目前，品牌已经成为得力集团经营战略的组成部分，并随企业

经营战略的调整而调整。

打响品牌的最终目的是打开产品销路，获得尽可能多的消费者认同，因此，得力集团把建立完善的营销网络作为企业发展的另一个主战略，在实施品牌战略的同时，致力于建立完善高效的营销网络。

1997 年，在上海、杭州、天津设立了 3 家分公司，随后逐年在各地增设分公司。2000 年，得力集团便跻身国内文具行业龙头企业之列，工业产值 2.8 亿元。

2006 年，得力集团开始启动终端样板店以及形象店计划，通过选择最优质的终端门店资源，让得力的品牌形象得到全面展示。与此同时，全面启动"植根中国，千城万店"的营销战略：以千城万店为目标，努力扩大国内市场份额，深度挖掘三线城市市场。另外，得力集团每年在全国举办的专场产品推广会达 500 场，参加的经销商超过 10 万人次。

2008 年，得力集团邀请电视主持人陈鲁豫作为品牌代言人；2013 年，邀请著名主持人杨澜作为品牌形象代言人和品牌传播大

使。通过将她们知性、优雅的职业形象与得力所倡导的办公理念相结合，传播得力的品牌个性。

得力集团每年投入数亿元进行线上线下品牌宣传，成为中国办公文具行业第一个拥有品牌代言人且在国家级电视媒体投放品牌广告的文具企业。"借助CCTV极高的覆盖率和收视率，每天都有数以万计的人通过电视认识得力，伴随着2008年至今的传播投入的持续增加，得力文具获得更多与消费者接触的机会，得力品牌认知度、美誉度大幅提升，同时也带来终端购买率的大幅提升。"得力品牌部门相关负责人说道。

线上线下的合力出击，为得力品牌从渠道推力到市场拉力的演变奠定了重要基础。通过这些方式，"得力"将集团的商标战略推向一个全新的高度，也是凭借其独特的品牌优势和强大的产品竞争力，让得力集团的产品受到全球越来越多消费者的青睐。

得力集团的发展也证明，实施品牌战略，为企业注入了强大的生命力。"有了自己的品牌，所有的努力就都有了方向，技术创新、产业提升等也都有了直接的动力。"娄甫君说，走品牌化道路，就是在产品、技术和服务日趋同质化的形势下，寻求原创性和差异性，正是致力追求与普通文具产品的差异，使得力产品从文具产业中脱颖而出，成就了自己的梦想。

创新故事——引领产业变革

2007年，得力集团工业产值达到12.4亿元，员工人数则增加到4500人。"相比于规模的扩张，企业人均产值几乎原地踏步。"在娄甫君看来，得力集团正遭遇成长的烦恼。

此时，娄甫君敏锐地意识到，"文具行业是典型的劳动密集型产业"。人力成本的快速增长和用工荒的频现，让当时的企业决策层倍感压力，得力集团必须开始寻求突围。

"一方面，投入力量开展自主研发。率先成立技改小组，集团总部专设技改办公室，高薪聘请自动化工程师，打造一个专业化的智能制造研发团队。通过研发新兴组装机，提高产能的同时也节约了成本；另一方面，重点抓品牌商标的宣传与运作。"娄甫安心中有着清晰的计划。

娄甫安将方向瞄准了生产方式的改变，"传统意义上的劳动密集型产品，不一定要用劳动密集型方式生产，这是企业将来的出路。"

据了解，当时得力集团曾与一厂家洽谈，希望通过合作开发，把多面贴标签的几道工序简化成一道全自动工序。结果，该厂家独自开发出了设备，并在行业内推广开来。

这一意想不到的变故，迫使得力集团投入力量自主研发。集团下属子公司"得力文具"率先成立技改小组，集团总部专设了一个技改办公室，高薪从广东聘请来4名工程师，打造了一个20人的自动化研发团队。3年后，技改办公室升级为技改中心，集团常设技改人员也达到了80人。

2011年，研发团队发现从韩国引进的三条固体胶流水线中，组装机成为限制产能的瓶颈。经过一番论证分析，公司决定自主研发一台组装机来更替。团队成员外出考察，跑技术展会，琢磨改进思路，终于从一台小型打孔设备上找到了灵感，成功开发出新型组装机。

"测试下来，产能比原先提高了两倍，成本却节省了70%以上。"项目小组负责人欣喜地说，"有的车间原来有四五十个人，有了自动化装置后，人员减少到十分之一，产能反而提高了好几倍。"

据测算，自动化研发团队创建4年来，通过改装和研发生产设备，节约成本3000多万元。

得力集团还在上海成立了一支由20多人组成的研发中心，专门进行产品造型和功能开发。之后，负责颜色、图案等外观平面设计的另一个团队在韩国成立。凭借强大的研发能力，"得力"不断开拓办公和学生两大类文具产品，以每年一个多亿元的产值增速，坐上国内综合文具头把交椅。

2017年4月，在智能制造浪潮下，得力集团与上海发那科机器人有限公司正式签订战略合作框架协议，标志着其智能化生产又迈上一个新台阶。

"我们要瞄准高质量，敢于投资，要以胜利为中心，不以省钱为中心。我们所有业务的本质是实现高质量，高质量的实现是需要投入高成本的，我们一定要明白我们要的是胜利。"在签约仪式上，娄甫安引用了华为总裁任正非的一段话表明了得力集团在"机器换人"战略及打造智能工厂上的决心——"随着近些年来中国劳动力成本的提升，人口红利逐渐消失，我们要有前瞻性的眼光，在正确的时间做正确的事，积极推进智能制造事业，以全面实现信息化、高端化的未来智能工厂为发展目标，大步迈向'制造强国'。"

从拥有第一台机器人开始到现在成功引入数百台机器人，从精益生产再到 MES 车间的导入，得力正在坚定地迈向智能制造之路。

产业故事——开启办公大时代

2014 年，得力集团召开品牌战略升级新闻发布会，正式宣布其品牌由"得力文具"升级为"得力办公"。得力集团的业务范围也将从供应综合文具产品升级为提供办公整体解决方案，进行办公行业全产业链布局，引领中国文具行业进入办公大时代。

娄甫安表示："企业发展需顺应于市场及用户需求的变化，企业用户对于办公产品的需求不再局限于文具，市场已从'点'的需求转向'产业链'的整合需求，得力集团拥有强大的多品类研发能力、辐射全球 150 余个国家的销售渠道、丰富的品牌营销经验，我们已经做好了向'办公整体解决方案'全面升级的准备。"

著名主持人、得力办公品牌代言人杨澜也现身上述发布会现场，其睿智、全能的精英形象与得力更专业、更自信、更全面的办公品牌形象相得益彰。杨澜表示："作为本土文具品牌的翘楚，得力敏锐的行业洞察及国际化的视野打动了我。"她以独到的视角讲述了得力"办公大时代"的特点：得力整合了办公产业链上下游各个环节，依托其强大的研发制造能力、完善的销售网络和物流配送体系，为企业提供"一站式"采购。

长远的战略眼光和不懈的坚持让得力集团打造了行业内最丰富的产品线，搭建了最完整的销售服务网络，树立了最具影响力的品牌形象。拥有 20 多年历史的得力集团，近年来始终保持着 20% 以上的销售增长率，即便在 2018 年国内宏观局势错综复杂、市场经济整体紧缩的困境下，仍逆势增长，销售增长高达 40%，稳居行业领导者地位。

2018 年 12 月，得力打印机全阵容上市，作为国内首家同时掌握激光和喷墨两大打印品类的核心技术，并拥有全品类打印设备研发与生产制造能力的企业，得力集团全面打造了"中国打印机国家队"，开启了其在中国打印与智能办公类产品的全新征程。

"纵观打印机行业发展史，中国 90% 以上的市场份额长期被日

美品牌占据，由于缺少打印机核心技术的自主研发，导致国产品牌在市场竞争中举步维艰。突破技术壁垒，做中国人自己的打印机，可以说是每个得力人的共同意愿。"娄甫安如是说。

面对这一格局，置身改革开放的背景下，得力集团依托近30年的技术积累和品牌优势，整合全球打印技术研发资源，历时5年研发出拥有自主知识产权的芯片，并走上了产销研一体的道路。在先后推出了针式、标签打印机的基础上，得力集团再次攻克了打印领域技术最尖端的激光与喷墨两大品类的核心技术。

得力数码打印负责人介绍道："我们怀揣希望通过掌握核心技术，打造中国打印机国家队的初心，由此建立了全球打印领域顶尖专家及科学家组成的研发团队，来完成激光打印与喷墨打印的研发设计。团队通过不断的探索创新，已经完全掌握打印领域里的芯片技术、自主研发喷墨、激光自主打印头、连供技术等。"至此，得

力集团在打印机领域真正做到自主研发，打破了外国公司对打印机技术的垄断。

一位经销商在现场体验后表示："在实用基础上，得力打印机产品从外观设计到操作应用上都体现一种智能新体验的感觉，非常符合政企及事业单位的需求。可以想象，在不久的将来，云打印必将成为我们办公生活中不可或缺的一部分。"

得力打印机全阵容上市是得力打造办公整体解决方案的又一大迈进，极低的采购成本、丰富的全球供应商资源、高效的服务与完善的仓储物流，让得力打印机在政府和企事业单位采购竞争中呈现巨大优势。此外，得力积极响应政府号召，适配国产芯片 PC 终端和国产操作系统，进一步确保打印机的信息安全。

得力打印机全阵容的上市，为打印机行业乃至中国制造业都将带来耳目一新的变化。正如娄甫安所说："立身有责，树业有为。国家强大在于经济强大，经济强大的基础在于拥有一大批世界级企业。成为世界级企业，就需要我们不断自主创新和自我革新，打印机全阵容上市是得力发展史上具有里程碑意义的事件，但这只是一个新的起点，我们不会停下探索的脚步，让我们携手，助力中国制造走向世界，让世界见证中国创造！"

高速发展的得力始终保持着对市场最敏锐的洞察，不断扩展产品品类的同时加大研发创新，展开对电脑耗材、IT 周边产品、办公家具等领域的布局。多品类领先战略的实施加快了得力品牌的全面升级。完成办公全产业链布局、打造"办公整体解决方案"是得力集团的最新战略方向。

海外故事——用品质惊艳世界

2016 年 9 月，G20 峰会在杭州盛大召开，得力集团作为官方指定办公用品品牌亮相国际舞台，为 G20 增辉添彩，展示着中国制造的文化底蕴与民族魅力，也见证国家荣耀，彰显了行业领导者的实力和风范。

2017 年 5 月，"一带一路"国际合作高峰论坛于北京盛大召开，得力集团凭借其卓越的品牌影响力、高品质的产品和服务，成为其办公用品供应商。

2017 年 9 月，金砖国家峰会在厦门举行。当全世界都在关注此次峰会将如何改变未来国际经济关系的时候，我们发现继 G20 峰会和"一带一路"论坛之后，金砖国家峰会再次将得力集团选为办公用品供应商。

在中国文具用品、办公用品行业全线发展、遍地开花的情况下，得力集团为什么能一次次得到各大国际高端峰会论坛的青睐？

以 G20 来看，得力集团为 G20 杭州峰会提供 81 种办公用品，既有笔记本、文件夹、行李牌等套装用品，又有桌垫、手提袋、抽纸等会场用品，在会场的每一个角落，几乎都能看到得力的身影。大到文具包，小到橡皮擦，每一款产品都是峰会的得力助手，令与会领导赞叹不已，同时也彰显出得力人"臻于品质、专注细节"的匠心精神。

回顾文中上述的系列事件不难发现：品质，始终是得力人坚持的首要原则，国际舞台频现"得力制造"反映出得力产品的"国家级品质"。

早在 20 世纪之初，得力集团开始探索自主品牌海外发展之路。娄甫安介绍，"从 2000 年起，得力逐渐在东南亚、中东各国设立海外营销中心，市场战略布局与'一带一路'经济圈不谋而合。"如今的"一带一路"倡议，为得力全面推进海外市场销售网络建设打下坚实基础。

据了解，得力集团目前已形成全球六大洲、130 个国家销售网络全覆盖，并拥有阿联酋、俄罗斯、印度、波兰、美国、日本等众多海外区域中心，为客户提供快速有效的服务支持。得力集团为加快全球化市场开拓，积极与"一带一路"沿线国家政府与企业开展市场化运作，在国家"一带一路"倡议框架下，加强经济合作实现互利共赢。

2019 年 2 月，得力集团海外业务再传捷报，得力集团中标联合国人口基金会（UNFPA）办公文具用品项目，成为其长期供应商。此次中标，标志着得力集团已成功跻身于联合国机构合作的办公文具综合供应商行列，打破了一直以来西方品牌在该领域的垄断，成为完全凭借自主品牌力量，走进国际公共采购领域的中国民族企业。

联合国人口基金会是联合国下属机构，是世界上最大的国际性组织之一。此次招标要求严格，围绕产品规范、品牌形象、客户评价等数十条资质筛选供应商。在激烈的竞标中，得力集团凭借深远的行业影响力、极高的品牌美誉度以及卓越的产品创新力等综合实力，在一众世界级办公文具企业中脱颖而出，拔得头筹。

成功的背后离不开奋斗在项目开发第一线的业务团队，作为该项目的主要负责人，海外事业部黄经理回忆说："项目的整个过程，得力始终保持高效沟通和真诚服务，得力的'多工作场景整体解决方案'更是令人眼前一亮，例如这次我们上报的100余种产品全部入围通过，这就是对我们的高度认可。我相信和联合国的这次合作，将为得力乃至整个办公文具行业带来新的发展思路和方法。"

多次获得尼日利亚总统大选订单，独家供应伊拉克总统大选物资，顺利完成国家商务部援助尼泊尔地方大选项目……回顾近年来得力集团在品牌国际化与海外市场拓展的辉煌成绩，都得益于企业在产品品质、品牌等多条战线上的深耕不辍，更缘于每一位得力人的不懈努力。

在取得成绩的同时，得力高层也非常清醒。"不可否认的是，中国文教行业目前整体的创新能力水平，与国际先进同行还有不小的差距，面对瞬息万变的全球经济市场，中国的文具企业只有加快实施创新驱动战略，深化实施商标战略，才能在未来的全球化竞争中占据主动。"娄甫安如是说。

　　娄甫君也表示，以"中国制造向中国创造转变、中国速度向中国质量转变、中国产品向中国品牌转变"为己任，以发挥品牌引领作用为核心，大力实施品牌基础建设工程，提升得力品牌在国际国内市场上的竞争力、影响力，推动产业结构优化升级。

　　不忘初心，砥砺前行。得力集团将肩负起中国民族品牌屹立于世界品牌之林的重任，并立足于满足人民美好生活需要，积极推动经济转型、结构升级，为中国经济高质量发展贡献实体力量，最终实现"成为一家值得信赖且受人尊敬的企业"的伟大愿景！

第二十三篇
广博集团：用文化诠释文具

刘志昊

　　四十年风浪，四十年收获，东方大港宁波凭借得天独厚的地理位置，浸润出一批极具活力的民营企业，一帮勇于开拓、锐意进取、富有竞争意识和奉献精神的民营企业家以实干兴邦的精神和居全球第四吞吐量的集装箱，为世界各国输送出"中国制造"，也涌现出很多响当当的优秀企业，在细分领域里做到全国甚至全世界领先，成为名不见经传的"隐形冠军"。这份榜单中少不了一个名字——浙江广博集团股份有限公司（以下简称"广博""广博集团"）。

　　广博创建于 1992 年，是国内第一家文具 A 股上市企业，也是国家高新技术企业、全国重点文化出口企业，先后获得中国十大文具品牌、中国民营企业 500 强、国家印刷示范企业、全国五一劳动奖状等荣誉，还同北京奥运会成功"牵手"过。

　　广博集团董事长王利平把广博 28 年的蓬勃发展，比喻为一辆不断加速的"跑车"，而这个"跑车"承载的，就是文化，代表着中国人的审美趣味和价值取向。谦和的他喜欢把广博比喻成"文化产业的传播基地"。

"我们的文具产品类别有 3000 多种，而我们在给全球 70 多个国家和地区的产品供应中，绝大部分传播的是以中国文化为主的儒家思想、乡土风情、书法、福文化等。"把这些产品陈列在沃尔玛、史泰博、家乐福等国际零售巨头的货架上，让全球各地的消费者都感受到广博的魅力。这，也是广博品牌文化行销的一次"集体盛宴"。

王利平的创业经历，本身就是在践行着文化元素。从一台破旧的 08 印刷机起步，通过品牌塑造和创意创新，广博已羽化成为中国最大的纸品文具生产基地，拥有世界一流的印刷管理水平、相册

生产工艺和国内一流的本册生产能力。

"翻"进广交会"借"地摆摊

广博的前身最早可以追溯到 1992 年，那时还叫鄞县铝合金电子门窗厂。1992 年 10 月 24 日，先前担任供销科长的王利平被鄞县石碶镇镇政府任命为铝合金电子门窗厂厂长，一上任，他就背负了 80 多万元的负债和 27 个近 5 个月没领到工资的员工的期望。"我的任务就是让员工们能按时足额地领到工资。"王利平的人生转

折也从这里开始。和大多数创业初期的企业一样，当时的条件非常艰苦。

"当时就是无资金、无技术、无订单的'三无企业'。"王利平的戏言露出几许无奈，厂里的每个员工都在观望、怀疑，不相信这么一个年轻人可以把厂子搞好。"要生存，必须要废旧立新。"王利平一出手就让所有的人感到震惊，他将企业改制成了鄞县彩印包装厂，租借了一台08印刷机开始了彩印业务。——这样做的结果是：如果接不到业务，不要说员工工资，原有的门窗销售也不可能再做了。

"其中的艰辛很难用言语来表述，幸运的是第一次跨越就有了不错的成绩。"万事开头难，王利平的第一次出手没有让大家失望。

只经过一年的运作，彩印包装厂奇迹般地扭亏转盈。"厂子不但还清了债务，还有了盈余。"回忆起这段往事，王利平笑着说道，"创业初始的环境容不得你去多想，全凭借着一股冲劲，和想要去闯一闯的心态，以及不能让不离不弃的老员工失去养家糊口保障的这份责任心，驱使着我们一直坚持创业。"

当时的彩印包装厂，通过纸质外箱包装的代加工生产实现了小幅盈利，但是外箱生产不仅成本高，体积大，利润空间也小，"在这样的环境下，我们意识到，需要再次作出一些改变了。"王利平的心思再一次活动起来。

"我们到处跑市场、找商机。希望找到能使企业可持续发展的产业。"用王利平的话来说就是"寻找适合自己脚的鞋"。"那段日子非常辛苦，也很焦虑。"机遇总是留给实干与有准备的人，在不断与客户和市场接触中，王利平发现了新的商机，"中国学生规模正在不断扩大，每年的文具需求量更是不断增长。"于是广博开始生产笔记本，走上了做文具的道路。1993年，企业进行改制，宁波东方印业有限公司成立。

跑展会，是20世纪90年代初中国企业与国际接轨的最好方式，也是与客户接触最直接的方式，广交会就是这样的一个舞台。

广交会（中国进出口商品交易会），是当时规模最大、商品种类最全、到会采购商最多且分布国别地区最广、成交效果最好的综合性国际贸易盛会，被誉为"中国第一展"。然而对于大部分中小民企来说，广交会可望而不可即，更不用说是乡镇企业了。

"1993年我坐了一天一夜的火车到广州，第一次看到了广交会人山人海的场面。但因为没有参展证，无法迈进广交会的门槛。"王利平回忆道。在会场外徘徊失落了好久的他不甘就此放弃，多次斡旋，最终进入广交会。

借着这次广交会，敲开了国际市场的大门，也让当年几十块钱的文具如今已经变换出了上百亿的产值。

第一笔订单，是为一个英国商人印刷马票本。"在广交会上有位欧洲客商想定制马票，但因为利润薄没人愿意接单。"王利平便赶紧上前推销，外商只丢下一句让王利平去酒店找他的话。

为了拿到这笔单子，王利平按照英国商人留下的地址，来到酒店做具体洽谈，"酒店的外商客房门口，等待洽谈的客户太多，在门口等待40多分钟才进门。"王利平苦笑，"进门后，我不停地做着成本核算，对方一边坐在沙发上悠闲地喝着咖啡，一边跟我压价，一直算到后半夜才将这个订单拿到手。"王利平回忆，"为了实现工厂的转型，为了接下第一笔外贸生意，我同意了英国商人极为苛刻的条件。"

此后3年中，东方印业的产值、销售、利润分别增长了2.6倍、

2.7 倍和 6 倍，员工人数也由初期的 80 人增加到了 250 人，企业进入了发展的快车道。

而 10 年后，当年那位边喝咖啡边压价的英国商人来到广博参观时，对广博的发展大为惊讶。为了加强联系，主动接受了广博新的报价。

如今，这份价值 2.08 万英镑的马票本生产合同，连同马票本样品一起，被陈列在了广博的展厅内。它是广博来自外贸的第一桶金，也是广博走向海外市场的敲门砖。

"广博正是在不断的学习、进化、成长中实现自身竞争力的不断蜕变，在不断的探索中，逐渐认清企业定位。"回顾创业艰辛，王利平如是说，"迎接挑战，是创业者的基本素养。挑战首先来自市场，有了好的产品还必须要有好的市场才行，找准市场定位则是产品成功的关键一步。"

只有拥有品牌才能让人尊重

1995 年，王利平赴美国芝加哥参加国际博览会时，发现自己的产品被外商贴上洋标签后，价格一下子翻了 6 倍。

这趟美国之行给了王利平不小的震撼，也给他带来了思考。虽然为外商定牌加工，不愁销路，效益不错，企业的日子过得也相对滋润，但王利平认为企业不能始终受代理商的牵制。"我分析了国内印刷包装行业，很多企业苦心经营了几十年，虽然产品质量没有问题，但就是没有一家企业的产品能在国际市场上有声望，更没有一家企业能在国际上与同行平起平坐，最关键的原因就是没有自己的品牌。"芝加哥之行让王利平意识到要想在强手如林的国际市场求得生存和发展，必须创建自己的品牌。

　　除此之外，另一个要命的问题就是"凑合"，特别是那些中小加工企业。一位美国客户曾告诉王利平，他们要求产品的质量比较高，而中国企业往往是优良品与次品混合，勉强合格就行。在欧美制造业的大企业不断向中国转移时，中国企业仍然停留在自己与自己竞争的水平上，仍然用得过且过的态度来对付客户。

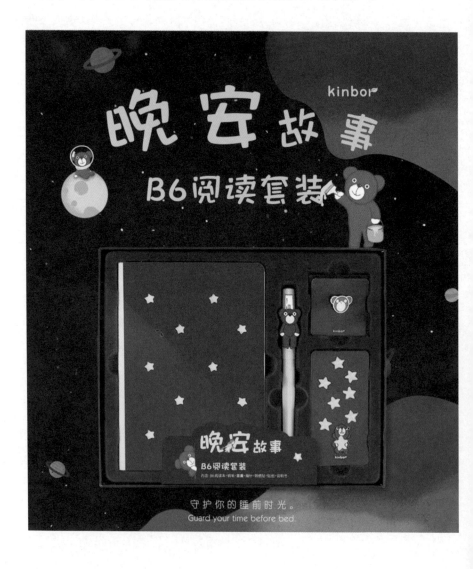

"'凑合'观念严重制约了中国企业的产品升级，也影响和制约了国内企业应对竞争和参与竞争的能力，成为制约中国制造业竞争能力的重要因素。"

当时的中国制造业因为效率低、缺乏创新严重制约了质量的提升，而质量不高附加值就少，又很难增加利润，也就更没有钱投入研发去提升质量，更不可能参与到真正的全球化竞争当中去，不少中国企业陷入了这样的"迷局"中。

1996年10月，因公司股本结构的再次调整，公司变更为"浙江广博文具发展有限公司"，注册的产品商标就是"广博"，王利平出任公司董事长兼总经理。第二年，公司获得自营出口权，广博文具开始远销东南亚、欧洲、中东等70多个国家和地区，这对广博文具来说，是一个大的跨越——跨越了从依附型向价值型转化的鸿沟。

"品牌之路很艰辛，但是很值得。"王利平说，"一个可以佐证的例子是，曾有欧洲一大型文具企业想以巨资来收购广博这个品牌，被我一口回绝。品牌是我们的'脸面'，'脸面'比美金重要得多。"

2001年，在步入新纪元之后，企业整体改制为民营股份公司——浙江广博集团股份有限公司。至此，广博集团的广阔画卷正在徐徐拉开。

"走出去"要胆识更要谋略

广博在美国的营销公司曾同时请过两位高管，一个是中国人，一个是美国人。"中国高管总是给我电话说：董事长，我天天加班工作，但客户的拜访还不是特别顺利；而那个老外则跟我说：My boss，我觉得工作很轻松，事情进展得不错。"秘书说中国经理最多一周发一封邮件；而老外经理每天都会发3—5封不等的邮件，对公司每天的运营、生产等都做了详细的计划和总结。

到了年终的时候，两位经理都到中国总公司开会，中国经理的年度报告只有不到十页纸，上面是简单的总结和一些不全的数据，业绩一般；而美国经理则带了厚厚的一本年度报告，其中不光有上一年度的工作决算，各种数据十分完整，此外还有对市场的分析报告和下一年度的预算。

从这两个员工身上，王利平意识到中西方在营销上有着不可跨越的文化鸿沟和现实差距。"老外的工作方式和效率只是其中一部分，更重要的是使用老外更容易实现产品海外本土化营销。"在他看来，全球化经营中很重要的一步是文化的融合。王利平在之后的海外拓展中，聘请了大量当地人进行运作，希望能捕捉到更加详细的信息来实现扩大海外市场的蓝图。

与营销渠道相对应的是商品的需求生产。外贸出口企业面临的最大挑战是国际市场上的产品需求更新周期短，而国内研发力量往往不能及时提供生产要求。广博的生产基地在国内，但是与别的企业不同，广博没有把国外设计师请到中国来，而是将设计室放在了国外。"我要让设计人员与市场、客户零距离。"王利平就是那么的特别，而他的特别总让人为之惊叹。广博内部加强了销售链管理，强调以客户需求为中心，建立了完整的绩效考核措施。同时，按照国际标准，使广博整个订货流程无缝连接，为客户创造价值。通过与顾客合作来了解顾客的需求，构造一个满足顾客需求的解决方案，然后向顾客发送所需要的产品。

　　也正是从那个时候开始，广博从单一的 OEM（Original Equipment Manufacturer，原始设备制造商）经营模式逐渐转向 ODM（Original Design Manufacturer，原始设计商）。广博还先后在香港、美国洛杉矶、阿联酋迪拜成立 3 家营销公司，还拥有布局于比利时、意大利等国家的 20 多个代理机构。这些看似不起眼的贸易公司，其实就是广博寻求品牌全球化的文化行销关键布局。这些机构不仅仅有负责销售的人员，还有专业的文化习性和文化趋向的分析师，广博生产的各类符合当地文化习性的簿册、相册以及一些精美的纸制品，就是这样实现"文化本地化"并源源不断地输入欧美、中东和南非等地的。

　　沃尔玛、家乐福等大型国际采购商也把橄榄枝伸向广博，仅2003 年就给广博带来了近 5000 万美元的外汇。目前，"广博"品牌的文具已销往全球 100 多个国家和地区，并与沃尔玛、家乐福、麦德龙等全球大型采购商建立了稳定的合作基础。王利平的目标是通过文化交流和品牌输出，把广博打造成为国际文具市场上的高端品牌。

　　2007 年，广博收购荷兰 HENZO 公司生产线，将品牌战略延伸到了欧洲腹地；同年，广博在 A 股市场上市，成为中国第一家文具上市企业。次年，位于迪拜的阿拉伯亚洲商务卫视播出了《相信中国、相信中国制造》特别节目，王利平在节目中说："品牌是广博不断创新的力量，是广博走向世界的通行证。"

创新产业"生态链"

　　20 多年对主业的坚守，让市场和消费者把"广博"与"文具"

两个关键词牢牢捆绑在一起了。王利平在长期的经营管理中，看到了文具产业的劳动密集型和利润相对较薄的特性，也看到了单一文具产业发展的短板，他认识到，要想参与全球经济一体化的市场角逐，就必须摆脱单一文具行业形态，除在拥有自己的品牌价值基础上，融入高新技术和高附加值的品牌属性将是公司保持可持续发展的动力源泉。

"创新能够让这个世界变得更加神奇，普通的东西也会因为有了创新的功能和形式而显得与众不同。"王利平对于创新有着自己的认识与理解，事实上，广博正在努力打造从"文化制造向文化智造"的"变形记"。不断往创意、功能、品牌等多个方向发展。

不安于现状的变革是最痛苦的，企业从传统时代走向新兴时代，总是需要经历阵痛的磨砺。

"企业发展变革容不得你一点犹豫，如果我当时犹豫了，我可能未来只能跟在别人后面做模仿者。而我，想要广博能够成为市场的先行者，就必须放弃自己的舒服让别人舒服，严谨做事，宽容对待市场。"王利平说。

在传统文具行业已经无法分到太多市场红利的时候，王利平就在考虑，如果还是走原来的传统道路，若干年后可能广博这个品牌就从市场上消失了，如何才能够在文具道路上走出一条属于自己的特色道路？

围绕这个问题，从很多年前开始，王利平关注并走访了许多海内外的市场，也会借助出差的间隙看看国外的文具市场发展状况。

"有段时间，亚洲突然刮起了一股文创风，我们看到日本、韩国的年轻人他们手上的本子和我们传统的本子功能类似，但是又很特别，当时就有个灵感，我想要让文具变得'好玩、有趣'。"王利平对国际市场和客户的需求有非常敏锐的感知，"趁当时的风潮还没刮到国内，广博立即组织团队马不停蹄地设计、研发、开拓市场，同时在海内外寻找优秀设计师加入团队，于是就有了我们现在的 KINBOR。"对于这个定位于年轻群体、主打时尚生活卖点的全新文具品牌 KINBOR，王利平充满自豪，"当消费市场主力从 80 后迭代到 90 后甚至 00 后，如何找到与年轻消费群体的相处之道，成为越来越多品牌需要思考的问题，而传统文具却早已悄然发生了改变。"

"晚安故事"系列本册，"美女与野兽"系列手账……广博以 KINBOR 的出现为契机，全力打造时尚"生态链"，通过同知名 IP 的合作，实现了时尚元素在文具领域的生态延伸，再加上中国、日本、美国三地设计师的合作研发，使得文具的创意性、时尚性不断

增加，也让 KINBOR 的产品逐步摆脱了传统文具的束缚。

事实上，自 2013 年创立 KINBOR 子品牌以来，广博就定位于不断向创意、功能、品牌方向发展，打造年轻人喜爱的、有态度的、有温度的文创品牌。

当然，广博并不满足于此，不仅要让文具产品融入文化元素，更要让文化元素成为产品。"我们的文具不仅仅是文具，更是一种文化产品。"

王利平说，在国内营销界，总喜欢把"行销"和"事件"关联起来。广博谋求的却是如何把"文化"和"行销"两个关键词对接。前者吸引的是"眼球"，后者吸引的却是客户的"心"。

广博品牌的内涵注重"宽广＋纵深"，也就是"广"和"博"。王利平解释到，广博的品牌需要"纵深"。什么是"纵深"？"纵深"就是"质量＋文化"。换句话说，当人一听到"广博"，首先感知的是，有优秀的品质，有卓越的文化。

而品牌文化的不断丰富的背后是广博对文化元素的大量投入。比如，创建蜂巢式设计创业联盟，明确创意设计与文具制造业深度融合的发展方向；在美国、日本等地设立设计中心，通过网络世界各地插画师共同开发；组建手账群、微博、微信公众号、网红营销、粉丝营销等当下最流行的营销方式等系列举措，都让KINBOR这个子品牌逐步积累了核心用户群体。

"没有什么环境是可以称为完全陌生的，在现在的市场环境下，只有变才是不变。"

人才"一个都不能少"

在国际市场闯荡了 20 多年的王利平是如此理解"全球化"的：未来 10 年，是全球制造业价值链分工新一轮调整的重要阶段。能不能把握这一战略机遇期，能不能高质量地完成"制造强国建设"战略目标，关键在于能不能拥有一大批与之相匹配的人才。

"近年来，实体经济困难加大，在很大程度上就是因为人才的不足。"王利平说，"要打牢实体经济这一根基，必须确立人才发展优先的国家战略，加快培育实用人才。所谓实用，既要有各种高端人才，也要有数量充足、质量过硬的产业工人人才。"

在谈到传统制造业应该如何转型升级时，王利平表示，制造业转型是包含很多方面的，管理、人才、品牌、市场和未来的可持续发展战略要形成一个完整的发展目标。他认为，未来企业将由劳动成本的竞争转向管理的竞争，因此关键是做好人才管理。

"我们的转型升级，依靠的就是人才驱动。'广'，就是要让一大批海内外高端人才作引领；'博'，就是由一大群产业工人做支撑。"

重视人才，为广博集团的发展插上飞翔的翅膀。王利平深谙此理，在集团管理层的会议中，他经常提到，对于人才的流动，必须与企业整体实际结合起来，否则会产生很大的负面效果。

王利平对于人才的看法是"一个都不能少"，人才不能流失，广博的客户不能流失，广博的精神不能流失。许多企业仅仅从静态的角度考虑人才问题，对人才只进行"来之能用，用之再弃"的一次性使用，而忽略了人才的培养使用、循环使用的问题。广博目前就通过建立维权中心，建立绿色信箱，举办各种文化、体育活动，加强包括一线员工的基础培训、技能培训以及学历教育等举措，把员工职业生涯规划意识渗透到生产第一线员工中去。

一路行来，王利平始终致力于让"广博"更广更博。

当前，许多中国企业正处于困难时刻。但某种程度上来说，这却是中国制造主动转型升级的一个机遇。对于一些企业，冬天是过不去的坎；对另一些企业来说，要准备冬眠，调整自己，暗练内功，以迎接下一个产业爆发点。做企业，闯市场，没有永远的"蓝海"；企业只有深谙市场之道，主动升级才能不断开创和制造新的"蓝海"。

王利平无疑是其中的高手。强烈的危机意识，使得他的每次重要决策都几乎出现在企业经营的阶段性高峰，数次洞察先机般的战略调整，使得广博在每一次市场整体遭遇危局时，依旧可以破浪前行。在他看来只有不断创新，才能不断发展。他很早就意识到从中国制造向中国品牌转变，需要重新构造企业的核心竞争力；这需要经营者从自身到产品质量再到企业都要有很好的提升，才能让自主创立的品牌有内涵、有理念。

正如结束采访时王利平所言，"我们把住时代的脉搏，与创新同行，与文化同行，研究借鉴世界级企业发展的过程，在竞争与合作中快速发展壮大。尽管这个成长的过程中会伴随着一些阵痛，但只要我们时刻保持清醒的头脑，充分发挥比较优势，主动在全球分工中找准位置，就会不断迈向更高的目标！"

广博的故事给了我们一个启发：企业在活下去的同时更重要的是静下心来思考，要做长跑的准备；但不是埋头傻跑，需要从一个蓝海进入到另外一个蓝海。

BEIFA

第二十四篇
贝发集团：从制造企业向文创产业生态平台转型

佟文立

2015年，社会普遍存在这样一个疑问："中国为什么造不出一支好用的圆珠笔？"一支小小的笔，一度引发了中国制造业的"振动"。

"其实从笔的角度，一支小小的笔，技术含量涉及的产业门类相当于一架大飞机。制笔涉及五大领域的技术：塑料工艺，精微模具，精细化工，环保喷涂，柔性化生产。这些领域里面所有的技术都很复杂。比如，精细化工涉及墨水，但是这个精细化工技术又可以用于燃料，甚至用于食品的添加剂。笔头的不锈钢材料，要求快速的切碎和超低公差，又涉及机械的精密加工。"在贝发集团股份有限公司董事长邱智铭看来，笔的制造是一个复杂的系统工程，而国内制笔核心技术与国外的差距，正是体现了中国基础工业水平与国外先进水平之间的差距。

作为国家制造单项冠军产品企业的贝发集团股份有限公司（以下简称"贝发"或"贝发集团"），主营文具、文体、文化类产品及服务，以笔类产品制造为核心，形成了以"BEIFA"为主，"A+PLUS""WMZ""LAMPO""GO GREEN"等为辅的"1+4"品牌战略。

目前，贝发集团生产的圆珠笔，产销规模和市场占有率在全世界都排名第一。同时，作为中国最大的笔类产品出口商，贝发集团生产的圆珠笔60%出口，出口中使用自主品牌占65%以上，出口中的70%进入国际主流和专业市场，产品销往美国、欧盟、俄罗斯等全球150多个国家和地区，与MYRON、欧迪办公、史泰博公司、沃尔玛、特易购39家世界500强企业建立了战略合作伙伴关系，多次获得全球产品创新奖、全球最佳供应商奖、顶级供应商奖等国际奖项。

作为全国制笔标准化委员会秘书处单位，贝发集团主导、参与起草制笔标准共计48项，其中国家标准4项、行业标准41项，浙江制造团体标准2项，制笔行业团体标准1项。此外，贝发集团组

建了中国制笔产业技术创新战略联盟，并通过了两化融合管理体系认定，成为制笔行业唯一一家实施两化融合贯标体系的试点单位。

中国制笔城

从最初的宁波贝发文体工艺旅游用品制造有限公司到宁波贝发办公用品制造有限公司，再到贝发集团有限公司，最后到现在的贝发集团股份有限公司，是一部长达近30年的中国制笔企业发展之路。

目前，集团化运营的贝发集团旗下有宁波贝发制笔工程技术研究开发有限公司、宁波贝发包装制品有限公司、安徽新贝发制笔城有限公司、宁波博汇文具有限公司、宁波力德尔文具礼品创意设计有限公司、新贝发投资发展有限公司等十余家分、子公司，涉及研发、生产、开模、销售等不同领域。

1994年，邱智铭创立了贝发集团的前身——宁波贝发文体工艺旅游用品制造有限公司，开始专注于做笔。在当年的广交会楼梯口上，邱智铭用换来的一张名片敲开了国际市场的大门，当年就实现了外销额600多万美元。

1996年，贝发的外销额已经增长到了2600多万美元，是当时上海以"英雄"和"永生"为首的4家上市制笔企业出口额的总和。

20世纪90年代末，贝发在美国洛杉矶成立销售代表处，全面进军海外市场，并逐步成为中国最大的笔类产品出口商。

1998年，贝发第一次申请简易圆珠笔外观专利成功。1999年，贝发成立行业内首家制笔研究中心——贝发制笔工程技术中心，成为制笔行业在知识产权领域第一家吃螃蟹的企业。

2002 年，"贝发中国制笔城"首次被中国轻工业联合会、中国制笔协会命名，并分别于 2005 年、2008 年、2012 年、2017 年通过复评，是目前全国唯一一个以企业名称命名的区域经济荣誉称号。

2008 年，面对国际金融危机的冲击，以邱智铭董事长为首的贝发高管团队，对企业发展进行全面战略分析和定位，加快了向综合供应链运营服务商转型的步伐，建立了中国文具供应链运营服务平台，为客户提供全品类、全球化、全方位、全天候的供应链运营服务，实现了从单一制造向综合文具供应链服务商转型，从出口制造型企业向国际化品牌企业转型。

2011 年，在国家科技部的组织下，贝发集团牵头承担"十二五"国家科技支撑计划项目——"笔头材料及其制备技术研发与产业化"课题和"圆珠笔墨水关键技术开发与产业化"的中油墨水课题，以解决长期制约中国制笔行业向高端发展的三大难题：不锈钢笔头、高端油墨工艺和装备。

2013 年，贝发集团的"中国文具创意设计中心"升级为"国家级工业设计中心"，成为文具行业唯一的国家级工业设计中心。2016 年，贝发集团旗下研发公司被评为"国家级企业技术中心"。

2018 年，贝发集团的自主品牌 N9（中文名"那就"）创立，针对白领、学生的高端的年轻化品牌在北京故宫惊艳亮相，致力于填补中国中高端笔类产品市场。

回答"圆珠笔之问"的元首笔

作为中国制笔行业的龙头企业，贝发集团通过带领和推动中国制笔行业协同攻克制笔核心关键技术难题，推动国产圆珠笔的技术升级、制造升级和品牌升级，积极发挥行业领头作用。

对于曾经的"圆珠笔之问"，贝发集团董事长邱智铭分析道："高端笔产品要具有三大特点，第一耐磨，第二耐腐蚀，第三要达到一定的书写长度。低端笔头的材料是铜，铜的加工工艺中国已经很稳定了，但是高端产品的材料是不锈钢，叫特种不锈钢，其材料和加工技术在 2014 年以前在中国是空白。而生产圆珠笔笔头，需要先将优质不锈钢加工拉丝成直径 2.3 毫米的不锈钢丝，然后通过精密切削将其制作成笔尖，误差不能超过 2 微米，其中包含 12 道工序，甚至比制作钟表零件还要精准。"

"其实在 2014 年，科技部已经完成了'十二五'国家科技支撑计划项目——'笔头材料及其制备技术研发与产业化'课题的验收，贝发实现了高端笔的 100% 中国制造"。贝发集团董事长邱智铭表示，2017 年初名声大振的太钢笔尖钢，其实正是当年由贝发牵头太原钢铁集团和中科院金属所承担的子课题成果。

2015 年出现"圆珠笔之问"后，贝发集团开始实施精品战略，推行中国好笔系列，积极与国内重大商务会议合作，设计研发会议指定用笔。

2016 年 G20 杭州峰会期间，贝发赠予了每位参会代表一支名为"中国好笔"的绿色礼品笔。

"作为中国政府的国礼，送给全世界的元首的就是我们的'元首笔'，我们为其

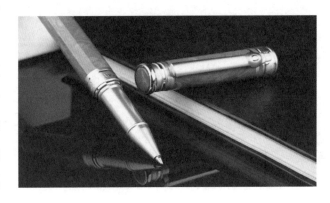

定位为：为世界经济书写解决方案。"贝发集团董事长邱智铭对此感到颇为自豪。

这支名为"中国好笔"的"元首笔"，已经不仅仅是支笔，而是集成了五大情怀。

第一是文化情怀。元首笔，承载着杭州元素，杭州作为历史古都（南宋），见证了南宋时期的强盛，笔身模仿南宋瓷器，刻有三潭印月浮雕，诠释着杭州历史文化。

第二是科技情怀。元首笔突破了世界制笔行业的三大瓶颈：高温、高海拔、高湿度。贝发集团在笔尖上成功地应用了自动锁墨系统。一个小小的笔头里面，要安装一个自动锁墨系统，写的时候能出墨，不写的时候能锁墨。

第三是健康情怀。贝发集团把生命科技技术，类似于 PAC 的生命科学技术运用到笔上，使笔杆具有抗菌、杀菌的功效。

第四是工匠情怀。这支"中国好笔"将智能化制造和工匠精神结合起来，有些地方由 20 年以上工龄的技师来处理，使得笔更加有质感。

第五是产业情怀。人人都用笔，希望都能思考一个问题：如何去产能、去库存？如何深化供给侧结构性改革？如何把每个产品都做成"中国好笔"？

2017 年的厦门金砖国家峰会，贝发集团又有三款笔成功竞标入选，分别是元首笔、部长笔和记者笔。

其中，元首笔体现了当时中国最高的制笔工艺。整支笔由 23 个零件组成，18 个为金属件，其中的装饰件全部采用镀 20k 金工艺，笔管则采用高级树脂材料制成。元首笔的外观和色调上除了大气的黑色，还以艺术化的表现手法，充分融入了大海、波浪、帆船、船桨、船锚、日光岩、贝壳等展现峰会主办地厦门海洋气息的元素。而部长笔有 15 个零件，其中 12 个是金属件，笔夹由 12 道工序完成，由填漆工艺手工完成，两道工序完工需要 50 个小时左右。

夯实创新基础

"中国好笔"背后折射出的是贝发集团多年来对创新的执着追求。

从 2002 年开始，贝发平均每三天就诞生一项新专利。到目前，贝发共申请专利 2000 多项，不但拥有制笔行业五大核心技术，而且在技术层面提升了笔的书写性能、初写性能、书写长度、脱帽不干时间等各项技术指标，并首次在行业内引入书写润滑度指标，提高了圆珠笔制造水平。

目前，贝发集团拥有研发人员 200 余人，每年将营业额 3%—5%的资金作为研发和技改资金。

通过合理规划研发中心场地，不断改善研发环境，购置或改造研发检测设备，提升研发技术检测服务能力，贝发集团的国家级企业技术中心通过了认证。

此外，贝发集团还依托在俄罗斯、美国、阿联酋设立分公司的优势，在其内部设立三个技术中心，以搜集国外文具最新技术信息，研发适合国际流行趋势的新产品，同时推进行业内国际技术的交流。

借助产学研合作、国际企业间的合作以及产业链企业间的合作，贝发集团广泛吸纳国内外优秀人才来企业技术中心工作或技术交流，加强新产品、新技术的产业化，形成研、产、销的良性循环。贝发集团利用现有人才资源并大力引进基础研究类博士或博士后，适时与院士合作，进行前瞻性的核心技术研究开发，建立博士后工作站。

多年来，贝发集团非常注重产品质量的提升，不定期聘请外国资深顾问进行实地调查、研发，改进产品的各个环节；引进瑞士、德国等高精尖技术，改进模具加工设备。同时，为建立快速、有效的工作渠道，公司每年花费近百万元，对中高层管理人员进行培训，提高产品的监控能力等。与此同时，贝发积极引进 ERP 系统，实现产品的标准化，解决订单选配困难和评审周期过长的问题，建立了系统运行监控体系。

目前，贝发集团的制造模式分成五种：第一是个性化定制；第二是批量化流程作业，或流水线的批量化作业；第三是机械化；第四是柔性化；第五是智能化。五种制造模式每年比例都在发生变化。

贝发集团作为国家级企业技术中心，除了每年在技术上进行必要的投资之外，更是深入开展精益生产和智能化制造项目。目前，贝发集团的机械化和智能化水平在65%以上。根据文具生产的品类特点，从种类繁复的产品品类中，找到生产上的共性特性，并进行智能化连线，引进国内外先进的设备，提高生产效率，改进生产工艺，将出货合格率保持在99.6%以上的水准。

"与万宝龙和派克等国外品牌相比，除去技术之外，值得我们借鉴的还有两点。第一是品牌故事，万宝龙有万宝龙的品牌故事，而中国制笔企业在二三十年前开始发展的时候，其实都没有注意到企业的文化和企业的品牌故事；第二个就是工匠精神，国外按部就班，可以把一个产业做成几代，在这种文化的驱动下，追求的是工匠精神，一个产品越做越专，越做越精；中国企业则是希望一代人做几代产业，我们讲究的是每三天开发一个产品。"在贝发集团董事长邱智铭看来，贝发集团与国外品牌制笔企业的差距更多的已经不在技术创新能力方面，而是在文化领域。这也促使贝发集团思索可持续发展之路，转向文创产业。

文创产业生态平台

近两年来，贝发集团开始探索文创产业发展新模式，致力于创建"科创、文创、云创"的文创产业创新服务综合体。

力图从一家传统的笔类产品制造企业转型为文创产业生态平台型企业，贝发集团的跨越不可谓不大。对此，贝发集团董事长邱智铭给出了自己的战略考量和思路。

随着互联网和大数据的发展，作为传统书写工具笔的市场规模在萎缩。制笔产业需要一些新的突破口，以书写兼带其他功能，比如笔加触控，笔加激光，笔加录音，笔加各种各样玩具功能，笔加促销礼品功能等。总之，笔是在朝礼品化、玩具化、功能化、科技化、时尚化转型。从这个角度来说，笔的市场依然在扩容。为此，贝发集团先是提出一个文具供应链的概念，而这个供应链要形成闭环，做成一个平台，进而这个平台是一个营销，全网生态，闭环的生态链的营销平台。

这一战略目标的立足点是贝发集团作为一个接近 30 年的企业的核心资源，不是厂房设备机器，而是积累的数据。贝发的数据资产包括：第一是全球 15 亿的使用者数据。这个数据量除了可口可乐以外是最庞大的。第二是用户分布在 200 个国家和地区。第三是 200 个国家和地区的全球营销网络，1000 多个全球分销商加全球核心客户。这些数据资产背后既有大的终端销售公司，比如沃尔玛、家乐福，也有一些 B2B 的客户，还有一些网上电子商务客户。贝发集团利用跟客户之间建立起来的信任以及积累起来的运营能力，现在要发展除笔以外的文创类产品，为这些企业服务。

贝发集团从原来笔类产品的专业供应商，现在变成玩具一站式的供应商。凭借品牌、渠道、用户、供应链融资能力、管理经验和信息化系统，贝发集团为产业链上下游的供应商和专业制造商服务。此外，在具备了线上线下营销能力之外，贝发集团还补充了一个新零售终端。这个新零售终端，不同于卖产品给所有的客户的营销 1.0 和卖有品牌的产品的营销 2.0，而是提供品牌 + 产品 + 模式 + 服务 + 系统的五位一体。

经过测试以后，这种新模式得到了国际国内的热烈响应，以此为出发点，贝发集团对未来五年发展战略和目标进行了设计——自身过百亿元，带动产业链 1000 亿元。

按照这个方向，贝发集团将成为一个平台——文创产业创新服务综合体。这个创新综合体取名文器谷（文具的文，武器的器，硅谷的谷），集群全球的创新资源，为文创产业赋能服务设计。

首先，文器谷的落地叫作文器云，这是一个信息系统平台，精准对接需求与全球设计创新资源。核心内容是要整合全球的营销资源，精准对接给客户、用户以及工厂。通过开放资源和信息，只要客户有创意，文器谷的文创中心就可以快速地进行打样、商业化评价、成本核算、建立标准、审核知识产权，等评审好后就可以直接向全世界客户推荐，对样品就可以订货后进行生产。

文器谷的第二个内容是文器链，要解决供应和制造问题。目前，有 1000 多家企业加入了文器链的平台。文器链的平台承担从研发设计创意到打压产业化验证，以及工艺及制造方式的确定，再

到产品出来销售推荐给全球的用户。文器链下面有五大产业链评价中心。分别是以笔为主的塑料产品的中心，第二个是纸制品，第三个是布衣类的产品，第四是金属类的，第五是芯片科创类的。对于上游的设计和下游小工厂不需要再去创新，可以快速得到验证，实现产品升级。

文器谷的第三个内容是文器库，是全网营销的一个平台。该平台是一种全网营销能力，线上线下，传统的分销，传统的批发，传统的终端，传统的大客户，B2B，等各种业态都在该平台里面。

文器谷的第四个内容是文器社。在这个社群里，通过培训、商业模式的创新、共同的研讨、设立主题论坛、举办各种各样的创新大奖赛、俱乐部会员等形式把供应链上下游组织起来，形成一个群体。

文器谷的第五个内容是文器创。有些设计师开始的时候只做设计，当发现平台里面的资源很好时就迸发创业的想法。文器谷就提供创业指导，让他们少走弯路；并且可以提供创投，孵化出一些有能力的小公司来创业。当这些小公司生意做大后，还可以提供供应链融资。

通过文器云、文器链、文器库、文器社、文器创，文器谷就形成了一个闭环的生态系统，共同奔向千亿级的产业集群。

"当下中国经济面临转型，不是继续投资设备、投资厂房，而是投资智慧。中国经济也要抱团发展，要相互帮扶，使得创意能力能够植入，有科技含量。这样实现了贝发的整体转型，从制造型转为用户导向型。"贝发集团董事长邱智铭展望道。

RONGDA

第二十五篇
荣大昌：世界办公输出设备的中国力量

秦 伟

宁波荣大昌办公设备有限公司（以下简称"荣大昌"），国内唯一一家大批量生产速印机整机的民族企业，是继日本理想、理光、迅普之后全球第四家生产速印机的厂家。其全球市场占有率已远超日本迅普，接近日本理光，市场占有率位列全球第三。

作为中国自主创新的标杆企业，荣大昌从油印机到速印机，每一次的成功都为中国捍卫自主品牌立下汗马功劳。公司将成为"世界办公输出设备的中国力量"作为战略定位，胸怀世界格局，并致力于成为国际性品牌中的优秀中国企业。

"从1996年开始研发国产油印机，创民族品牌的决心就再也没有动摇过。"在荣大昌董事长杜建国的心里，这份初心一直是保证荣大昌进步的支撑，"这就是我的创业初心，也是荣大昌的使命和责任，我们要做的就是不断提高产品质量，开发更多的印刷设备来填补国内空白，旨在以精湛工艺、完善服务，让中国制造走向世界，塑造国际品牌。"

决心，创业成功的第一要素

1988 年，在那个改革开放如火如荼的年代，当过农民、进过工厂、贩过水产的杜建国不甘寂寞，拿出全部身家 2000 元创建塘溪现代办公用品厂，这是荣大昌的前身，开始涉足办公打印领域，办厂生产油印机的易损件。

"当时，日本原装进口油印机的易损件售价很高。同样一根钢带，进口的要 180 元，国产的仅 60 元。"杜建国正是抓住这一商机，开始生产油印机易损件，卖给进口油印机的国内经销商。由于售价低、供货方便，这些经销商非常愿意与杜建国合作。

但这样的资本积累非常缓慢——第一年，厂里只做了 3 万元的产值，第二年做了 8 万元。"卖配件挣的是'小钱'，想要多赚钱，必须有自己的核心能力，核心能力是什么？"有了一定原始积累的杜建国思考着企业更远大的未来。

1994 年，公司开始与国内最大的油印机生产企业合作，为其

生产相关配件。1996 年杜建国应邀到这家企业参加外协配套企业会议，对方在会上宣布，以后他们将自己生产配件。这意味着，这家企业将不需要杜建国的配套产品了。"配件突然卖不出去了。"这让杜建国觉得，"做配件的主动权掌握在别人手里，始终是没有出路的。要自己生产油印机整机，这就是核心能力。"

杜建国连夜回到宁波，当即组织技术人员研发国产油印机，从此，杜建国创民族品牌的决心就再也没有动摇过。

不到一年时间，1997 年第一台"荣大"牌油印机问世。当时，国内生产油印机的企业有 16 家。尽管"荣大"牌油印机每台售价只有 5000 元，但由于设备性能不稳定，当年卖出去的 900 多台油印机，被经销商退回了 800 多台。

"这样下去自己就把市场做没了！"1998 年，杜建国下定决心搞技改，投入资金攻克相关技术难题。这一年，产量从 900 台上升至 5000 台，退货率缩至 30%。

1999 年，销量达 1 万多台，"荣大"牌油印机，稳稳地坐上了国内油印机老大的交椅。

2000 年，"荣大"牌油印机产销量跃居世界第一。原先一直在国内占据大部分市场份额的日本三家油印机生产企业，相继被迫退出中国市场。其中一家公司向荣大昌订货，要求为他们做贴牌。不久后，进口油印机的优势不再，这三家企业最终在日本倒闭。这时，"荣大"油印机的市场占有率高达 70% 以上。

信心，自主创新需要冒险家精神

"1997 年，油印机的价格是 5000 元；1998 年降至 3200 元一台；

2000 年油印机价格再次降到 2700 元一台。"油印机市场步履维艰，刚刚完成向整机转型的荣大昌遭遇市场瓶颈。

机遇总是留给有准备的人——其实早在 1998 年，刚刚尝到自主创新甜头的杜建国，在油印机卖得最红火的时候，他已经敏锐地察觉到，数码速印机在性能、速度、质量等方面都优于油印机，以后极有可能取代油印机。

杜建国测算了一下成本，一台数码速印机如果自己造，成本应该在 6000 元左右，而当时日本的进口设备要卖到 6 万元一台，国内还没有一家企业会生产这种速印机。

"当时，该市场被日本理想、理光、迅普三家日本企业垄断，且价格居高不下。"据荣大昌常务副总经理杜能辉回忆，一台中高端速印机的售价约 6 万—8 万元 / 台，且油墨蜡纸等耗材售价也非常高，使得国内用户很难用得起，或虽购买得起，但昂贵的耗材使用成本也使得用户根本用不起。

杜建国敏锐地意识到，"数码速印机是符合市场发展潮流的新型设备，市场潜力巨大。"

"自主研发在性能、速度、质量等方面都优于油印机的一体化数码速印机。"杜建国毅然将从油印机上赚得的资金悉数投进了新产品的研发中，"我在两年前开发国产油印机，成功了；现在去开发数码速印机，照样能成功。"

然而，就是当时的这种自信，却让他在自主创新之路上吃了不少苦头，也走了很多弯路。"现在看来这真是个'拍脑袋'的想法！"时至今日，杜建国回忆当初上马数码速印机项目也是感到惊险万分。

杜建国介绍，数码速印机到今天仍属于制造强国建设重点领域技术路线图中电子微型计算机设备，系集光、机电、计算机于一体的高新技术产品。

据了解，数码速印机集自动扫描、自动制版、自动打印等功能于一体，采用复印机的操作界面，使用普通书写纸，打印速度快，介于油印机、复印机、打印机三种传统的专业办公设备之间，又具有油印机、复印机、打印机的相关优点。可以用此产品进行原稿或联机方式扫描、制版及印刷，可广泛应用于各企事业单位、党政机关、社会团体等现代办公之中。

"由于速印机的技术特点和要求有其特殊性，其技术涉及高速度大容量数据采集和处理、传感器参数分散性、热敏打印头加电控制算法、机械部件精密驱动、打印电源的动态负载能力、高分辨率CIS图像扫描和热敏打印技术等关键技术，国内没有相关研究机构，也无这方面的专门人才和配套的专用设备，不具备产业化的条件。"常务副总经理杜能辉为我们介绍说，"该产品研发费用高昂、研发难度非常大，原机械工业部下属的一些大型国有办公设备生产企业如天津佳能、桂林理光、湛江佳能及一些民营企业都引进或开发过此类产品，但都失败了。"

一开始，公司投入了 500 万元，用于研发数码速印机。可困难马上来了，首先是在国内找不到零配件供应商。为了采购一个小小的用于送蜡纸的海绵棍，杜建国几乎跑遍了半个中国，深圳、香港、珠海等地，都留下了他的足迹。不是找不到生产厂家，就是找到生产厂家却做不好这一配件。仅这一配件，就花了几十万元。最后，一个偶然的机会，杜建国在宁波的一个市场内，发现了海绵棍，售价仅为 0.20 元 / 根。他总结这一教训，原因是信息不对称。

数码速印机的核心部件是一块用于图像处理的电脑主板。最初，杜建国找到了贵州的一家研究所，合作开发电脑主板。"到 2001 年，第一台样机出来了，大家在公司里检测，认为各项指标都很稳定，于是生产了 800 台。"杜建国回忆，"可是一销往用户单位，软件控制、图像处理等各种各样的问题都出来了。这些产品卖出去又被悉数退了回来。"那一次，给公司带来的是 600 多万元损失。

第二次合作，杜建国又栽了一个大跟头。2002 年，山东的一家研究所表示愿意与杜建国合作。由他们负责开发核心部件，再卖给杜建国。杜建国对这次合作寄予厚望，并预付了 100 万元的经费。随着核心部件的供给到位，荣大昌车间里的数码速印机就又开始安装生产。这一次，又有近 2000 套设备陆续投放市场。

出人意料的一件事发生在 2003 年的一个晚上。山东合作方来到宁波，找到杜建国，说要停止向他们供货。紧接着，他们又挖走了公司分管技术的副总。种种迹象表明，他们也看到了数码速印机的市场潜力，打算自己开发生产。这对荣大昌无疑是当头一棒，特别是几天后，公司技术人员检测出之前山东合作方发来的 2000 套电脑主板，存在严重的质量问题，属不合格产品。杜建国于是吩咐职员，退回这些主板，并电传对方返还 300 万元货款。可至今，都没有要回货款。在这件事中，公司元气大伤，数码速印机停产整整一年。这次合作，杜建国总共交了 1500 万元的高昂学费。

那时，全国各地的经销商都认为荣大昌要倒闭了。

不过，狠狠地摔过两次跤的杜建国，走自主创新之路的信心不但没有被打垮，反而愈战愈勇，斗志更加旺盛。

机遇总是垂青有准备之人。在发生山东事件的一年前，在宁波市鄞州区科技局组织的某高校科技洽谈会上，杜建国结识了某高校一个研究所所长。那位所长听了杜建国的创业经历后，感到相当振奋，说："就凭你这种为了振兴民族产业的勇气，我就要支持你。"2003 年 8 月，荣大昌与某高校签订合作协议，开始了对数码速印机的自主研发。

数码速印机设备共有 6000 多个零部件组成，只要其中一个零部件出现问题，就会影响整台机器的运行。而且设备对外部环境的敏感度也很高，气温和湿度的不同都会影响设备的稳定性。然而，某高校研究所承诺的一年研发成功最终并没有兑现。核心技术的完全攻克已是两年后的事了。

吃一堑，长一智。杜建国一边继续与某高校研究所保持合作关系，一边在公司内部组建科研队伍，高薪聘请高级技术人才，同步进行核心部件研发。

2004 年 9 月，凝结着国产高科技含量，30 多项优于世界同类产品技术指标的数码速印机成功面世并实现批量生产。

三年后，线路板、芯片等核心部件全部实现自主研发，打印连接口、有效印刷面积、用纸适应性等方面均超过进口同类产品。至此，荣大昌在自主研发数码一体机的道路上整整走了 8 年，其间的资金投入已超过 3000 万元。每年研发经费占销售总额的 20% 以上。

随后，荣大昌的每一次技术进步都牵动着进口产品的"神经"：如日产一款 B4 一体化数码速印机，售价从最初 3 万多元一路下调至 8000 多元，油墨、蜡纸等耗材价格也随之降了下来；成功开发平板 A3 扫描制版印刷机，纸张使用尺寸由 B4 扩大至 A3，产品投入市场后供不应求，并成功实现出口，远销到印度、马来西亚、南非、斯里兰卡等新兴市场。

恒心，做强大的民族品牌

在荣大昌还没成功时，国际同行根本没有把"荣大昌"放在眼里。有一次，在一个日本企业组织召开的行业会议上，有人提起中国的荣大昌也在开发数码速印机，日本主办方听后不以为然地对外宣称："中国的企业是做不出数码速印机的。"

而在"荣大"数码速印机投放市场后，这家在国内名不见经传的小企业，却引起了世界 500 强公司的频频关注。

最先关注"荣大昌"的是巨头 A 公司。巨头 A 公司主动派人员前来，要求与荣大昌合资办厂，但双方一直在"由谁来控股"的问题上存在很大分歧。杜建国坚持由中方控股。他的这番坚持自有他的道理：没有控股，就意味着放弃主动权，如果日后对方不断增资，或者不打"荣大"品牌，那么他多年来振兴民族品牌的努力就失去了意义。杜建国还发现，对方想要日后完全收购荣大昌这一潜在竞争对手的意图非常明显。历经多次谈判后，这次合作以失败告终。

2004 年，B 公司也找上门来。对方的战术是"诱以厚利"。B

公司提出，他们卖数码速印机给荣大昌，做荣大昌的 OEM 加工基地，销售网络和品牌都归荣大昌。这一合作谈判持续了一年多，前后共谈了 6 次，条件也基本谈妥。杜建国粗粗算了一笔账，如果由 B 公司为他们贴牌生产数码速印机，一年下来估计能赚 2000 万元。就在快要签约的时候，B 公司提出了一个附加条件，就是荣大昌今后必须放弃对数码速印机高端产品的开发。杜建国这时才明白 B 公司的真正目的，这是使出了"撒手锏"——要阻止数码速印机在中国的进一步开发。杜建国谢绝了对方的这番"好意"："如果早知道你们是叫我不要继续开发高端产品，以前的 6 次根本就不用谈了。"

　　此后，国外企业还是纷纷向杜建国抛出"橄榄枝"，先后提出与荣大昌"共赢"设想，但前提不是控股就是要求荣大昌放弃进一步研发。对此，杜建国选择了一一拒绝："我的目标是打造国内办公设备第一民族品牌。"

　　杜建国也在心里暗暗下定决心："除非你们把我的人买走，不然是无法阻止我们公司开发进程的。"他相信自己最后会成功。

　　谈判合作不成，巨头们转而采用降价战术，以期在价格上打败这家还未长大成人的中

国小企业，与荣大昌大打价格战。"日本理想、理光等公司采取降价策略，想把荣大昌扼杀在摇篮之中，产品售价直线下降，中高端机器售价降至4万—5万元/台，低端机器更是由原来2万—3万/台直接降至8000—9000元/台亏本卖。"回忆这段历史，杜建国很无奈也充满自豪，"公司凭借着对民族工业的热爱，想对民族工业发展作出一点绵薄之力，公司硬是在如此环境中发展并壮大，且根据国内经销商及用户反馈，日本理想、理光等公司机器价格虽降低，但油墨、蜡纸等耗材使用成本依旧非常高，而我公司的机器及耗材成本约为日本同类产品的1/2，且国内售后服务也更为方便，使得我公司速印机产品整体使用成本非常低，市场前景非常好。"

"我们始终关注荣大昌对产品的研发。现在产品成熟了，我们决定停止代理同类进口产品，全力支持质优价廉的民族品牌。""荣大"牌一体化数码速印机江苏地区总代理的经理在当时的经销商大会上如是说。

"经销商和用户的支持是国产化成功的关键因素之一。"杜能辉则表示，"正是有了他们的支持，我们的研发创新才有动力。"

现在看来，在技术自主创新上，荣大昌真的成功了。他们先后开发了从低端到高端共8个系列的产品，价格从7000元到3万元不等。

目前，国内市场上的油印机、数码速印机年需求量约为5万台。诚如他多年前的预言，数码速印机已不断取代油印机，并占据市场主导地位。随着国产品牌的进入，数码速印机耗材的价格也被打压下来。一盒油墨价格从90元已降至40元。蜡纸从500元/卷降至200元/卷。

杜建国明白，要与国际知名办公设备相抗衡，国产的品牌知名度和消费者心理已明显趋于劣势。因此，只有在质量、性能上明显优出进口设备，才有可能在市场上站住脚。"今天的质量，明天的市场！"杜建国说，"这是我们一贯坚持的原则。"

不过，仅有产品质量优势还远远不够。荣大昌决定全面提升生产管理水平，加强销售体系建设并且完善企业管理制度。

作为企业负责人，杜建国具有丰富的企业管理经验，通过企业管理创新，组织相关人员建立健全各项管理制度，形成企业人员的共同利益和共同目标，资源实现优化配置，生产效率得到提高，从而保证企业经营的质量和竞争力，使企业技术水平和生产能力得到了快速的提升。

"健全的制度是保证企业有效运行的基本条件，也是决定企业发展格局的重要因素。为了增强公司核心竞争力，根据管理的基本原则，结合企业自身的特点，公司近年不断地优化、创新制度。"作为常务副总经理，杜能辉对于管理有着自己的见解与做法，"为了适应市场变化，公司不断提升组织运行效率，引进优秀人才促进企业发展，通过调整和变更组织结构及管理方式，使公司能够快速适应外部环境变化。"

而在总经理杜明的主持下，荣大昌先后通过 ISO9000 质量管理体系认证和 ISO14001 环境体系认证，公司产品先后通过了 3C 认证、CE 认证、CB、中国环境标志认证，现各体系运行稳健，为企业的发展提供了强有力的支撑。

初心，国产化是荣耀更是责任

"振兴民族工业"，是杜建国最常说的话。

RONGDA

VR-7315S/VR-7325S 数码印刷机选用新技术使得印刷质量达到了新的水平，A3 扫描、A3 印刷，透用大屏幕显示器操作面板，便整机外观更美观，操作更方便，其卓越的品质和稳定可靠的耐用性皆是同类产品的佼佼者。同时，通过它良好的扩展性能，实现联机打印和着色印刷。

VR-7315S/VR-7325S are user-friendly models with big LCD screen and much more artistic appearance. The superior printing quality and stable durability make the models been outstanding in the class.

- 分辨率 300X600dpi
- A3 扫描，A3 印刷
- 无级缩放
- 大屏幕液晶显示
- 130 页 / 分钟
- 二合一功能

- 300*600 DPI
- A3 Scan, A3 Print
- Free zooming
- LCD display screen
- 130 PPM
- Two in One

"这不仅仅是民族荣誉，更是信息安全、国家安全的保障！"杜建国和荣大昌背负的不仅仅是国产化使命，"在这样一个信息安全如此敏感的时代，显然打印输出设备的信息、数据安全防护问题成了信息安全防护的重点。"

当今是信息时代，虽然人们通过各种信息设备和互联网正不断摆脱传统信息的书写和传递方式。但在办公环境中，传统信息媒介和现代信息媒介总存在着无法改变的转化需求。也正是由于这种需求，使得即使在信息化程度颇高的企业中，打印机、影印机、复印机等电子信息输出设备，或者说输出到传统信息媒介的设备依然存在。

即使这些设备随着信息技术的发展本身信息化和网络化的程度不断在提高，但这些都是提高设备的操作范畴的，这些设备功能范畴依然只有一个——把电子信息转化为纸质形式或者其他形式的信息存在。

"作为办公设备的打印机已成为我们日常办公的常用工具，办公室的打印机是一个拥有许多'秘密'的家伙，因为只要哪些敏感的信息和数据有'打印的需求'，就必然会经过它。所以在使用打印机的同时，也会对安全保密造成潜在威胁，也要引起我们的警惕。"杜能辉这样为我们描述。

杜能辉接着说，伴随全球信息技术的快速发展，打印输出等设备在信息技术中的重要性愈加突出。仅中国每年的市场需求量就高达近千万台，其中涉及党、政、军等重要部门，以及关系国计民生的金融、电信、能源和电力等各行各业。

"因为核心部件都由自主研发生产，避免了因使用进口产品而造成信息的泄露。"负责研发的公司技术副总舒祥华自豪地表示，"特别是对信息安全高度重视的相关部门，目前已与荣大昌合作特别定制专用装备。"

舒祥华，高级工程师，历任宁波速印机厂技术员、金工车间主任，荣大昌技术部部长、技术副总，在机械领域深耕近 20 年；带领科技人员推广新技术、新工艺、新材料、新设备的应用，克服各项难题，带领技术人员科研攻关，形成了一批科技成果；主持开发RD297 微电脑控制全自动折页机被列为国家火炬计划项目，参与开发的 RD3108C 数码速印机被列为国家重点新产品，参与开发的高速数码一体化速印机关键技术研究、集成及产业化项目获宁波市科技进步一等奖，主持开发的 VR—7428 高分辨率数码印刷机项目被列为国家重点工业新产品，主持研发的高速扫描速印打印一体机获国家火炬计划立项。

"这一切都得益于科技创新。"杜建国一语道出缘由。

近年来，各级政府部门也密切关注荣大昌，并一直给予科技经费补助。杜建国说："与公司的投入相比，科技经费补助并不多，但对我产生了很大的鼓舞和动力。"他说："与世界 500 强企业相比，现在我们的企业规模还很小，虽然数码速印机的 30 多项技术强于日本同行，但仍在其他很多方面存在不足，还需要向他们学习。"

"以后，我们在自主创新上要走的路还很长，我们也会一直走下去，努力把企业发展成为具有中国特色的高科技样板企业。"采访最后，杜建国对于打印输出设备国产化志存高远，"我们也希望有越来越多的国产品牌加入这一办公设备生产行列，一起做大做强民族品牌，让中国的印刷技术走向世界……"

第二十六篇

大丰实业：世界第一的文体产业整体集成方案解决商

骆 丹

2019年10月1日，庆祝中华人民共和国成立70周年的阅兵仪式在天安门广场举行，在这场国之盛典中，共计1.5万人编入59个方（梯）队，尽展中国的军威、国威，全世界中国人为之激情澎湃。阅兵仪式结束后，各界群众代表组成的游行队伍"压轴"经过天安门城楼前，一辆辆主题花车展示了中国人在奋斗中汇就的幸福成果。守在电视机前的浙江大丰实业股份有限公司（以下简称"大丰实业"）的员工们，当看到浙江彩车"潮涌之江"缓缓出现时，内心的激动与骄傲溢于言表——"潮涌之江"彩车就是由大丰实业生产制造的。

"潮涌之江"彩车由中国美术学院主要负责人牵头组建设计团队，以嘉兴南湖红船为原型，通过G20杭州峰会标志、杭州六和塔、宁波舟山港、地标建筑模型，展示了浙江的社会、文化、经济的发展，彩车所有的造型、材料、电控等都要求万无一失，而大丰实业仅用了29天就完成了生产制作，在北京仅花了4小时45分钟就完成了整体组装，顺利接受全国人民的"检阅"。事实上，这并不是大丰实业首次参与到国内外的盛事，奥运会、世界杯、世博会、金鸡奖等重大活动上都留下了这家来自浙江省宁波市的民营企业的身影。

审时度势转型

大丰实业是一家从事文体广电演艺的高端装备和系统集成的企业，1991 年，大丰实业创始人丰国勋与几位朋友共同筹资，在宁波余姚城下路 26 号租下几间简易厂房，主要生产电源接插件、配电箱、摄影器材。在当时，因为积极参与国际分工，宁波已经形成了门类齐全、配套完善的加工生产体系，是当时中国重要的制造业基地，依靠近原材料产地、技术相对成熟的优势，大丰实业开启了

自己的创业之路。

20 世纪 90 年代，随着社会经济发展水平的提升，中国大众文化迅速繁荣，各种文化娱乐消费深受人们喜爱。不断增加的演播厅、剧院等文化场所，让丰国勋敏锐地觉察到公共座椅和活动看台的市场潜力，于是，他迅速将公司主营业务调整为座椅，公司因此进入了快速发展通道。20 世纪 90 年代末期，丰国勋再次展现自己的前瞻性眼光，决定将公司主业扩展到舞台机械。但丰国勋的这一想法遭到了多位高管的反对——大丰实业在舞台机械上没有基础、没有技术，而在座椅市场，大丰实业已经成为国内的领头羊，这种"跨界式"的转型将给公司带来不可预知的风险。丰国勋力排众议，在 2001 年，大丰实业在杭州成立了浙江大丰（杭州）舞台设计院，将办厂以来的利润投入到了舞台机械研制中。

2004 年，大丰实业迎来了创业历史上里程碑式的一天。那一年，奥运会回到了自己的"家乡"希腊雅典，数万名运动员参加了这届奥运会，中国以 32 枚金牌位列金牌排行榜第二名，获得了自中国参加奥运会以来到 2004 年的最好成绩。而同样令大丰人欢欣鼓舞的是，通过公开公平、公正的国际竞争，大丰实业打败众多国际大企业，承揽了雅典奥运会举重馆、和平友谊体育馆、足球馆等 7 个场馆的多项座椅和活动看台工程，成为了唯一一个直接参与雅典奥运会场馆建设的中国企业，与世界人民共同见证了运动员在赛场上勇夺金牌的精彩瞬间。自此，大丰实业到目前还没有缺席过任何一届奥运会。在 2008 年北京奥运会时，大丰实业成功完工中央电视台大剧院舞台机械，保证了奥运会现场直播的顺利进行。同时，大丰实业还包揽了 82% 以上的北京奥运会场馆座椅和活动看台工程，为观众现场观看比赛提供了良好的观看体验。

世界瞩目活动的"缔造者"

就在大丰实业发展蒸蒸日上的时候，大丰实业创始人丰国勋再次开始思考企业未来发展的方向，提出了"集成"的方案，即从座椅、看台或舞台机械的单线产品提供商变成舞台机械、灯光、音视频、电气智能、座椅看台等的文体产业整体集成解决方案的企业。大丰实业副总经理陈轶认为，这种战略的调整是量变引起的质变，"前期舞台已经有一定的市场份额，资源比较丰富，国内外厂商也愿意与大丰实业合作"。当"集成商"成为公司愿景后，大丰实业承接了国内外众多著名剧院、会场、活动中心工程，如国家大剧院、乌镇互联网国家会展中心、俄罗斯乌兰乌德剧院、印度古尔冈梦想王国、上海世博会、世界杯……其中就有全世界华夏儿女耳熟能详的春节联欢晚会。

中央广播电视台在每年除夕之夜举办的春晚起源于1979年，正式开办于1983年，从1998年开始，大丰实业就是春晚的服务商，至今已连续承接20余年，见证了央视春晚的发展历程。而其中最令陈轶印象深刻的是2012年的龙年春晚。当时春晚总导演哈文提出要变革、突破，希望以一个"颠覆式"的舞台给予全国人民全新的感受。导演组与多家公司商谈后，对其提供的方案均不满意，最后导演组找到大丰实业，大丰实业的舞台方案让哈文眼前一亮，当即决定与大丰实业合作。然而当时已是10月，时间非常紧迫，大丰实业集公司所有力量和资源，不计成本地攻坚这项任务。由大丰实业总工程师严华锋担任春晚舞台总设计师，仅仅用了56天就顺利完成生产制作，陈轶不无自豪地说："这样极致的质量和时间要求，国内没有人敢接，但是大丰实业成功完成了。"除夕之夜，春晚在一阵欢歌中拉开帷幕，美轮美奂的舞台效果让人叹为观止，304 块升降台伴随着演员、音乐的需求组成各种造型，再加上表面LED 屏和灯光的使用，让整个舞台"活灵活现"，感染力十足，受到全球华人的好评。而这次舞台的设计，也开启了中国舞台的全新概念。

在国内外舞台上书写的辉煌还在持续被人们津津乐道：2018 年9 月 2 日，在印尼雅加达 GBK 主体育场举行的第 18 届亚运会闭幕式上，大丰实业用自主研发的智能舞屏在闭幕式接旗仪式暨"杭州时间"文艺演出中，向全世界展示了一个水墨丹青的江南和热情好客的杭州，唯美的效果获得一致好评；2019 年，在武汉举行的军运会受到世界瞩目，这是世界军人运动会历史上规模最大、影响最广的一次盛会。100 多个国家的近万名现役军人参赛，而大丰实业承担了本次军运会的武汉体育中心、光谷国际网球中心、湖北奥林匹克体育中心体育馆等 6 个核心体育场馆舞台的整体集成解决方

案……

在目前，大丰实业已经拥有集咨询设计、策划创意、生产制造、安装调试、运营管理、维护保养为一体的整体实力，成为一家为客户提供舞台机械、灯光、音视频、电气智能、座椅看台等的文体产业整体集成解决方案的企业，根据统计，2018年，大丰实业全国市场占有率达70.9%，国际市场占有率36.1%，国内、国际市场占有率排名均处于首位，成为名副其实的全球文体行业的引领者。

人才是发展的原动力

从浙江省宁波市余姚城下路的一个小工厂，变身为世界第一的整体集成方案服务商，大丰实业副总经理陈轶认为，大丰实业获得今天成就的核心竞争力是技术——大丰实业的每一次转型对公司都意味着技术的革新。

目前，大丰实业拥有大丰（杭州）舞台设计院、大丰（北京）灯光音响设计院、大丰（杭州）建筑装饰设计院、大丰（杭州）建筑幕墙设计院、大丰（上海）智能化设计院5家甲级专业设计院，这使大丰实业成为同行中唯一一家同时获得国家机械甲级设计资质、智能化一级设计资质、机电施工一级总承包资质的企业，大丰实业也成为中国文化产业设备研发高地：其研发的柔性齿条升降技术等多项技术填补了国际国内空白，并且开发了大幕机三动作系统、自行走反声系统、车台无线控制系统、舞台冗余控制系统、舞台三维监控系统等。

技术的竞争说到底是人才的竞争，大丰实业认为，企业的创新发展，关键是培育一支创新人才队伍，不断引进、激励科研人员是大丰实业发展的原动力。在20世纪90年代末，大丰实业决定进入舞台机械领域时，先进的舞台机械技术均为国外企业垄断，国内技术相当薄弱，大丰实业不惜重金向全国招揽机械技术人才，投入到舞台机械的研究中。为此，在当时大丰实业就开出了年薪15万元的"天价工资"，并且提供住房、汽车，解决配偶的就业及孩子的上学问题。遇上合适的高端人才，丰国勋还"三顾茅庐"，亲自向其介绍公司愿景与规划，诚挚邀请加入大丰实业。因此，大丰实业集聚了一批机械专家，让其迅速在舞台机械领域站稳脚跟。

当"集成商"成为公司愿景后，大丰实业再次遇到人才瓶颈——公司拥有机械、音响、灯光、吊杆等各个产品的专家，但集成型人才并不多。为了补齐短板，大丰实业在公司内部开展了一场"声势浩大"的交叉培训：挑出各个领域的专家，分别为其他人做相关技术培训，培养了一批能够直面市场的"全能型人才"。在大丰实业，类似的培训不计其数。由于全国各大高校都没有对口的专业，从外部引进人才困难，大丰实业形成了以内部培养为主的人才机制。通常内部培养 3 年，才能承担相应的基础设计工程，而要培养成为资深的创新人才则一般需要 10 年左右的时间。目前，大丰实业已经形成了以"高级职称、研究生为学科带头人，中级职称、本科生为技术骨干"的人才结构，并有计划地选派优秀科技人员出国培训，同时引进外部培训资源进行系统的培训，努力培养复合型人才。

得益于大丰实业在科研上不遗余力的投入，截至目前，大丰实业累计获得专利 800 多项，目前拥有有效专利 300 多项，其中发明专利 100 多项。牵头承担并完成了国家科技支撑计划《演出效果呈现关键支撑技术研发与应用示范》项目，主导并制定 11 项国家（行业）标准。陈轶说："可以预见，在短时间内，我们的技术力量和行业地位是不容易被撼动的。"

未来大有可为

在大丰实业的办公室和厂区内，很容易感受到公司对细节的极致要求，如员工的穿着、小配件的摆放顺序等，在大丰实业的安全手册中都有着严格的要求。而正是这些细致的要求为大丰实业在业界赢得了订单、树立了良好的形象。陈轶犹记得在刚转型做舞台的时候，丰国勋对接到一位大客户，这位大客户对这家初创时期的民营企业并不十分上心，但是当他被邀请到厂区参观后，大客户随即决定了与大丰实业合作，他说了一段让大丰人印象深刻的话："你们的卫生间都弄得这么干净，你们的产品肯定也做得好。"

大丰实业对于细节的要求更体现在产品上。在大丰实业有一个严苛的规定：产品安装完成后，每个螺丝都必须重新检查拧一遍，从而保证为客户提供的产品"零失误"，以高质量赢得每一个客户的口碑。2015 年，武汉万达广场的汉秀剧场开幕，其最大的特色是水，2000 平方米的舞台可以瞬时实现"干舞台"与深 8.7 米、容量 1000 万升的"水舞台"的切换，配合着声电光，为观众展现出一场极致梦幻的表演。汉秀剧场的水中升降舞台就是大丰实业为其量身定制，这也是世界第一座所有座椅可整体移动升降的水秀剧场。而大丰实业为保证这场原本互不相容的"水电"盛宴能够万无一失，在出厂前，大丰实业自费建设了注满水的 8 层楼高的钢结构，产品试装确保无误后，才拆下来运往武汉，花费虽多达几百万元，但却赢得了客户的称赞以及观众们极致的感受。

作为一家民营企业，大丰实业面临着大多数民营企业遇到的共同难题：企业融资难。为此，早在 2009 年上市就成为公司的重大议题，2011 年大丰实业正式启动上市工作，通过近 7 年的努力，在 2017 年 4 月 20 日，大丰实业终于在上海黄浦江畔敲响了上市的钟声，成为当时中国文化装备行业唯一主板上市的企业，此次上市发行 5180 万股，发行价格 10.42 元 / 股，发行后总股本约 4 亿元。

在上市仪式上，大丰实业董事长丰华表示，大丰实业将借助资本市场的平台，不断改善治理结构，持续提高研发能力，积极开拓国内外市场，合作共享，创新引领。上市后，大丰实业表现良好，当年年底就入选了央视财经频道深入报道的"10 家代表新经济的行业龙头和代表性企业"之一。

对于未来，大丰实业的计划十分清晰：不断革新技术，通过自动化、智能化舞台和演出效果的创新，持续占领行业高地；尽管大丰实业目前国际市场份额占有率上排名第一，但大丰实业认为国际市场份额仍有很大的拓展空间，随着"一带一路"倡议的不断推进，大丰实业希望能够借此加大境外文化装备拓展步伐；在公司产业布局上，大丰实业则将延长产业链，打造从前期的策划创意、中期的建设制造到后期的运营维护的文体全产业链。

目前，大丰实业的解决方案涉及文体产业、数艺科技、文化传媒、文旅融合、轨交产业 5 个板块，陈轶认为，大丰实业目前涉及众多板块并非"专而不精"，而是"一脉相承"。以轨道交通产业为例，大丰实业的起家产品为座椅，拥有各类先进的数控加工设备和生产工艺，与高要求的城轨、城际、高铁车辆配套不谋而合，依靠前期的技术、口碑积累，大丰实业已与国内的长客、四方等主机厂建立了良好的合作关系，杭州 2 号线、深圳 2 号、5 号线、昆明 3 号线等地铁项目都采用了大丰实业的产品，此外，大丰实业的轨交产品还走出国门，出现在了印度高铁、巴西里约地铁 4 号线、阿根廷首都地铁 A 线等众多地方。

从 2000 年《中共中央关于制定国民经济和社会发展第十个五年计划的建议》第一次提出发展文化产业的意见开始，国家对文化产业发展不断加码：2009 年，《文化产业振兴规划》出台，标志着我国文化产业上升为国家战略性产业；党的十九大指出，中国社会发展的主要矛盾已经转变为"人民日益增长的美好生活需要和不平衡不充分的发展之间的矛盾"，加快文化发展、提高国家软实力，文化产业在未来必将成为经济发展新的增长极。这对于大丰实业来说，是良好的市场预判，正如丰华在 2019 年的新春团拜会上所说，党的十九大报告为大丰实业营造了一个良好的创新创业氛围，而大丰实业要做的是，"笃定信心，豪情满怀地拥抱这个大有可为的新时代，做好自己，久久为功"。

策　　划：杨松岩

责任编辑：徐　源

封面设计：石笑梦

图书在版编目（CIP）数据

寻找中国制造隐形冠军．宁波卷．II／寻找中国制造隐形冠军丛书编委会编；
　魏志强，武鹏主编．—北京：人民出版社，2020.7
　（寻找中国制造隐形冠军丛书）
ISBN 978－7－01－022284－4

I.①寻…　II.①寻…　②魏…　③武…　III.①工业企业－介绍－宁波
　IV.① F426.4

中国版本图书馆 CIP 数据核字（2020）第 118045 号

寻找中国制造隐形冠军（宁波卷 II）

XUNZHAO ZHONGGUO ZHIZAO YINXING GUANJUN (NINGBOJUAN II)

国家制造强国建设战略咨询委员会　指导

寻找中国制造隐形冠军丛书编委会　编

魏志强　武　鹏　主编

人民出版社 出版发行

（100706　北京市东城区隆福寺街 99 号）

北京盛通印刷股份有限公司印刷　新华书店经销

2020 年 7 月第 1 版　2020 年 7 月北京第 1 次印刷

开本：710 毫米 ×1000 毫米 1/16　印张：22.25

字数：250 千字

ISBN 978－7－01－022284－4　定价：68.00 元

邮购地址 100706　北京市东城区隆福寺街 99 号

人民东方图书销售中心　电话（010）65250042　65289539